被欺騙的中國人

方舟————著

目次

第一章 歷史與今天

一、歐洲人來到中國

形式上，清王朝是中國數千年封建專制王朝的最後一個王朝。在此之前，歷史只不過是你方唱罷我登場的循環往復的改朝換代而已。這個舞臺上更換的只是演員，戲的內容並無變化。黑格爾就因為中國在過去的歲月中沒有精神進步，而稱中國沒有歷史。

乍一聽，這個論斷很刻薄，但對中國歷史瞭解多了，就不得不佩服德國人的深刻——中國社會不論是外在結構還是內在精神都以其驚人的惰性從古代一直延續下來，直到今天。有人說歷史是今天的一面鏡子，這句話用在中國社會是最恰當的。不僅如此，中國歷史與今天的驚人的一致性，使得中國的今天也能成為歷史的一面鏡子，人們可以在今天中國社會生活中的眾生相中，驗證歷史的真實，窺探歷史的後幕，豐富歷史中被忽視的細節。

一八四〇年前的清王朝，同中國歷代王朝一樣，自為中央，鄙四周為夷蠻戎狄，過著孤芳自賞、一步三拍、悠哉悠哉、自給自足的生活。自己家中萬物具備，四周皆是貧盜之國，因此，王朝要緊之務就是把院牆修好了，別讓他人把自己的寶貝偷了去。

院牆修好了，統治者剩下的唯一心事便是江山社稷的穩固與皇運長久了。於是便尊孔崇儒，以使江山永固，社稷傳之萬世而不竭。滿人似乎做得很成功，少數民族入主中原，在歷史中多多，可是能像滿族這樣瞭解漢人心態的統治者卻沒有。實行漢化改革的鮮卑人北魏孝文帝不能和滿清皇帝相提並論，將漢人視為劣等民族的蒙古可汗也與滿清皇帝大相徑庭。滿清皇帝顯得格外成熟，將孔聖人的牌位高高舉起，頂禮膜拜，儼然是孔夫子的正宗傳人，道統的合法繼承者。政治上，又允許漢人從政，實行以漢治漢的政策。因此，在人數上占絕對優勢的漢人不再將剃光頭留辮子的滿人當成夷狄之人，也忘記了削髮之痛、亡國之恨，心安理得地做起了大清國的子民，甚至還為自己恰遇明主，適逢盛世，而感恩戴德，慶幸不已。

是的，滿族統治者很成功，清朝社會很穩定，很平靜，儘管不時有布衣黔首的「暴亂」，儘管有士人批評清王朝是一個朝廷無才相，學府無才史，兵營無才將，田野無才農，市場無才工、才商，甚至連才偷才盜都沒有的渾渾噩噩的社會，但這一切根本動搖不了大清王朝的根基。整個王朝並沒有什麼薄祚短壽的徵象，似乎的確可以萬歲萬歲萬萬歲……。

然而，滿清不走運的是，與以前諸王朝不同，騷擾帝國安寧的不再是北方游牧民族，而是飄洋而來的歐洲人。正是這些歐洲人，使得滿清的萬世帝國夢破碎了！

早在西元一五一四年，時值中國明朝中期，葡萄牙的武裝商人就來到中國，這些葡萄牙人和中國歷代的「夷狄」不一樣，他們是一些商人，似乎文明一些。中國擁有很大的市場，但卻不願與任何人通商，這使葡萄牙人很頭疼。葡萄牙人經過四十年的嘗試，逐漸瞭解了中國人。一五五七年，他們以中國人的方式賄賂了廣東按察使，將澳門長期租了下來，終於打開了中國市場的門戶。

西元一六四四年，滿人入關，明亡。新興的王朝是自信的。滿清皇帝康熙，於一六八五年取消海禁，向所有國家開放貿易，但地點僅限於廣州和澳門。

在向外擴張貿易的歐洲國家中，葡萄牙、西班牙走在歐洲國家的最前列。緊跟其後的是荷蘭、英國、法國。其中英國後來居上，他先於一五八八年摧毀了西班牙的「無敵艦隊」，掌握了海上霸權，後於一六四〇年開始了資產階級革命，成立了資產階級共和國；又於十八世紀六〇年代最先開始了工業革命，成了世界頭號工業強國。步步領先的英國國力大增，逐漸成了無可爭議的世界頭號強國，其在海外的殖民活動、貿易也達到了前所未有的頂峰。

面對中國龐大的市場，僅僅一個開放的廣州已經滿足不了英國人的胃口了。為了要求更多的通商口岸並想在北京設立大使館，英國政府於一七九三年派出以馬加爾尼為首的使團出使中國。

當時乾隆皇帝接見了他們。但是這次訪問雙方都不愉快。英國方面失敗了，他們的請求一概被拒絕，並被提前趕出了北京城，四百人的使團近一半的人因疾病喪了命。馬加爾尼他們很惱怒，無法理解中國人病態的自大：「天朝扶有四海，惟勵精圖治，辦理政務，奇珍異寶，並無貴重，爾國王此次齎進各物，念其誠心遠獻，特諭該管衙門收納。其實天曹德威遠披，萬國親王，種種貴重之物，梯航畢集，無所不有……。」與英夷在廣州進行的一點貿易，還是大清皇帝開恩：天朝物產豐盈，無所不有，原不籍外夷貨物以通有無，特因天朝所產茶葉、瓷器、蠶絲，為西洋各國及爾國必需之物，是以加恩體恤[1]。

中國方面也很不愉快。在中國皇帝官員眼裡，英國人不過是朝貢藩屬，覲見天朝皇帝必須行「三跪九叩」之禮。而英國人卻認為，民族國家一律平等，跪拜有辱國家，絕不能接受。英國是基督教國家，人民只跪拜上帝，

1 周寧，《2000年西方看中國》。

而不跪人，對無限忠誠的英王陛下也是只行單腿下跪。所以他們堅持只能以同樣的禮節拜見中國皇帝。儘管乾隆皇帝最終「開恩」免了「三跪九叩」之禮，但是英國人的此舉引起了所有以磕頭為家常飯的中國官僚們的嫉恨。叩頭不叩頭，表面上只是禮儀之爭，其實質是兩種文化的衝突。

英國人是基督徒，他們認為人與人之間是平等的，誰也不能跪拜誰，唯一跪拜的對象是上帝。國家與國家也是平等的，通商是互惠的，不能叩頭！中國人是無神論者，人們心中沒有一個高高在上的神，所以只能去跪拜人：父母、官吏、和皇帝。在無神論的中國，是不存在「平等」這個概念的。在中國人的心目中，平等就是沒有秩序，就是「禮崩樂壞」，就是沒有君君臣臣、父父子子，就是沒大沒小、天下大亂。不是你給我叩頭，就是我給你叩頭，這是聖人、祖宗傳下來的規矩，這就是禮。你是夷狄小國、弱國，我是中央大國、強國，所以你必須向我叩頭！

馬加爾尼訪華，對中國人來說，是一件小事，但是對歐洲人來說，卻是一件大事。正像後來的鴉片戰爭對歐洲人是件小事但對中國人是件大事一樣。馬加爾尼訪華是歐洲人中國觀念的轉折點，正像鴉片戰爭是中國人歐洲觀念的轉折點一樣。

馬加爾尼使團訪問中國歷時兩年，他們雖然一無所獲，但是他們的中國之行對歐洲的中國形象的轉變卻具有決定意義。《英使謁見乾隆紀實》的出版，以及使團隨行人員對新聞媒介發表的各種報告、談話，徹底打破了先期來中國傳教的傳教士們苦心編造的中國神話。歐洲人發現二百年來絕大多數的聰明人都讓那些故弄玄虛的傳教士矇騙了，越來越多的人相信笛福的詛咒、亞當的論斷、孟德斯鳩的一針見血的批判。

「商人欺騙，農民偷盜，官吏則敲詐勒索他人的錢財」；「半野蠻的帝國沉淪在卑鄙的暴政下」；「中國人生活在棍棒竹板的恐懼中，他們禁閉婦女、殘殺嬰兒，奸詐、殘酷、骯髒；對技術科學一竅不通，對世界一無所知」……歐洲人如夢方醒，開始紛紛批判、貶低中國。

馬加爾尼在出使日記中記載了他的親身經歷：

> 富貴和貧窮上下懸殊簡直無可比擬。
>
> 中國的觀眾裡只有男而沒有女。
>
> 在中國的政治、倫理和歷史的文獻中找不到任何自由色彩的理論，他們認定這種理論最後一定導致犯上作亂……中國老百姓身家性命的安全操在官吏們的手中……中國政府強調民必須絕對服從官，因此老百姓受到任何委屈很難找到申訴機會……。
>
> 一個王朝可以被推翻，皇帝可以被殺害，但人民的生活方式和國家的政治情況卻始終如一。
>
> 中國老百姓的地位已經低到不可再低，即使被打一頓板子，他們也不感到什麼恥辱……中國司法量刑並不重，但酷刑逼供，難免屈打成招……中國沒有律師和陪審團……儘管本省人為了避嫌不能在本省做法官，但送禮風氣盛行，原告被告都送禮，結果往往是誰送的禮重誰就贏了官司……中國官吏薪水不高，使得他們容易接受禮物引誘……。

康多塞，一位法蘭西思想家，他認為：中華民族是停滯、平庸、屈辱、充滿偏見的民族。他在《人類精神進步的歷史畫卷之概述》中說：如果人們想知道專制政府「可以將摧殘人類的技能發展到何種程度，那根本又不著提起那些可怕的迷信，只需要看一看中國就行了……」

德國哲學家黑格爾也很關注中國，他與其說是在研究中國，還不如說是在批判中國：

在中國，皇帝就是家長。法律與道德不分，唯一意志就是皇帝意志。中國的憲法精神是一種家庭精神，這裡不存在主觀性因素，只有服從。中國政府完全建立在家庭的倫理關係上，皇帝像父親一樣，掌管一切；百姓像兒子盡孝道，一切都得服從。在中國，家庭的義務具有絕對的約束力，各種義務都是由下而上，卻沒有從上往下的。在這種家長制的國家裡，臣民都是些未成年的孩子。中國屬幼年文化，人的精神無法獨立，更談不上自由，他們像孩子那樣一味服從，依賴父母。而皇帝是他們的絕對家長。中國人沒有榮譽感、自卑。所以導致道德敗壞，欺詐成風。中國所有的科學與技術都是原始的、落後的。他們自稱比歐洲人先發明了火藥，但是耶穌會教徒不得不給他們澆鑄第一批火炮。[1]

英國使團訪華的失敗，是不是因為「禮儀之爭」和英國人的固執帶來的呢？歷史很快就給了我們答案。荷蘭人對英國人的迂闊僵硬不以為然，磕頭事小，生意事大，是要能獲得通商的機會，磕頭又怎樣？於是，荷蘭於一七九四年派出一支使團來訪問中國。荷蘭人到了北京，乾隆皇帝賞賜給他們一條三百斤重的鱘魚，荷蘭人的磕頭歷程就開始了，先是對魚磕頭，然後再對人磕頭，這樣一直磕下去。儘管很為難，但是荷蘭人下定決心要以自己的謙卑來換回英國人因為傲慢失去的東西。然而，他們和英國人一樣，遭到了中國人的拒絕。和英國人相比，荷蘭人更狼狽。

1 黑格爾《東方世界》（德）。

叩頭不叩頭，其結果都是一樣的。歐洲人外交的失敗與禮儀並沒有多大關係。中國是一個靜態的等級禮治社會，其實質是靜止和等級。而商業的實質是流動和平等，所以，對中國社會來說，商業是一種異端。「士農工商」「工農兵學商」，商業在中國始終被視為末業。為了江山社稷的穩固、為了政權的長久，中國朝廷歷來都是打擊壓制商業的，即所謂的「重本抑末」。中國等級專制社會這種對商業天生的敵對和排斥，是中國人拒英國人於門外的原因。

英國人認為與別人經商是天經地義的，而中國人認為關門自守，自給自足是天經地義的，並且中國人更理直氣壯：是你跑到我家門口要求我通商，又不是我跑到你門口要求你閉關自守，「己所不欲，勿施於人」[1]！每當中國人與外族發生衝突時，似乎中國人都很被動、無辜、受委屈，這總是讓中國人認為自己是正義的，自己的感情是受傷害的。

歷史並沒有按中國人的一廂情願發展。不同的民族、不同的文化、利益群體並不是「雞犬之聲相聞，民至老死，不相往來」[2]的。既然生活在同一個地球村，不同的利益，不同的生活方式，不同的價值觀念，免不了要發生衝突，於是就有了民族間的征服與被征服，文化間的同化與被同化。

中國年紀大，閱歷豐富，征服、同化見得多了。只是腦子有點問題，總是把民族征服與文化同化混淆一談。自南北朝以來，中國漢人數度被異族征服，數度亡國，但是每當漢人被征服時，中國文化就會把征服者同化。所以中國人不僅沒有亡國的屈辱反而有文化同化別人的榮耀。

然而，歐洲人不是那些沒文化的北方胡人，在他們咄咄逼人的商業攻勢背後，是深厚的基督教文化。基督

1 《論語》。
2 《老子》。

教文化和中國文化一樣源遠流長、樹大根深，但二者又是十分的不同，甚至對立。歐洲人看不起中國人、中國文化，中國人也看不起歐洲人、歐洲文化。既然互看不順眼，又都藐視對方，一場更大的衝突在所難免。

二、從鴉片戰爭到辛亥革命

鴉片戰爭

終於，戰爭由一種醜陋的商品——鴉片而引起。

鴉片最早被販運到中國，是做為一藥材，數量很少。後來，中國人從外國水手那裡學會了吸食鴉片，鴉片的需要量開始增加。清朝廷當時就認識到鴉片的危害，與一七二九年（雍正七年）開始下令禁止。這時鴉片的進口量並不大，每年不超過二百箱。

然而，朝廷的禁令不僅沒能制止鴉片，反而刺激了鴉片貿易的快速發展，因為廣東及天津的官員們接受了英國人的賄賂，鴉片成了中國官員們，甚至海關才弁、水師、馬快們的謀財工具。

鴉片本是無罪的，有罪的是人的淫欲。鴉片做為藥材的貿易是無罪的，有罪的是中國政治的腐敗。蒼蠅不叮無縫的蛋，正是自己腐敗的臭味招來了鴉片這隻蒼蠅。

隨著鴉片的氾濫，道光皇帝知道「銀荒兵弱」對江山社稷意味著什麼，於是於一八三九年任命林則徐為欽差大臣到廣州禁菸。林到廣州後，收繳了洋人的鴉片，當地銷毀。

此時的英國人，經過幾十年和中國的接觸，他們對清王朝已經有了充分的認識，他們深刻地領悟到「巨人藍袍下露出的一雙泥足」（馬加爾尼語）的含義。一八四〇年二月，在英國商人的要求下，英國政府決定出兵保護本國商人的「合法」利益，派出了由四千名士兵、四十八艘船隻組成的海軍，攻打中國。經過兩年多的較量，戰爭最終以英國勝利，清朝失敗而告終。一八四二年八月二十九日，南京城下，在英艦皋華麗號上，清政府與英國人簽訂了喪權辱國的《南京條約》。

中國鴉片戰爭失敗的原因，表面是軍事落後，其實是政治落後。

英國人遠離本土，長途奔襲，以寡擊眾，本是兵家大忌，冒險行為。然而事實卻正相反，不敢持久作戰、要求速戰速決的不是英國人而是清政府。清政府每次出兵總是希望一戰而勝，擔心戰爭持久，人民會趁機造反，出現「外患未除，內訌又起」的危險局面。統率大軍去廣州與英軍作戰的靖逆將軍、道光皇帝的侄子奕山，視廣東人民為「匪徒」，認為「患不在外而在內」，頑固推行「防民甚於防寇」的戰略方針。率軍在浙江與英軍作戰的揚威將軍、道光的另一個侄子奕經，敗於英軍後，浙江巡撫劉韻珂向道光上奏，提出「十項焦慮」，其內容是開戰以來，人心浮動，杭州、湖州、紹興等地已發生人民騷亂，如果戰爭打下去，可能爆發人民起義，應及早求和等等。正是因為清政府懼怕他真正的敵人——人民，一遇戰事失利，清政府就忙不迭地向英國人屈膝求和，以求盡快結束戰爭。

可憐的專制朝廷，色厲內荏，外強中乾，對內專橫殘酷，對外奴顏婢膝；可憐的專制社會，外表平靜穩定，固若金湯，其實經不起任何的風浪。

馬加爾尼訪問中國之後就曾說：「英國所有人的利益都維繫在政府的穩定上，故此英國政府是世界上最鞏固的。同英國的情況相反，中國大多數人把政府的更換認為是自己改善命運的條件。」中國政治的虛弱，英國人早已看在眼裡。

中西文明的差異何止只表現在槍炮上。

一八五六年二月，法籍神父馬萊，在廣西西林縣傳教時，被西林縣知縣逮捕並處死。同年十月，廣州水師到一條曾在香港政府註冊的「亞羅」號船上搜捕海盜，捕走水手多名。英法便以「亞羅號事件」、「馬神父事件」為理由發動了第二次戰爭，史稱第二次鴉片戰爭。戰爭歷時四年於一八六〇年十月結束，其結果仍是清政府戰敗投降、與列強簽訂不平等條約。

洋務運動

歐洲人連續的重拳打擊，使麻木遲鈍的清政府終於有了反應。一些清醒的、現實的官僚反應積極，他們認為外國的「船堅炮利」是中國「萬不能及」的，只有學習外國的軍事和工業，增強國家軍事力量，才是大清帝國的長治久安之策。這些官僚被稱為洋務派，代表人物有奕欣、曾國藩、李鴻章、左宗棠、張之洞等。

西方的老師們也很「慷慨」，出人、出技術對洋務派進行支持。他們真的想讓中國強大嗎？不是的，他們只是想讓清政府強大。西方人通過兩次鴉片戰爭，發現中國人民是有反抗精神的，單靠槍炮是難以駕馭的。而清政府卻很軟弱，能被輕易嚇倒。因此，為了鞏固戰爭成果和進一步擴大在華權益，他們必須維持清政府的統治，將它變成壓榨中國的工具。

十九世紀六〇年代到九〇年代，洋務派進行了積極的活動。組建新式軍隊，興辦軍工企業，創辦了中國第一批現代化民營工業。洋務派興辦資本主義性質的工廠，並不是為了發展資本主義，相反，他們是為了維護傳統專制秩序。「中學為體，西學為用」是其宗旨，以中國傳統文化為本位，以西方先進技術為手段來拯救搖搖欲墜的清朝專制統治，是其目的。這種「體」「用」的分離或者是「體」「用」的對立使得洋務運動具有兩個先天「疾病」：官僚性、買辦性。

洋務運動的這兩個先天弊病，使得「求強」、「求富」只能成為空想，並最終決定了洋務運動失敗的命運。

甲午戰爭

一八九四年八月一日，中日因朝鮮問題宣戰，甲午戰爭爆發。戰爭結果，洋務派重臣李鴻章用中國人民的血汗錢經營的北洋海軍，全軍覆沒。一八九五年四月十七日，清政府與日本簽訂了喪權辱國的《馬關條約》，割讓了遼東半島、臺灣、澎湖列島，並向日本賠償二億兩白銀的戰爭賠款。《馬關條約》的簽訂，標誌著中國在甲午戰爭中的徹底失敗。它加重了中國人民本已沉重的經濟負擔，使中國面臨了空前的民族危機。

日本是何許人也？早期日本社會由許多氏族組成。西元一世紀末，邪馬臺部族征服其他部族，建立起一個鬆散的政治、宗教霸權，稱為邪馬臺國，其首領是天皇，其部族之神——天照大神被奉為全民族之神。六世紀，中國文化開始大規模傳入日本，促使日本於六四五年進行大化革新。革新的日本學習仿照中國唐朝，建立起一個中央集權國家，加強了天皇的權力。到了十二世紀，中央集權的體制已被封建制破壞和取代。日本進入武人執政的幕府時期。

鴉片戰爭後的十六年，一八五六年，在美國軍艦的威脅下，日本與美國簽訂了《通商條約》，被迫對外開放。日本受到刺激後，許多志士紛紛要求改革圖強，推翻了德川幕府，進入了資本主義時期。明治天皇發佈了一系列旨在維新變革的施政綱領，打破鎖國體制，向西方學習，富國強兵，日本通過明治維新的一系列改革，迅速擺脫了半殖民的危機。

雖然日本遭受到西方的刺激時間上比中國晚，程度上比中國輕，但是兩國在追求富國強兵、邁向近代化時是從一個起跑線起跑的，但是日本要比中國跑得快得多。正像左宗棠所言「人家操舟我結筏，人家跨駿我騎驢。」

正當舉步維艱的中國洋務派因學習一點西方文明的皮毛與頑固派爭吵不休時，日本的明治政府就提出了「殖產興業，富國強兵，文明開化」三大方針，從文化、政治、經濟、軍事全方位向西方學習。

甲午戰爭之前，中國海軍的主力北洋艦隊不僅在總噸位上落後於日本，並且軍艦艦齡老化、缺少快艦和速射炮，其總體實力和日本海軍相比已相形見絀。

李鴻章，這個北洋陸海軍的締造者，本應是最有資格的主戰派，然而，他卻極力主張避戰求和，認為「逢戰必敗」。因為李鴻章瞭解中日兩國海軍力量的實際差距，知道中國的武裝「平內亂有餘，禦外侮不足」（李鴻章語）。中國國防武裝的主要目的，主要是防範自己人民的，這是中國內向文化的結果。正因為如此，向自己人民吹噓武裝強大就成了輿論的導向和任務。這種吹噓有很多惡果，其中之一就是「反噬」，在受到小國日本的挑釁後，「擁有亞洲第一海軍」的中國人一時滿腔怒火，紛紛要求政府迎戰。在主戰派和全國輿論的壓力下，李鴻章不得不匆忙應戰，改外交上的「避戰求和」為軍事上的「消極防禦、」「避戰保船」。底氣不足，消極應戰的李鴻章處處被動，最終輸掉了整個戰爭，北洋水師全軍覆沒。

黔無驢，有好事者船載以入，至則無可用，放之山下。虎見之，龐然大物也，以為神。弊林間窺之，稍出近之，慭慭然莫相知。他日，驢一鳴，虎大駭，遠遁，以為且噬己也，甚恐。然往來視之，覺無異能者。易習其聲，又近出前後，終不敢搏。稍近，益狎，蕩依衝冒，驢不盛怒，蹄之。虎因喜，計之曰：「技至此而」慭因跳踉大闞，斷其喉，盡其肉，乃去。噫！形之龐也類有德，聲之宏也類有能。向不出其技，虎雖猛，疑畏，卒不敢取。今若是焉，悲夫！[1]（噫！形體之龐大很像真有本領，聲音之洪亮很像真有能力。假如不出手，虎雖猛，畢竟疑惑畏懼有所顧忌，最終不敢下毒手。今天就是這個樣子呀，可悲啊！）

李鴻章乃進士出身，飽讀中國三千年古籍，熟諳中華五千年計謀，柳宗元老兄的告誡豈能不知？然而雖然他一再聲明「逢戰必敗」，怎奈滿人慈禧初到中原，初生驢犢不怕虎，不知天高地厚，才遭如此慘敗。

百日維新

如果說敗於西方人，只是讓中國人嘗到天下老子第一美夢破滅後的痛苦的話，那麼，敗於日本人則是讓中國人感到了虎落平陽被犬欺的屈辱。中國人深深的受到了刺激。甲午戰爭，中國慘敗於持有同樣武器的小國日本，終於使中國人看到了政治體制的重要性。

一八九五年四月，日本逼簽《馬關條約》的消息傳來，國人憤慨。康有為等鼓動在北京會試的十八省舉人聯合上書皇上，提出一系列旨在使中國走資本主義道路，拯救民族危亡的主張：經濟方面，發展民族資產階級；文化方面，仿行西方的教育制度；政治方面，改君主專制為君主立憲制等。之後，康有為在繼續向光緒皇帝上書的同時，進行了大量的宣傳組織活動。各地的改良主義者紛紛設立報館，組織學會，開辦學堂，宣傳維新變法思想。

---

[1] 柳宗元，《黔之驢》。

光緒皇帝不忍心祖宗的江山社稷日漸瓜分，不甘心充當傀儡受太后擺佈，在維新派的鼓動下，光緒決心效仿日本天皇變法圖強。一八九八年六月十一日光緒頒佈「明定國是詔」，宣佈變法，任命維新改良主義者擔任要職，陸續頒發了一百多件實行新政的命令，對經濟、政治、文教、軍事等方面實施改革。

光緒皇帝的變革遭到了慈禧太后和絕大多數官僚們的反對，他們反對改變祖宗之法，更不能容忍自己的特權和既得利益受到威脅。他們的勢力很強大，是中國社會的實際主宰者。維新改良派雖然得到皇帝的支持，但這個皇帝只是太后一個孝順的兒子，人格尚不獨立，哪有實際權力？他們更無群眾基礎，除了極少數、「一小撮」文人的支持之外，他們幾乎是孤立無援的。九月二十一日，慈禧太后囚禁了光緒，捕殺維新人士，廢除新政命令，宣佈重新垂簾聽政。

中國的這場變法維新運動僅僅經歷一百零三天就夭折了，史稱「百日維新」。

一八九八年戊戌變法失敗後的近一百年，一九八九年，中國又有「一小撮」改良者，要求政府變法，企圖以和平請願的方式迫使政府實行資本主義政治體制，其結局和百日維新一樣，「皇帝」被囚禁，精英流亡海外，同情學生運動的官員，或被降級或被革職。只是運動尚不足一百天，並且死的人更多。

辛亥革命

戊戌六君子的鮮血，使中國的有識之士看清了清政府腐朽賣國且凶狠醜陋的面目，要拯救民族危亡，要使國家富強，必須推翻對外奴顏婢膝，對內專橫跋扈，甘心情願充當列強搜刮中國工具的反動的清政府。要推翻反動的清政府，必須武裝革命。

孫中山先生是一位革命先行者。一八六六年，中山先生出生於廣東香山縣南朗鎮翠亨村的一個貧窮的佃農家庭，少年既有壯志，自許「洪秀全第二」。一八七九年始，在檀香山進入基督教會中學學習。一八八三年，十七歲的孫中山在香港接受美公理會嘉理（C.R.Hager）的洗禮，成為一名基督徒，踏上了漫長革命的征途。一九二五年，中山先生病逝前留下遺訓：「革命尚無成功，同志仍需努力。」；「我死了也要人知道我是一個基督徒。」；「我本是基督徒，與魔鬼奮鬥四十年，爾等也當如是奮鬥，更當信上帝。」

「魔鬼」？——它是誰？

一九〇五年，孫中山聯合其他革命團體在日本東京組建「同盟會」，提出「驅除韃虜，恢復中華，建立民國，平均地權」的革命綱領。同盟會成立後，革命黨人分別在思想和軍事兩個戰線上進行了戰鬥。思想方面，其敵人是戊戌變法失敗後流亡海外的改良主義者康有為、梁啟超。這場鬥爭歷時三年，最終以改良者失敗告終。軍事方面，從一九〇六至一九一一年，在同盟會的領導下，舉行了多次武裝起義。

一九一一年（辛亥年）十月十日，駐守武昌的新軍在同盟會的影響下，發動起義，起義新軍成功占領武漢三鎮。武昌起義的勝利點燃了全國革命的火焰，兩個月內，南方諸省和北方的山西、陝西紛紛爆發起義或宣佈獨立。獨立的諸省於南京組建臨時政府，孫中山眾望所歸，以十七票得十六票的絕對優勢當選為臨時大總統。一九一二年一月一日，孫中山在南京宣誓就職，中國的第一個共和國——中華民國誕生了。南京臨時政府以美國政治制度為藍本，成立國會，頒佈了由臨時參議院制定的共和憲法性質的《中華民國臨時約法》。

新生的共和國很脆弱，革命軍在遭到北洋新軍的打擊後，便喪失了鬥志，向北洋軍隊的首領袁世凱表示妥協。孫中山抵擋不住革命營壘內部的妥協壓力，只得在清帝退位的條件下於一九一二年二月十三日辭去大總統職務，由南京參議院選舉袁世凱為臨時大總統。三月十日，袁世凱在北京就任臨時大總統。辛亥革命的果實被袁世凱憑其軍事實力給奪去了。

袁世凱是一個很土、很傳統的人，他掌握了政權後，便開始不擇手段地破壞民主共和了：逼垮有「同盟會中心內閣」之稱的唐紹儀內閣；大量裁減南方革命軍隊；謀殺革命黨軍事領導人張振武、方維；刺殺幻想憑藉《臨時約法》與袁進行議會鬥爭的宋教仁；公開免去擔任省都督的國民黨人的職務……國民黨人在被逼無奈之下，支持孫中山的第二次革命，宣佈獨立，武力討袁。但是軍事鬥爭不到兩個月就以失敗告終，革命武裝潰不成軍，國民黨原來控制的七、八個省也喪失殆盡，袁世凱憑藉軍事優勢統治了全國，國民黨人逃亡海外。勝利的袁世凱解散了國會，廢除了《臨時約法》，當起了皇帝。倒行逆施、眾叛親離的袁世凱最終在護國軍的討伐聲中，氣急敗壞地死去了。袁死後，他的軍事專制遺產被軍閥們瓜分，民主共和名存實亡。

轟轟烈烈的辛亥革命何以落個如此結局？是因為袁世凱的狡猾嗎？不是的，政治鬥爭的關鍵是軍事鬥爭，袁世凱搶奪革命果實，踐踏民主，依仗的是其比革命軍隊更強大的軍事力量。武器是同樣的武器，南方的革命軍人數又不在北洋軍隊之下，為何革命軍不是北洋軍隊的對手呢？二者戰鬥力的差距主要是因為兩個軍隊陣營的建軍原則的不同。袁世凱繼承的是曾國藩、李鴻章以儒家思想建軍的建軍原則。

一八九五年，也就是孫中山先生成立興中會的第二年，袁被清廷任命在天津小站督練新軍，他將在朝鮮慶軍中忠於自己的老部下調入小站充當各級軍官，又從北洋武備學堂中擇優挑選了一批畢業生，並將一些同鄉故友網羅門下，還通過招賢榜在市井中招募了一些草根人才等。士兵則盡招同鄉河南子弟，名額不足才用山東、安徽人充數。他在用德國教官、建制、武器訓練武裝軍隊的同時，更注重隊伍的思想教育，讓幕僚編了許多像「親上死長」「為子當盡孝，為臣當盡忠」四言白話、順口溜給士兵們灌輸傳統忠孝思想，樹立個人權威，要求士兵「事事以本督辦為心」，甚至讓各營士兵供奉他的牌位，將他視為神明、衣食父母。久而久之，士兵只知有袁世凱而不知有國家朝廷。袁的手段很「土」，很傳統，但在中國這片土地上卻很有生命力。通過苦心經營，袁世凱造就了一支在中國戰鬥力最強，並且只效忠他個人的新式軍隊。

而他的對手革命黨人相比之下則相形見絀。起初，中山先生只是將起義失敗的原因歸咎於資金不足、武器不夠等客觀因素上。後來，他發現了問題所在，欲在組織內建立基督教信仰，結果遭到了幾乎所有黨人的強烈反對，在他們眼中基督教無疑是崇洋迷信。再後，中山疾政令不行，組織渙散乾脆搬出了土方法：要求一些親近的追隨者按手模，宣誓效忠於中山個人，但同樣遭到了強烈的反對，在革命黨人看來，這無疑是封建劣習。土不能土，洋不能洋，中國革命黨人將自己置於上不著天下不著地的尷尬境地。中國人在追求民主的過程總是處理不好平等與秩序、自由與紀律的關係，這使得中國的民主團體總是一盤散沙，無力與專制集團相抗衡。「軍隊的百分之七十是由士氣組成的」（拿破崙語），而士氣的百分之七十又是由信仰組成的。信仰不是虛幻的，他體現在士兵衝鋒的身姿上，他體現在士兵肉搏時的吼聲中。沒有信仰的軍隊是一個沒有靈魂的軍隊，沒有靈魂的軍隊要取得勝利是不可思議的。那些被革命黨人用金錢僱傭、募集來的對民主共和一無所知的士兵們，其戰鬥動機、士兵品質是讓人懷疑的，他們屢屢失敗，屢屢敗給本來不堪一擊的清廷軍隊是不值得奇怪的。與他們形成對比的是幾十年前的太平軍，太平軍沒有「民主」「共和」等偉大的口號，但他們卻有信仰，因而他們就比革命黨人的戰鬥力強得多。

那些外國書本上的民主、共和、立憲、自由等概念對中國人來講是無源之水、無本之木，僅僅追求這些時髦好聽概念的革命黨註定要成為曲高和寡，脫離群眾，沒有根基的政黨。武昌起義的成功靠的是倒戈的清政府新軍，而不是革命黨人領導的隊伍，革命黨人後來成為這些起義隊伍的領導是被請去的，是帶有「客人」色彩的，這種尷尬的局面一直維持到陳炯明叛變。遭到陳炯明叛變嚴重打擊後，痛定思痛的孫中山不顧同黨們的反對毅然決然下決心聯俄容共，在蘇聯和共產黨的幫助下，建立黃埔軍校，才算真正擁有了自己的軍隊。然而，中山不曾料到自己「病急亂投醫」的行為，使得國民黨幾十年的奮鬥最終為一個更大的專制政黨做了嫁衣裳。

袁世凱軍事力量的強大正是中國傳統文化、儒家文化的強大，革命軍軍事力量的弱小正是中國民主思想的弱小。

中國傳統文化的強大，還不僅僅表現在民主、專制兩個陣營的軍事對比上，他還表現在民主陣營內部。革命黨人一方面抨擊專制制度，為民主、自由、共和、革命奔走號呼，另一方面心裡卻仍揣著與民主、自由相悖的孔孟之道不放，甚至將孔孟之道與民主自由混雜一起，當作革命理論向民眾宣傳。

正是由於自身對民主、自由認識的糊塗，使得革命黨人不具備發動民眾的意識和改造民眾思想的能力；使得民眾將不能當飯吃不能當衣穿的「民主」「自由」視為空中樓閣、海市蜃樓；使得民眾對革命行動「若觀對岸之火，熟視而無所容心」；甚至出現民眾用饅頭蘸吃革命烈士的鮮血來治病的悲劇。

正是由於本身傳統文化的烙印太深，使得同盟會會員對孫中山的三民主義：民族、民權、民生，除了在民族主義上保持一致之外，而在民權、民生主義上存在嚴重分歧，意見不能統一；許多會員只是一民主義或二民主義者，並將革命不同程度地理解為改朝換代；使得滿清皇帝下臺後，許多革命同志認為完事大吉，產生功成身退、消極歸隱的思想，紛紛脫離同盟會；甚至使得光復會創始人陶成章被自己革命黨人所暗殺，同盟會因而陷入混亂、分裂的狀態。

正是由於自身對民主、自由理解的膚淺，使得革命急於求成，流於形式，坐視新政權被舊官僚們搶去；使得革命革去的僅僅是「衙門」、「縣太爺」「把總」等舊稱謂；使得革命最終淪為新瓶裝老酒，換湯不換藥的表面文章；使得同盟會組建的臨時政府不考慮社會現實、文化積澱而照搬照抄歐洲文明的頂尖成果——美國的民主共和政治體制，最終將民主共和淪為一場鬧劇。

美國一位權威人士對辛亥革命作了這樣的描述：

> 一九一一年在中國建立起美國共和政體的仿製品，真是荒唐可笑。……那一種共和政體是一個大失敗，因為他在中國的歷史、傳統、政治經歷、制度、天性、信仰、觀念和習慣中毫無根基。他是外國的、空洞的，是附加在中國之上的。它隨著時間的推移很快就被除去。他不代表政治思想，只是政治思想的一幅漫畫，一幅粗糙的、幼稚的、小學生的漫畫。……這種共和政體悲慘地結束了，即悲慘的失敗了。然而，失敗的並不是共和政體……而是一代人。[1]

在中國，究竟誰是民主的敵人？是慈禧太后？是袁世凱？是北洋軍閥？不是，民主的真正敵人是中國傳統專制文化。

三、中國傳統文化

中國傳統文化，到底是個什麼樣的文化呢？

中國傳統文化源遠流長，但其發育期是春秋戰國時代，成熟期是漢代。

春秋戰國五百年的諸侯混戰、「禮崩樂壞」，造就了中國歷史上第一次，也是最大的一次思想文化的繁榮。

---

1 〔美〕斯塔夫里阿諾斯，《全球通史》。

當時爭鳴的百家，按學術觀點可以將其歸分為六家：儒、墨、法、道、名、陰陽。其中構成中國文化主體的，對中國社會、民族心理影響最大是儒、道、法三家。

儒：創始人為春秋時代的孔丘。生於亂世的孔丘，竭力維護行將崩潰的宗法制度。其一生的努力雖沒能拯救宗法制度，但卻將宗法制度轉化為道德倫理，將宗法制度的精神實質闡發為一套價值觀念。儒家思想的核心是「仁」，所謂「仁」就是「親親」「尊尊」（愛自己的親人，尊敬位尊者），其中「親親為大」（愛自己的親人是最重要的）[1]。儒家思想是宗法制度之血緣、等級原則的思想昇華。因他的思想成為了後代帝王們專制統治的基礎並塑造了民眾們的生活方式，孔丘被後世帝王捧為、被後世民眾尊為聖人。戰國時代的孟軻，又將孔丘的思想進一步深化，並為之找到了一定的哲學根據。漢代的董仲舒，將道家思想、陰陽五行理論揉進儒學，使儒家思想提高為神學——中國專制神學。儒家文化是中國傳統文化的主要組成部分，是中國傳統文化的主題和象徵。

道：創始人是一個名叫李耳（老子）的神祕人物。道家認為，「道」是世界的本原，是宇宙運行的法則。主張人們應該無為順道，全生避害，順其自然。道家的深邃、辯證，使之成為中國人的精神依託。表面上，道家主張的棄仁背義，廢禮毀智與儒家的隆禮貴仁，尚義主智正相反，但是從更高層面或從其對社會最終影響結果來看，它們目的是一致的，都是在阻擋社會前進，保持社會靜止的。它們的差別不過是「形而上者謂之道，形而下者謂之器」[2]的差別而已。儒家把人禁錮在「禮」的等級名分的框架之中，通過束縛人的行為來維持現狀，阻滯社會發展變化；道家則主張「虛其心，弱其志，常使民無知無欲」[3]，從內心入手，泯滅人的奮鬥欲望，讓人隨

1 《禮記・中庸》。
2 《易經・繫辭》。
3 《老子》。

遇而安來達到同樣的目的。儒家嚮往的理想社會是禮治的周朝，道家則嚮往「鄰國相望，雞犬之聲相聞，民至老死，不相往來」[1]的氏族社會，甚至是「民知其母，不知其父，與麋鹿共處。」[2]的原始社會。「小隱隱於野，中隱隱於市，大隱隱於朝」[3]「古之聖人，假道於仁，託宿於義」[4]。道的出世與儒的入世最終走向統一。中國人既可以寓身仁義，出將入相，也可以隱居山林，返璞歸真，外儒內道，進退自如。漢末，道家思想與陰陽五行、神仙方術結合起來，形成了原汁原味的中華民族原生宗教——道教，李耳也因此成為了道教的始祖——太上老君。道教是中國人靈魂。魯迅先生曾講「中國根柢全在道教」，一言中的。

法：代表人物有管仲、商鞅、韓非、李斯等。此學派因主張法治，反對禮治、仁政而得名。與儒家美化歷史、道家逃避現實不同，法家敢於面對現實，並敢於赤裸裸地剖析現實。法和儒是對立的，儒說人性本善，法說人性本惡；儒厚古薄今，反對變革，法厚今薄古，因時變法；儒以禮治國，禮不下庶人，刑不上大夫，法以法治國，法不阿貴，不別親疏貴賤一斷於法……。法儒鬥爭是百家爭鳴時代的最強音，也是中國社會恆久的主旋律：太平時期，它表現為皇帝與官僚、中央與地方的不動聲色的較量；社會遭到挑戰需要變革時，它就浮出水面，改革派與保守派便開始了「因時變法」與「遵守古訓」這個中國古老的爭論。漢代，法和儒因「受體」發生分離：法為帝王之術，儒為臣奴之道，相互鬥爭的雙方因而和諧統一起來，和平共處於同一個社會有機體之中。法成為專制社會強健的骨，儒成為專制社會溫厚的肉。周曾因缺「骨」而腐爛，秦也因缺「肉」而枯折。由鑄刑鼎、著

1 《老子》。
2 《莊子・盜蹠》。
3 《資治通鑑》。
4 《莊子・天運》。

法經、公佈成文法，到創建使「奔者無所匿，遷徙者無所容」的嚴密戶籍、里甲制度，再到焚書坑儒、大興文字獄，扼殺精神思想自由——經過三百餘年的成長，法家思想終於建構了中國專制社會的「骨架」。

漢代，繼承了法家思想的產物——秦代的制度，並崇尚道家思想，漢武帝時，又尊儒家，儒道法在漢代得到了統一，都淪為了帝王專制之具。帝王以法治民，以儒欺民，以道愚民。

法，是中國文化中強健的因素，所謂：「天行健，君子以自強不息」（《易》之乾卦）；儒，是中國文化中柔和的因素，所謂：「地勢坤，君子以厚德載物」（《易》之坤卦）；道，則是中國文化中靈變的因素，所謂：《易》之精髓，於乾坤天地之間，「變動不居，周流六虛，上下無常，剛柔相易」[1]。

《易經》是中國文化的源頭，易經實為龍經，中國文化的本質實為龍文化。其中，法為龍的骨骼爪牙，儒為龍的筋肉皮膚，道為龍的神經。三者互為裡表，相輔相成，共同構成了中國傳統專制文化體系。這個文化體系是一個統一的，有血有肉的，活生生的有機整體。

在這樣一個統一、完整、豐滿的文化信息的控制下，孕育出的社會也是統一、完整、豐滿的。對它進行手術刀切割式的革命是徒勞的。一個王朝崩潰了，中國傳統文化就會再「克隆」出一個同樣的王朝。

自漢以來，法家思想被視為帝王之術而被專制者壟斷，廣大民眾只能被迫接受儒道臣奴思想。長期的灌輸、馴化使得道和儒成了一鬼一判（一個小鬼和一個判官），左右著中國人的思想靈魂。

從宗教的層次講，中國是一個儒道教國家。

1 《周易・繫辭》。

四、新文化運動

昏聵的滿清皇帝被打倒了，而民國又是如此專制黑暗，有思想、愛國的知識精英們開始反思，開始覺悟了。陳獨秀先生反省道：

> 三年以來，吾人於共和國體制下，備受專制之痛苦……然自今以往，共和國體果能鞏固無虞乎？立憲政治果能施行無阻乎？以予觀子，此等政治根本解決問題，有待吾人最後之覺悟。[1]

梁啟超先生也反省道：

> 革命成功將近十年，所希望的件件都落空，漸漸有點廢然思返。覺得社會文化是整套的，要拿舊心理運用新制度，決計不可能，漸漸要求全人格的覺悟。[2]

「最後之覺悟」「全人格的覺悟」這是中國自鴉片戰爭以來，經歷七十餘年的痛苦煎熬才得到的沉痛教訓。中國的精英們終於找到了「中國病」的癥結所在：傳統文化才是專制的後臺老闆。唯有思想文化的啟蒙，全民族

1 《青年雜誌・吾人最後之覺悟》。

2 《五十年中國進化概論》之《最近之五十年》。

人格的覺醒才是救國的唯一出路。

一九一五年，陳獨秀先生在上海創辦《新青年》雜誌，它的問世，標誌著新文化運動的開始。在《新青年》中，陳先生高舉民主（德先生）、科學（賽先生）兩面旗幟向中國傳統文化開戰，旨在用民主取代專制，用科學掃蕩迷信。

> 所謂名教，所謂禮教，皆以擁護此別尊卑、明貴賤制度者也。近世西洋之道德政治，乃以自由、平等、獨立之說為大原，與階級制度極端相反。……吾人果欲於政治上採用共和立憲制，復欲於倫理上保守綱常階級制，以收新舊調和之效，自家衝撞，此絕對不可能之事。……吾敢斷言曰：倫理的覺悟，為吾人最後覺悟之最後覺悟。[1]

新文化運動是一場中國人自發地用以民主、科學為代表的西方新文化對傳統舊文化的戰鬥，是一場偉大的中國思想啟蒙運動。它主要包括以下四個內容：

打倒孔家店

首先向「孔家店」發難的是一九一六年九月一日《新青年》發表的《孔子平議》，作者易白沙先生指名道姓，向「孔家店」的「店主」開火：

---

1 《新青年・吾人最後之覺悟》。

> 孔子尊君權，漫無限制，易演成獨夫專制之弊。
>
> 孔子講學不許問難，易演成思想專制之弊。

十一月，獨秀先生在《新青年》上發表《憲法與孔教》標誌著攻打「孔家店」戰鬥的全面展開：

> 蓋倫理問題不解決，則政治學術，皆枝葉問題。縱一時舍舊謀新，而根本思想，未嘗變更，不旋踵而仍復舊觀者，此自然必然之事也。
>
> 欲建設西洋之新國家，組織西洋之新社會，以求適今世之生存，則更本問題，不可不首先輸入西洋式社會國家之基礎，所謂平等人權之新信仰，對於與此新社會新國家新信仰不可相容之孔教，不可不有徹底之覺悟，勇猛之決心；否則不塞不流，不止不行！

李大釗先生發表《孔子與憲法》、《自然的倫理觀與孔子》等文章猛烈抨擊孔教：「孔子者，數千年前之殘骸枯骨也。」「孔子者，歷代帝王專制之護符也。……今以專制護符之孔子，入於自由證券之憲法，則其憲法將為萌芽專制之憲法，非為孕育自由之憲法也；……此專制復活之先聲也。」

魯迅先生發表《狂人日記》，道出了儒教吃人的本質：

> 古來時常吃人，我也還記得，可是不甚清楚。我翻開歷史一查，則歷史沒有年代，歪歪斜斜的每頁上都寫著「仁義道德」幾個字。我橫豎睡不著，仔細看了半夜，才從字縫裡看出字來，滿本都寫著兩個字

「吃人」！

胡適先生是提出「打孔家店」口號的人，他說：

何以那種種吃人的禮教制度都不掛別的招牌，偏愛掛孔老先生的招牌呢？正因為二千年吃人的禮教法制都掛著孔丘的招牌，故這塊孔丘的招牌——無論是老店，是冒牌——不能不拿下來，捶碎，燒去！[1]

文學革命

新文化運動不僅對傳統文化的實質進行了批判，並且對傳統文化的載體：那些僵化的、迂腐的，「代聖賢立言」「文以載道」的傳統文學如八股文、駢體文、桐城散文、貴族文學、山林文學、古典文學等進行了革命、掃蕩。

一九一七年，胡適先生在《新青年》發表《文學改良芻議》，首倡文學白話運動，提出從八個方面對傳統文學進行改良。

獨秀先生向縱深挺進，發表《文學革命論》。

錢玄同先生、劉半農先生也群起響應。

魯迅先生是位文學革命的巨匠，他以實際行動參與了文學革命。一九一八年五月，他在《新青年》發表了

1 《吳虞文錄》。

新文學的開山之作，中國第一部白話文小說《狂人日記》。之後，又陸續發表了如《孔乙己》、《藥》《阿Q正傳》《祥林嫂》《故鄉》等一系列白話小說。

一九一八年八月，胡適發表了中國第一部白話詩集《嘗試集》。在他的影響帶動下，沈尹默、劉半農、周作人、魯迅、傅斯年、俞平伯、康白情等文學先驅也加入了白話詩的創作作行列。一九一九年的一年中，中國出現四百餘種白話報刊。一九二〇年，北洋政府教育部不得不決定中小學開始使用白話教材。

科學精神的覺醒

在新文化運動中，與「民主」（德先生）旗幟一起飄揚的是「科學」（賽先生）旗幟。這裡，科學並不是指某一門類具體的系統知識，而是指針對愚昧、盲從、迷信、宗教的理性、批判、懷疑、實證的精神。

新文化運動中，文化精英們反傳統的火力是強大的。傳統文化的一些遺老們面對新文化戰士們理性的猛烈火力，理屈詞窮，並無還手之力。無奈之下只得躲進道教陰陽鬼靈的巢穴中以求自保，成立「靈學會」，「專研人鬼之理，仙佛之道，以及立身修養種種要義」，聲稱「靈學者，實為凡百科之冠」[1]「鬼神之說不長，國家之命運遂促」[2]。新文化戰士們並不饒人，窮追猛打，直搗巢穴，對鬼靈論、有神論進行口誅筆伐，旨在用「科學」掃蕩「迷信」。

新文化運動中「科學」的成就主要表現在人文學術上。

「大膽的假設，小心的求證」、「沒有證據之可懸而不斷；證據不夠只可假設，不可武斷；必須等到證實以

1 《余冰臣先生書》。
2 《魯迅全集・隨感錄》。

後，方才奉為定論。」[1]實證的科學方法日益成為學者們的研究工具。胡適率先用科學的方法「整理國故」，他的《中國哲學史大綱》斷然拋開真偽莫難辨的唐、虞、夏、商，徑從周宣王以後講起，「以現在中國考古學的程度看來，我們對東周以前的中國古史，只可存一個懷疑的態度。至於『邃古』的哲學，更難憑信了。」[2]

在「疑古」思潮的影響下，北大的學生顧頡剛先生由辨偽書進而辨偽史，提出著名的「層累地造成的古史觀」：中國商代以前的古史原來都是儒生們層累偽造出來的。顧頡剛先生的研究一舉推翻了千百年來中國人確信無疑的古史系統，什麼黃帝、炎帝、堯舜禹等三皇五帝都屬子虛烏有，更甭說他們所代表的「道統」了。這對動則效法先王，祖述堯舜的儒教是致命的一擊。以此為發端，中國史學界形成了一個「古史辨」派，專門研究辨別中國古史的真偽。

新文化運動也推動了自然科學的發展。一九一八年，在新文化運動的高潮中，中國科學社總部由美國遷回國內，發展到一九一九年，會員暴增至六百零四人，許多著名學者如李四光、竺可楨、茅以升等紛紛從歐美學成歸國，懷著「科學救國」的理想，辛勤耕耘，取得了一些世界矚目的成就。

廢除漢字運動

首倡者為文字學家錢玄同先生。一九一八年，玄同先生在《新青年》上發表《中國今後之文字問題》：

> 則欲廢孔學，不可不先廢漢文；欲驅除一般人之幼稚的野蠻的頑固的思想，尤不可不先廢漢文。

1 胡適，《介紹我自己的思想》。
2 胡適，《中國哲學史大綱・導言》。

……欲使中國不亡，欲使中國民族為二十世紀文明之民族，必以廢孔學，滅道教為根本之解決，而廢記載孔門學說及道教妖言之漢文，尤為根本解決之根本解決。

玄同先生的倡導得到了陳獨秀、胡適、魯迅、吳稚暉等當時中國文化界幾乎所有精英一百多人的支持和響應。廢除漢字運動為之後三十年代的新文字拉丁化運動開了先河，打下了基礎。並最終導致了漢語拼音的誕生。在新文化運動的時代洪流中，一位偉人，基督徒孫中山先生緘默未語，審慎地俯視著「科學」，究竟能給中國帶來什麼？

五、馬克思主義來到中國

新文化戰士們在掃蕩傳統舊文化時高舉的旗幟是「科學」和「民主」。「科學」是比較直觀、機械、容易學習的，無論自然學科、人文學科只要重試驗、重實證就可以了。「民主」則就不簡單了。「民主」，就是人民作主，這需要人民要具有做主人的覺悟和素質。民主的基礎是公民的道德。怎樣去啟發民智、使民覺悟呢？從哪裡入手呢？學習一種主義？這是違背民主原則的；學習多種主義？又學習哪些呢？傳統文化要學習嗎？——這是中國人在學習「民主」時遇到的一個「技術」難題。

第一次世界大戰的爆發，暴露了歐洲社會的一些陰暗面，這讓本來對民主思想建設感到棘手的新文化戰士們對全盤西化產生了疑慮。而傳統頑固派們則以此為把柄攻擊資本主義、西方文明的非道德、非正義行徑。對此，新文化戰士們陷入了進退失據的困境，或含糊其詞，或王顧左右。

新文化戰士們打破了一個舊的、傳統的價值觀，但卻沒能建立起一個新的價值觀。人的心靈是不可能虛空的，人的生活是須臾離不開價值觀的。正當新文化戰士們尷尬、徬徨之際，俄國十月革命的一聲炮響給中國送來了一個嶄新的思想：馬克思主義。

馬克思主義是一個新的世界觀。它以其科學的面孔、完整的體系以及對帝國主義腐朽必亡的論斷，一下子就吸引了許多中國新文化人士。他們看到，馬克思主義繼承了歐洲十九世紀自然科學和社會科學的最先進的成果，比任何一個資產階級學說更科學；馬克思主義所追求的人民民主比「君主貴族之專制，一變而為資本家之壓制」（陳獨秀語）的資產階級民主更加進步。於是人們開始研究馬克思主義了。

馬克思主義完全符合新文化運動追求「科學」「民主」的宗旨，並且給它提供了一個更高尚更先進的追求目標；馬克思主義同樣符合新文化運動反傳統的要求，他的唯物史觀使得人們反傳統變得更加有利、有效、更具目的性；馬克思主義更滿足了中國人反侵略的需要，他讓中國人不必再對侵略者老師們抱著複雜矛盾的心態，而可以理直氣壯地去批判那些搞侵略的、腐朽的、沒落的、必將滅亡的帝國主義。

蘇聯十月革命勝利的事實，更加堅定了中國人對馬克思主義的信心。帝王專制、相對落後的經濟、文化——俄國與大清國的相似，使中國人有充分的理由相信，文化、物質的落後不足以阻擋社會主義革命的進行，中國完全可以學習蘇聯用馬克思主義指導自己民族的革命實踐。革命勝利後的蘇聯政府，主動取消了沙俄政府與中國簽訂的不平等條約，放棄了沙俄在中國的特權。這使得自鴉片戰爭以來一直被欺負的中國人感受到了難得珍貴的平等和友好，情感上，中國人倒向了蘇聯。

這一切，使得正在尋找救國真理的中國新文化精英及青年學生紛紛投到了馬克思主義的懷抱之中。新文化運動的追隨者，青年毛澤東曾用「山重水複疑無路，柳暗花明又一村」來形容自己當時學習馬克思主義時的心情。這不僅僅只代表他自己，也代表了一代知識青年的心聲。

一九一九年五月四日，中國爆發五四愛國民主運動，他是中國第一次民主運動，也是一次成功的民主運動，平民以非暴力的方式參與了政治，並取得了勝利。他是新文化運動的直接結果。然而，在這次中國民主運動的最高潮中，也孕育了新的專制種子——五四運動大大加速了馬克思主義在中國的傳播，使馬克思主義從一些知識精英中走到廣大青年學生和工人群眾中間，並促使了中國共產黨的誕生。

一九二一年七月，中國共產黨宣佈成立，開始登上中國的政治舞臺，經過二十八年的奮鬥，他最終取得了中國的政權。

社會主義革命，並沒有像馬克思本人所預言的那樣在西方發達腐朽的帝國主義國家爆發，而是在落後的東方俄國和比俄國更加落後的中國爆發，並先後取得了成功，這不僅說明了馬克思主義是一個很成功的革命理論，更說明了馬克思主義符合了東方的某些東西。

馬克思主義的哲學體系——辯證唯物主義之精髓：無神論和辯證法，中國人並不陌生，究其根源，中國人是「無神論」「辯證法」的鼻祖。從某種層次上講，馬克思主義是西方「烏托邦」理想與東方辯證思維、專制精神在當時最高的哲學平臺上的高級組合。因此，儘管馬克思主義中充滿了陌生的新名詞，但其精神卻和中國的傳統文化是暗通的。這為中國人接受馬克思主義，並為中國人後來平穩疏遠、拋棄馬克思主義提供了哲學保障。

馬克思主義的人民民主專政，其實是一種打著「人民」招牌的更大的專制。而在儒教中國，專制要比民主更具生命力，更能滿足民眾奴性心態的需要。

馬克思主義也順應了中國社會特殊發展軌跡的需要。中國社會的發展與歐洲社會相反，中國社會愈「發展」

其專制程度愈嚴重，與之相呼應的是，其對立面，農民起義也規模愈來愈大。中國明、清兩代的專制程度是超出以前的，而明、清的李自成起義、太平天國起義的規模也是超過從前的。做為專制壓迫的對立面，不同時代的農民起義是有共性的。其共性主要有兩點，一是階級報復，二是平均主義。階級報復，就是對統治階級的瘋狂屠殺，這是被長期壓迫民眾心中仇恨的宣洩；平均主義，體現在歷代農民起義的口號中：「太平經」；「天補平均大將軍」；「吾疾貧富不均，今與汝均之」；「等貴賤，均貧富」；「均田免糧」「割富濟貧」；「有田同耕，有飯同食，有衣同穿，有錢同使，無處不均勻，無人不飽暖」。做為對中國專制社會極端貧富分化的反抗，中國的平均主義也是源遠流長，並且愈來愈系統理論化。而馬克思主義的階級鬥爭、共產主義理想正好為中國民間擁有巨大能量的「階級報復」與「平均主義」的暗流提供了「科學」的理論武器。毛澤東所以最終成為了共產黨的領袖，不單單因為他是一名新文化運動的繼承者，還因為他是一名具有濃烈階級感情的農民的兒子。一九四一年，毛澤東在《關於農村調查》的報告中，就坦白地說，讀了馬列主義，「我只取了四個字：階級鬥爭，老老實實地開始研究實際的階級鬥爭。」從這種角度看，中國共產黨的「新民主主義」革命只不過是李自成、太平天國的繼續，一個成功的繼續。

正是這些原因，馬克思主義在即貧窮又落後，離社會主義革命所需條件遙遠的中國，如星星之火，幾經風雨而不熄，最後終成燎原之勢。

六、中華人民共和國成立

中國共產黨畢竟不是太平天國，因為他有馬克思主義這個理論武器。馬克思主義不僅是一個革命的理論，他還是一個建設的理論，這解決了中國農民起義打天下易坐天下難的歷史難題。

一九四九年，共產黨建立中華人民共和國後，即按照馬克思主義理論對農業、工商業、手工業進行了社會主義改造，將舊有的私有制經濟改造為社會主義公有制經濟。

公有制和計劃經濟是具有「初期優勢」的。第一個五年計劃中，共產黨政府建設了大批的基礎設施，使工業、農業、林業、運輸、郵電等行業都得到了迅速發展，中國經濟在整體上了一個大臺階。

然而公有制是建立在否定人性自私，否定個體差異的哲學基礎之上的，這種哲學基礎是違背人性和不尊重客觀事實的。因此建立在錯誤基礎之上的公有制也是不會長久的。公有制要消滅階級、消滅剝削，這就不可避免地搞平均主義。在平均分配勞動果實的條件下，要求人們去積極地工作、勞動，必須有一個前提：「人人都不許有私心雜念，人人都必須是高度自覺的聖人。」起初，大家在崇高的共產主義精神的鼓舞下，還能憑著道德自覺積極地去工作勞動，但是，如果有一個人起了私心、偷懶怠工，而又得不到相應的懲罰，那這種靠道德自覺維護的平衡就會被打破，人們會紛紛向自私的行為靠攏，將自己的才智和創造性都運用到偷懶和怠工上去。強制管理，只能管制人們的工作時間，而無法管制人們的工作品質和工作積極性。長此以往，工業虧損、農業減產、經濟垮臺是必然的。

計劃經濟是一種經濟「人治」現象。計劃經濟將社會中一切的經濟活動都納入政府的計劃之中，企業由政府來管理，資源配置由行政力量來決定。計劃經濟要正確無誤地運行，必須有幾個前提：第一，政府要「全知」，要能掌握所有的、包括正在變化的經濟信息。第二，政府要「全能」，要具有無限的處理複雜的經濟業務的能力，要能夠使計劃滿足瞬息萬變的市場需求。第三，政府要「無私」，所有的幹部、工作人員不存任何私心、不循任何私情，來精確地執行中央的每一個指令。事實上，人不可能「全知」，政府得到的信息總是片面的、滯後的；人也不可能「全能」，資源的配置不可能百分之百跟上市場的變化，人為的失誤總是讓短缺與積壓並存；人也不可能「無私」，貪婪與虛榮總是造成大量的浪費和經濟人為地停滯。

但是，在第一個五年計劃提前完成的大好形勢下，毛澤東，這個忠實的馬列主義者，為經濟勝利所鼓舞，決定打破常規，加快速度，跑步進入共產，開展大躍進運動。

大躍進的結果，就是活活餓死人。據官方的數字統計：中國人口總數一九六〇年比一九五九年減少了一千萬人，一九六一年比一九五九年減少了一千三百萬萬人。按當時正常出生和死亡相抵後百分之二的人口淨增長率來推算，一九六一年應比一九五九年增加兩千七百萬人。兩者相加，一九五九至一九六一年的非正常死亡在四千萬人左右。

四千萬啊！在兩年內因饑餓而死亡，八年的抗戰，中國的死亡人數才三千五百萬！

殘酷的現實，不禁讓人想起了一位名人話：「如果共產主義能實現，那麼地球將會空無人類孤獨地在宇宙中運行。」

毛澤東領導的這場共產主義試驗的失敗，將社會主義的弊端提前暴露出來了，也將毛澤東和劉少奇在經濟上的分歧公開化了。

劉少奇，早年留學蘇聯，接受過馬列主義理論的正規學習，對馬列理論很嫻熟，是黨內的一位理論家。開會時講話常常大道理套小道理，因而被黨內人士稱為「劉克思」。但他似乎對馬克思主義的精髓並不把握，他更多地是將馬列當成一種先進的文化和一種救國的工具，對他並不忠誠，更沒有像毛澤東一樣熾烈的階級感情投入。在實際工作中，他常常肯定資本家的作用，肯定等級分配，保護資產階級。在毛看來，這是打著紅旗反紅旗，是修正主義、走資派（註：走資本主義道路的當權派，以下簡稱走資派）。

一九五二年十一月三日，毛澤東在中央書記處會上提出：「共產黨鬧革命，第一個革封建主義的命，第二個革帝國主義的命，第三個革資本主義、資產階級的命。現在頭兩個命我們算革得差不多了，剩下第三個命，還要不要革啊？你們心裡怎麼想的？妥協讓步，互敬互愛，握手言歡，稱兄道弟，長期共存？那我們共產黨就不應該再叫共產黨了，改名為社會民主黨，考茨基黨，伯恩斯坦黨好了，甚至稱為工黨都可以。你們誰有這個膽量和氣魄啊？本主席今天旗幟鮮明，替本黨正名：要消滅資產階級，包括消滅資本主義的工商業。要共他們的產。當然可以考慮分步驟，分期分批來共產，一是要消滅，而是消滅之前，還要扶他一下。豬和羊，總是要先加加膘（增增肥），肥一點再宰，油水大。」[1]

毛對馬列教條並不精通，但他對馬列主義的實質：階級鬥爭、獨裁、平均主義則是靈犀相通，把握得很準。在中國，毛澤東才是一位真正的馬列主義者。

一反常態，會上無人附和毛澤東。他只好點名，要求表態。第一個是劉少奇，劉首先表示贊同，說從戰略眼光看，是要全面轉向社會主義，只是現階段還是允許一段新民主主義，發展城鄉經濟，把基礎打結實些，再全面轉向社會主義。第二個是周恩來，他附和劉，主張經濟問題，要慎重，剛剛有了點起色，恐怕還經不起大的折騰，還是應該分階段、按步驟來進行。

一出門，毛澤東就吃了個軟釘子，被他的「左丞右相」給否定了。毛很惱怒，認為劉是釜底抽薪，抽象肯定、具體否定；周沒主見，愛附和，但卻倒向劉少奇，這「哼哈二將」對他的經濟措施要麼陽奉陰違要麼拖著不辦。毛還看到，「相當數量的共產黨人對資產階級都是溫情脈脈，依戀得很！對全面轉向社會主義則意興闌珊，

---

1 師東兵，《西苑風月》。

興趣缺缺。」

為了掃除社會主義前進道路上的障礙，毛決定從根本的人事入手，成立了人稱「經濟內閣」的國家計劃委員會，將經濟大權從政務院手中奪過來，讓陝北根據地出身，毛忠實的追隨者且有經濟頭腦的高崗任計委的主席，並授意高崗拱倒劉、周取而代之，成為自己的接班人。然而，劉周的根基很深，高崗鋒芒太露、處事粗泛、工計不精，根本不是劉周的對手。高崗不僅辜負了毛的期望，結果連自己的身家性命也搭上了。毛與劉周的第一輪較量，毛損失了高崗、饒漱石兩員大將，以失敗告終。

此後，兩種思想路線的鬥爭一直伴隨著經濟問題延續著，並且一步步在升溫。一九六四年，毛直接提出了「如果中國出了赫魯雪夫修正主義中央，怎麼辦？」「要特別警惕像赫魯雪夫那樣的野心家和陰謀家。」並派大批的工作隊，深入基層開展社會主義教育運動。

毛澤東自己的經濟路線走不通，又將劉、周的工作稱之為資本主義勢力和封建主義勢力的復辟，這讓劉、周以及因大躍進對毛喪失信心的廣大幹部左右為難，並逐漸對毛感到厭惡。他們漸漸對毛不懂經濟、善於幻想、喜歡胡來，形成共識，視毛為中國經濟建設的攔路虎。他們漸漸形成了一個以劉少奇為核心的圈圈，對毛的言論置若罔聞，甚至有人提出，對犯「小資產階級狂熱症」的人（指毛）應該一棍子打暈，讓他休克……。

一個擁有軍隊和人民群眾的支持，一個擁有廣大幹部的支持，毛、劉兩個集團已成水火，一場公開的較量，在所難免。

雙方的矛盾終於在一九六六年，八屆十一中全會前夕爆發。劉想通過合法的手段，在全會用投票方式罷黜毛澤東。毛則先下手為強，退居上海，另組中央，命令自己忠實的追隨者、國防部長林彪派部隊包圍了北京，對北京實行軍事管制。並通知在北京的所有委員，在他未抵京前，全會不得擅自召開。劉不示弱，聲稱過半數中委以同意開會，無需延期，並以維護黨章法紀的名義調遣新疆軍區駐紮在陝西的一個師來北京增援，時任體委主任的賀龍以軍委副主席的名義從北京郊區部隊調了一個團，並給下屬的體育部發了七百五十支槍，組成民兵來守衛北京。

在關鍵時刻，毛、林以軍委主席、國防部長的名義命令奉劉少奇之命向北京增援的陝西軍隊停止前進。該師師長聽從了最高軍事當局的命令，停止了前進；中共中央總書記鄧小平臨陣倒戈，表示接受毛的指示，決定等毛到北京後才召開全會。這使得劉無法湊足決定人數召開中全會來罷免毛澤東。

七月下旬，林的部隊已經占領了北京市委、接管了人民日報、北京電臺、新華社。勝券在握的毛澤東和他的文臣武將們從上海來到北京，召開八屆十一中全會，對劉少奇和劉派人馬進行了清算，劉從第二把「金交椅」的位置一下降至第七位。但這遠遠不是毛所要求的，毛一不做二不休，要全面打倒、肉體消滅、斬草除根、不留後患。合法的手段是辦不到的，那就打亂秩序運用非常手段，進行文化大革命。

毛、劉的鬥爭，無產階級與走資派的鬥爭，在全會召開前夕，勝負就以分曉，餘下的紅衛兵、大字報不過是消滅劉少奇、賀龍肉體，全面打倒劉派幹部的一種非常手段而已。雙方軍事力量的對比，是勝負的關鍵。劉少奇就是使用合法的方式罷免了毛澤東，也同樣避免不了失敗的命運，並且付出的代價會更大。這樣會使共產黨遭受重大損失，甚至垮臺。鄧小平的選擇是明智的，儘管他知道他的倒戈行為，無論誰勝都會找他算帳，但他以暫時的忍耐保全了自己，保全了共產黨的大局。

事實再次證明了毛的論斷：槍桿子裡出政權。中國社會和茹毛飲血的氏族社會一樣，有了槍桿子、刀把子就有了一切，什麼公理、正義、憲法等「勞什子」，都僅僅是些詞彙，蒼白得很，沒有任何力量。

文革中，劉少奇在中南海住宅，被紅衛兵打得鼻青臉腫。丟掉了鞋子，只穿著襪子的劉，憤怒地拿著《中華任命共和國憲法》抗議道「我是中華人民共和國主席，你們怎樣對待我個人，這無關緊要，但我要捍衛國家主席的尊嚴。你們這樣做，是在侮辱我們的國家。我個人也是一個公民，為什麼不讓我講話？憲法保障每一個公民的人身權利不受侵犯，破壞憲法的人是要受到法律的嚴厲制裁的。」——「法律的嚴厲制裁」？劉的道白會被中國歷史、中國人民當成笑話的。

自己受到傷害了，就知道拿起憲法來保護自己了，在此之前呢？國家主席讓中國的公民們真的擁有《中華人民共和國憲法》所賦予的言論、出版、結社、遊行的自由了嗎?!昨天「吃人」，今天被「人吃」，如是而已。

那麼，在這個人類居住的星球上，究竟還有沒有比槍桿子更有力的東西呢？

在文革前一百九十年的北美洲，華盛頓領導人民贏得獨立戰爭後，解散部隊，返回故鄉維農山莊。不僅如此，在他功成身退之前，他還必須服從參加一個交出軍權的儀式。在儀式中，華盛頓要向文職官員行鞠躬禮義表示武裝力量對政府的服從，將人民授予他的軍權，交還給代表人民權利的國會。期間，華盛頓作了簡短的發言：「現在，我已經完成了賦予我的使命，我將退出這個偉大的舞臺，並且向尊嚴的國會告別。在他的命令之下，我奮戰已久。我謹在此交出委任並辭去我所有的公職。」議長答道：「你在這塊新的土地上捍衛了自由的理念，為受傷害和被壓迫的人們樹立了典範。你將帶著同胞的祝福退出這個偉大的舞臺。但是，你的道德力量並沒有隨著你的軍職一起消失，它將激勵子孫後代。」

議長的話，在中國人聽來是典型的官面文章，什麼「自由的理念」「道德的力量」，把人家的軍權奪去了，說兩句好聽話安慰一下而已，打一巴掌揉三揉，中國中學生都會這套把戲，還沒有趙匡胤的「杯酒釋兵權」多給點錢來的實際。

然而在美國這片土地上，議長的話卻是實實在在的話。

回家務農的華盛頓，被人民選為美國第一任總統。華盛頓成為美國總統，靠的不是軍隊，而正是中國人認為屁話的「道德的力量」。

中國人讀華盛頓，總會被他高尚的人格而感動，而為中國政客們的卑鄙而感歎，這是只看到了點，而沒有看到面。華盛頓的人格是毋庸置疑的，但是要將他放在中國將會怎樣呢？在野蠻的中國，軍隊的勢力是無可爭議的，華盛頓不交軍權，誰來表示抗議呢？如果交出軍權，那又交給誰呢？他讓人放心嗎？華盛頓同意，他手下的將領們同意嗎？交出軍權後，會不會被秋後算帳呢？會不會像軍閥孫傳芳一樣被仇人刺殺呢？……就是能平安務農，中國人民還會想起那個曾帶兵打仗的謙遜的老軍人，在總統選舉時投他一票嗎？

一個人的人格是小事，社會整體的道德水準這是大事。華盛頓順利地交出軍權，之後又被人民選為總統，是因為美國社會存在著一種比軍隊實力更強大的「道德力量」和正義感。華盛頓的選擇不僅是高尚的，也是明智的。

同胞們可曾想過，為何新興的美國就存在強大的道德力量，而自稱文明古國的中國偏偏就沒有呢？以至於讓我們歷代的專制者都可憐兮兮地將槍桿子當成命根子緊緊抱住不放？

七、毛後中國

經濟上失敗的毛，仍然在政治上頑強地戰鬥著。這時毛是為共產主義理想而戰，更是為階級感情而戰。紅色江山是用烈士們的鮮血換來的，不能就這樣輕易地就變了顏色。明末的農民軍攻占北京後，牛金星的一句「十八子之讖得非岩乎？」（李姓得天下的讖言不是指的李岩吧？）曾深深刺痛了農民出身的李自成。今天，毛同樣不甘心，農民們拋頭顱灑熱血，到頭來還是為地主階級（李岩、劉少奇是地主家庭出身）作了嫁衣裳。

國家要強盛，人民要吃飯，不能只革命不生產。為抓經濟、抓生產，毛不得不啟用被他打倒的第二號走資派人物，鄧小平。口口聲聲承認錯誤的鄧，上臺後仍是老一套，很頑固。為了防止資產階級復辟，毛在臨終前不得不將鄧再次打倒。此時的毛很困惑，為什麼一搞經濟就要走資本主義道路，而一走社會主義道路經濟就垮臺？毛澤東是帶著一肚子疑問去見馬克思的。毛的困惑不僅僅代表他自己，而是代表了一代人。

毛逝後，局勢要出乎他的預料。他死後不到一個月，他忠實的追隨者——四人幫就被反對派逮捕，他們的黨羽遭到了清洗。走資派鄧小平又登上政治舞臺，繼續執行他的走資路線，並為文革翻案。

做為一個獨裁者，毛是成功的；做為一個理想主義者，毛是失敗的。社會主義路線最終失敗了，失敗的不是毛澤東，而是馬克思主義；走資派最終勝利了，勝利的不是鄧小平，而是資本主義，是人性。

毛不在了，其左派信徒們也覆滅了，鄧終於可以甩開膀子大走「走資」路線了：農業上，將土地承包給農民；工商業上，對計劃經濟進行市場化改革。但走資派畢竟只是共產黨走資派，洋務派而已，並不是資產階級政黨。洋務派的原則時中體西用，走資派的原則則是「社體資用」。鄧改革的僅僅是經濟體制，政治體制是絕不許碰的，四項基本原則要堅持，社會主義的旗幟要高舉，所謂「兩手抓，兩手都要硬」。

然而，社會是一個有機整體，經濟和政治密不可分，經濟體制改革必然要求政治體制改革。「兩手都要硬」是要將水和火兩個不相容的東西，將社會主義政治體制和資本主義市場經濟硬捏在一起，這是辦不到的。逆水行舟，不進則退。胡耀邦、趙紫陽兩位總書記因經濟改革分別引發了要求政治體制改革的一九八六年上海學生民主運動和一九八九年「六四」民主運動而被鄧免職。

後來的是保守的江澤民。江高舉鄧小平理論的大旗，對鄧陽奉陰違，做著限制、阻滯經濟改革的工作。對放開了的經濟實行「治理整頓」，加強宏觀調控，對「過高、過熱」的經濟實行「軟著陸」……。儘管鄧對此很不滿意，強調「發展是硬道理」，但相對於胡耀邦、趙紫陽因改革觸犯了政權的穩定，江因追求政權的穩定而限制經濟的改革，鄧小平還是能容忍的。

然而，江澤民要回到毛澤東時代已不可能了。社會主義道路經殘酷的現實證明是行不通的；走資本主義道路又必須以犧牲共產黨集團的利益、以共產黨失去政權為代價，這條路又不願走；一半社會主義一半資本主義又不可能長久；那最後只有一條路了：回到祖傳的老路上——傳統專制主義。

鄧小平逝世前，江澤民已經通過經濟軟著陸成功地將半截社會主義半截資本主義、不倫不類的中國特色的市場經濟過渡成為傳統專制經濟。這種經濟本質上和被迫開放的清朝的專制經濟沒有任何區別。

鄧逝後，江澤民又接著進行了「政治軟著陸」——貫徹三個代表理論。

「三個代表」就是拋棄馬列主義，拋棄四項基本原則，或者說是將四項基本原則變成一項基本原則：堅持共產黨的領導。這是共產黨的一個重要理論，他旨在將中國共產黨又一個信奉馬列主義、走社會主義道路的革命政黨改造為一個信奉中國傳統專制主義的執政黨，從而使中國共產黨擺脫國外共產黨必然滅亡的厄運，長久統治中國成為可能。

當然，這種意圖只可意會，不可言傳，是不能明講的。從毛到鄧再到江，政治口號的調子是愈來愈低，含義也愈來愈模糊。毛的「千萬不要忘記階級鬥爭」如秦腔、如船夫的號子，高亢、嘹亮；鄧的「一個中心，兩個基本點」就有些模稜兩可，讓人摸不著頭腦了；江的「三個代表」乾脆成了江湖暗語，「代表」是什麼意思，不懂不要緊，慢慢學習，慢慢體會——高級幹部，大的既得利益者，可以透露的多些；低級幹部，小的既得利益者，可以透露的少些；普通百姓嘛，知道共產黨是代表最廣大人民群眾的基本利益的就行了。

「三個代表」理論的問世，標誌著中國共產黨正式和馬列主義說拜拜了；標誌著中國社會在走了一段「社會主義」岔道之後又回歸到了傳統氏族社會的軌道之內。拋棄馬列主義今天的中國社會和清朝及其以前的傳統社會在實質上沒有任何區別。共產黨所謂的新民主主義革命，社會主義革命事實上也成了改朝換代的農民起義而已。共產黨建立的王朝也不過是傳統氏族專制社會的又一輪迴，其專制之烈不次於清朝，其專制之縝密，更甚於清朝，北洋政府、國民黨政府則無法望其項背。和歷代王朝的唯一不同，是馬克思主義給中國帶來的兩場運動：大躍進和文化大革命。然而，這些不過是歷史長河中的兩朵浪花，曇花一現罷了。

開國皇帝威明，官吏廉潔，二代、三代皇帝開始暗弱，官吏開始腐敗，直至王朝覆滅……自認為掌握真理、開天闢地的中國共產黨仍然沒能逃脫中國社會這一古老的興衰更替的歷史週期律。自辛亥革命以來，百年中國，經歷了幾多革命、幾多運動，最終還是回到了老路上。中國社會再度表現出了驚人的、匪夷所思的惰性；中國傳統文化再度表現出了超凡的魔力。

八、共產黨與儒家文化

共產黨脫胎於新文化五四運動，早期的共產黨員中許多都是新文化五四運動中反傳統的健將，這些文化精英們正是在打破了一個舊文化而又樹立不起一個新文化的尷尬之時，投奔馬克思主義，希望以馬克思主義取代儒家思想來達到徹底改造舊中國的目的。

然而，和他們與傳統儒家文化毅然決裂態度不相匹配的是馬克思主義對待傳統文化的態度。馬克思主義認為社會主義必然取代資本主義、帝國主義，但社會主義是建立在資本主義的物質和文化基礎之上的，因此，對待傳統文化是要既繼承又批判，即所謂的「揚棄」。馬克思這個結論本是針對歐洲文化而言的，歐洲人認為歐洲文明也是人類的文明，無論如何是不可能全盤否定的，馬克思主義本身就繼承了大量的歐洲傳統文化，況且，馬克思根本沒有想到在一個落後的「半封建半殖民地」國家也能爆發「無產階級革命」。

馬克思主義對傳統文化肯定的態度，使中國共產黨人在用馬克思主義改造中國的同時，不得不在口頭上對中國傳統文化的批判收斂了許多，對儒家文化的態度也矛盾複雜了起來。

共產黨人對儒家文化的矛盾心態從毛澤東在延安時期對傳統文化的講話中可以表現出來。一九三八年，毛稱：「我們是馬克思主義的歷史主義者，我們不應該割斷歷史。從孔夫子到孫中山，我們應當給以總結，繼承這一份珍貴的遺產。」一九四〇年，毛在《新民主主義論》中又說：「我們共產黨人，多年以來不但為中國的政治革命和經濟革命而奮鬥，而且為中國的文化革命而奮鬥。」除非掃清資產階級文化和中國傳統文化，否則「什麼新的文化都是建立不起來的，不破不立。」並稱讚新文化運動為「自中國有史以來，還沒有過這樣偉大而徹底的文化革命。」

馬克思主義對人性的認識是膚淺的，做為一個價值觀，他顯得很粗糙。它能很好地指導人們怎樣革命，但並不能很好地指導人們怎樣生活。一句「全心全意為人民服務」因遠離人性顯得大而不當。它的局限性使他不可能完全取代儒家思想。而共產黨對儒家思想的批判又是心存顧忌的，這使得本來已被新文化運動批臭了的儒家思想又得以悄悄地鑽進了共產黨的隊伍。由於儒家思想的無神觀、性善論，與馬克思主義是相通的，這使得二者能夠和平共處於共產黨人的大腦中，馬克思主義指導宏觀的革命實踐，儒家思想指導微觀的生活修養。延安時期劉少奇的《論共產黨員修養》就是兩者結合的一個產物。

馬克思主義沒能取代儒家思想，儒家思想再次顯示了自身的適應性。

共產黨取得政權後，運用馬克思主義對中國進行了翻天覆地的社會主義改造，但是，劇烈的大規模的社會改造仍然沒能動搖中國傳統社會的基礎——家族世襲制度。「新中國」中廣泛存在的子承父業的接班制度，就是傳統世襲制度的延續，而「走後門」為子女安排好的工作，則是對傳統世襲制度的豐富和創造。不僅如此，儒家思想在「新中國」中並不是一個低三下四、地位低下的婢女，它而做為一個看不見的政治勢力，發揮著其巨大的能量，影響著社會的方方面面，並參與各種政治鬥爭。

儒家思想在「新中國」的巨大能量，在共產黨內部的鬥爭中充分顯示出來。

共產黨內部的權力格局，是在延安時期打下的基礎。延安時期，毛澤東取得了劉少奇、周恩來的支持通過整風運動排擠走了對毛的地位存在威脅的張國燾、王明，並清洗了他們的追隨者以及對毛的權威質疑的人，從此奠定了毛澤東絕對領袖的地位。「黨外無黨，帝王思想；黨內無派，千奇百怪」，（毛澤東語）共產黨內也是存在派別的。粗泛地說，其中最大、最有實力的派別是以毛為首的武裝革命派，其次是以劉少奇為首的白區工作派，再次為以周恩來為首的旅歐派。從思想成分的相對的差別來看，這三位信奉馬列的共產黨的巨頭也是存在差別的，毛代表馬列派，劉代表修正走資派，周則代表傳統儒家派。延安時期，共產黨內就形成了以毛為首，以劉、周為輔，三足鼎立式的權力格局，這種格局同樣代表了共產黨內的三種思想傾向的格局。

革命時期，大敵當前，三派是相互團結，親密無間的。建國以後，矛盾便逐漸公開化了。首先就是毛和劉在經濟路線上矛盾的爆發。

高崗是毛的人，他身為國家副主席，又是集黨政軍大權於一身的「東北王」，頗有才幹，深得毛的信任。有毛撐腰的高崗為何在與劉的鬥爭中敗北身亡呢？原因有很多，但有一條很重要，那就是高崗也包括毛澤東小看周恩來了。高崗分明不知周的厲害，將他和劉少奇混在一起，稱他們為白區的黨，自稱為紅區黨的代表人，並揚言黨內要進行秦（延安紅區）楚（上海白區）人戰。

周恩來心胸寬廣，又心細如髮，是個大處著眼小處著手的楷模。他有著女人般敏銳的直覺，能從蛛絲馬跡中洞察出人與人之間的微妙關係。他同時具有高超的處理人際關係的交際手段，他既能把意見相左、成見很深的戰友撮合在一起；又能巧妙地利用敵人間的齟齬進行挑撥離間，坐收漁翁之利。

面對高崗的攻擊，主席的批評，周恩來在誠懇地做著深刻、一瀉到底的檢查的同時將他利用情報系統收集來的關於高崗的黑材料不失時機地捅給了毛澤東。這些材料的主要內容是：高崗無視黨紀國法，使之與蘇聯人員接觸，談論黨中央人事機密，對黨的領導人妄加評議；高崗目無黨中央、毛主席，在群眾集會上公然接受「高主席萬歲」的口號；高崗在幹部會議上多次妄議毛主席只會打仗，只會古詩文，不懂經濟，不懂工業，不懂建設，而他高崗是既懂軍事，又懂經濟，懂工業，懂建設，是全面之材。高崗的私生活極端腐敗。

周太瞭解毛澤東了，他清楚地知道毛這個「真龍天子」的逆鱗三尺在什麼地方。毛容不得自己的權威和尊嚴受到任何的挑戰和褻慢，更何況它是來自自己的心腹和接班人。高崗的狂妄、口無遮攔觸怒了「龍顏」，毛決定在批劉、周的同時，也要批高，以懲罰他的狂妄，殺殺他的銳氣。

屢遭批評打擊的劉少奇本來已心灰意冷，打算放棄角逐，這時在周的幫助下，抓住難得機會對高崗進行了反攻。心驕氣躁的高崗，可沒有劉、周那樣皮實，幾輪打擊下來，就支撐不住了，嚷著不想在北京待了，再也不想和從「狗洞」（指監獄）裡爬出來的人不人鬼不鬼的小人死纏爛打了，服輸了，要回東北，若不行，那就回陝北！東北、陝北他都回不去了，中國是個人治社會，「其人存，則其政舉；其人亡，則其政息。」[1]鬥爭到這

1 《中庸》。

個你死我活的地步，周、劉是不會放棄這個難得的時機放虎歸山的。在周的精心安排下，高崗不堪折磨，自殺（？）身亡！

高崗的死出乎毛的預料，但面對高崗「反革命畏罪自殺」的既成「事實」，毛只能啞巴吃黃連了。

一九六六年，毛和劉的矛盾激化，毛發動文化大革命將劉打倒。種種努力均告失敗的劉少奇終於低下了頭，找毛澤東求饒：「我希望能夠回老家，或延安種地，安度晚年……」毛沉吟良久，說：「有些話，你還是不十分理解。好好讀些書，多思考點問題……你現在也不要馬上想到延安去或湖南去。先在家裡讀書，過去這一陣風，再說。」毛輕描淡寫地拒絕了失敗者要求活命的最後要求。

當時毛一定處於勝利的喜悅之中，他在想些什麼呢？也許會想起高崗吧。

接受上次高崗的教訓，在文革中，毛將劉和周區別對待，先打倒主要的對手劉，勝利穩固後再對付周，將一步棋分兩步走。

文革從一九六六年開始到一九六八年知識青年上山下鄉算是第一階段。此階段，是社會主義思想同走資思想的鬥爭，以毛打倒以劉少奇為首的走資派告終。從一九六八到一九七六年，算是文革的第二階段，此階段是毛同周的鬥爭，也是社會主義思想同傳統儒家思想的鬥爭。

一九六七年，毛在對走資派的鬥爭取得勝利後，馬上就將矛頭對準了周恩來，北京街頭出現了「打倒大叛徒周恩來」「揪出兩面派周恩來」等大字報。在中央文革的操縱下，五十萬人包圍了中南海和人民大會堂，紅衛兵要衝進大會堂揪鬥周的「嫡系」陳毅，這時周勇敢地站出來，激動地高聲喊道：毛主席曾多次講「陳毅是好同志」，如果你們揪鬥陳毅，那就要踏著我的身體過去！並要求紅衛兵選代表辯論。整整三天三夜，周以驚人的毅力和出眾的辯才平息了這次衝擊。毛聽到這個消息後感慨道：「天不滅周，我復奈何！」

讓毛感慨的還在後頭。

周的政治敏感度不輸給毛澤東，劉被打倒後，他很清楚自己的處境，知道頑抗只有死路一條。他於是採取了委曲求全的策略，表面上和「二月逆流」的將軍們保持距離，表現出無派系、無辜的檢討的姿態。這還不夠，處在毛這頭鬥紅了眼力大無窮的公牛、林彪這隻猛獅子以及四人幫四隻惡狼之間，單純的逃避、退讓是不行的，最危險的地方往往又是最安全的地方。當無處可逃時，只有勇敢地迎上去。此時的周如一位武技高超的鬥牛士，盤旋在毛這頭殺氣騰騰野牛的身邊，並在恰當的時間、恰當的角度，對這頭紅了眼、又疑心重重的野牛抖動手中的紅布，讓牛角刺向了對周威脅最大的獅子——林彪。

正當全國人民拿著紅語錄高呼「林副主席永遠健康」之時，官方突然宣佈：林彪集團陰謀殺害偉大的領袖毛主席，篡黨奪權，實行資本主義，被英明的毛主席和敬愛的周總理給粉碎了。林彪逃往蘇聯，摔死在蒙古的溫都爾汗沙漠。

官方的說法難以自圓其說，他是對人民的愚弄，是對人民智力的蔑視。林彪之死至今眾說紛紜，仍是個謎，真正知道事件真相的只有一個人，就是這齣戲的總導演周恩來。

二十世紀七〇年代，在中國上演的這出權力鬥爭戲劇，其「藝術成就」在中國歷史上是罕見的，他將中國傳統的窩裡鬥、宮廷政變等「燦爛文化」發揮到了極致。戲中「武林」高手舉止溫文爾雅，但又處處暗藏殺機，靜時，嫻若處子，動時，一劍封喉；整齣戲撲朔迷離，險象環生，高潮一燦即逝，給觀眾留下眾多的懸念，不盡的餘味。

也許是周恩來文質彬彬、溫文爾雅的形象給高崗、林彪、毛澤東的印象太深了，使他們忘記了周是中共特科的創始人，地下鬥爭，周是行家裡手、開山師爺。在和高崗、林彪的鬥爭中，周將傳統的「太極功夫」發揮得淋漓盡致：以柔克剛，後發治人，傷人無痕，殺人無血。高崗是「自殺」的，林彪是「摔死」的，反正跟他沒什麼關係。

五〇年代曾擔任美國助理國務卿的沃爾特・羅伯遜這樣評價周恩來：「別看周恩來風度翩翩，那是假象。他殺了人，會若無其事地抽根菸就走開了……他是那種看起來不說假話的人，但實際上他從來也沒有說過真話。他總是在演戲，而且叫你跟著他哭笑……他既能對人熱情周到又能做到無情殘酷。周出身於官僚書香之家，具有貴族的血統。在文化上，他拋棄了傳統的表面，但保持了傳統的實質。」[1]

林彪之死，對毛的打擊很大，九一三事件後，毛在床上躺了三個月，之後又大病一場，差點一命嗚呼，人從此一下子衰老許多。許多人只知道毛只受過一個挫折，就是他在井岡山時，被中央奪了權。而毛澤東自己在晚年時回憶說，自己一生所受的挫折共二十二次。其中，林彪之死，可能是最大的一個了。井岡山時，毛尚年輕，當時也只是路線之爭，林彪之死卻是對毛的理想、自信心的一次重大打擊和嘲弄。

在中國，資本主義思想最脆弱，共產、平均主義思想可以輕易地將他打倒，但和傳統儒家思想較量，共產、平均主義則又成手下敗將了。

林彪死後，毛打落牙和血吞。失去了軍事王牌，毛再也沒有原來那麼牛氣了，他不得不向周派人馬表示了一些妥協、退讓。不僅如此，他還要忍受著不知出自何人之手的《「五七一」工程紀要》以及林彪、葉群日記中「林彪」以儒家思想的立場對自己的種種辱罵。毛終於看到了周恩來強大的力量源泉：儒家文化。

中國歷史上，有不少反傳統、反儒的血氣方剛的青年，到年暮之時，在屢遭失敗後，又不得不重新投到儒的

1 王兆軍，《誰殺了林彪》。

懷抱，向孔二繳械投降。然而毛澤東畢竟是一位頑強的鬥士，他一不做二不休，你借林彪用儒家思想罵我，我就借林彪批判儒家思想。一九七四年，漸漸恢復元氣的毛澤東發動了批林批孔運動。

在共產黨的高級幹部中，林彪可以說是儒家文化氣息最少的一個人了。十八歲入黃埔軍校，成長於革命的洪流中，使林彪成為一個少見的、標準的革命軍人。在井岡山時期，毛澤東的前委和朱德的軍委爭奪軍事領導權時，年輕的林彪站在毛澤東一邊，並對朱德的工作作風提出意見，說朱德以舊軍閥的方式拉攏軍隊幹部。進城後，共產黨將領們三日一小宴，五日一大宴，儼然王侯將相。林彪卻仍保持著革命軍人的作風，部下來家中彙報工作，很難混上一頓飯。在軍隊中，給為自己服務過的勤務兵、司機在轉業時安排個好工作已是慣例，但是林彪例外。在廣州，有一位部下娶了年輕的老婆，宴請林彪，林怒氣衝衝地說：老配少，什麼作風，不去！……就這樣一個單純的、原則性很強的、與儒家思想最不沾邊的革命將領，由於政治鬥爭的需要，硬是被和孔老二捏在了一起。

中國人是無神論者，相信人死如燈滅，知道死人好欺負，都愛拿死人做文章。你死了，你就徹底完了，什麼屎盆子莫須有都可以往你頭上扣。昨天，林彪還是毛主席忠實的衛士，毛主席最好的學生，常勝將軍；今天林彪一死，馬上就成了毛主席最大的、最陰險的敵人，就成了逃跑將軍、吸毒將軍，就成了見光流淚、見風拉稀的林禿子……。

已經領教了儒家思想厲害的毛澤東，在批林批孔時有些無奈地說：「批林容易批孔難」。要批孔，馬列主義已經不夠用了，不得已，毛澤東又從祖傳的家當中將法家思想搬了出來，評法批儒，借法批儒。「新中國」成立後，各種鬥爭風起雲湧，潮起潮落，但到最後，鬥爭的最深層，仍然是傳統文化的內鬥，仍然沒能跳出傳統的圈圈。

在這場批儒鬥爭中，毛並未取得勝利。革命曾打倒了「封建」帝王，不曾想自己倒成了一個金口玉言的「孤家寡人」。年暮多疑的毛，不僅讓老婆衝鋒陷陣，並且開始重用、信賴自己的侄兒、姪女，不再相信革命原則，開始相信血緣親情了。他不但未能將周恩來打倒，將儒家思想根除，自己倒不自覺中鑽入了儒家思想的彀中（註解：彀中，比喻牢籠、圈套。）。

在中國歷史上，毛澤東不是唯一批儒的帝王，除了他，還有秦始皇。但秦始皇不能和毛澤東相提並論，秦始皇不知道儒家思想對自己江山社稷的穩固作用，是對儒家思想的簡單的藐視。而毛澤東則是位不貪圖安逸的、知難而進的、無產階級感情強烈的理想主義者。為了捍衛自己的理想，為維護自己的無產階級感情，毛澤東不惜冒生命危險一戰，「陰間陽世一道牆，是福是禍管他娘」，發動文化大革命。

可惜，毛澤東拜錯了神，行了不少惡事，給中華民族帶來不少災難。一個理想主義者，如果選錯了理想，其結果會更可怕，對民族、對人類的危害更大！

相對而言，周恩來則是一個「老牌機會主義者」，他是個沒什麼原則的人，他唯一的原則就是他的權力和地位。從共產黨建立以來，他幾乎一直處於第二把手的位置，周恩來是位儒家文化的成功實踐者。儒家文化是為臣之道，它擺脫不了它的奴才本色，它的最高理想就是使人成為宰相，成為皇帝大管家。在早期的革命鬥爭中，周恩來就明智地看到自己缺乏領袖人物特有的敢於力排眾議、孤注一擲的自信與魄力，革命實踐的磨合，儒家文化的底蘊，以及自身的天賦，使周將自己定位於「第二」的位置。不危及自己的位置，周永遠是個好人，如果誰和自己過不去，那就讓他不明不白的死去。建國以後，周在黨內錯綜複雜的鬥爭中，總能化險為夷，不僅僅是因他聰明過人，還是因為他沒有當「第一」的野心，因為他身上所具有的甘為人臣的儒家家奴式的忠心。周的「人臣」本色，使得多疑的毛澤東往往在鬥爭情況複雜時，總是信任、依賴周恩來，從而使周躲過了幾次致命的打擊，保全了自己。在文革中，周雖然將林彪殺死，但他並不敢取毛而代之，仍然屈居毛下，謹慎地伺候著這位帝王，並且還要全力對付「四人幫」的攻擊、非難，雖然重病在身，人不敢掉以輕心、有絲毫怠慢。因為他知道稍有不慎，不僅會身死人手，還會落個千古罵名。高崗、劉少奇、林彪已經做出了榜樣，人一死，就成了反革命、工賊（註：指被資產階級收買，出賣工人的利益，破壞罷工運動的人）、叛徒。文革後期，周不僅為身前而戰，還要為身後而戰，直到嚥下最後一口氣，「死而後已」……。

相對與殘暴的共產主義、無產專政，儒家思想是較溫柔的。共產主義、毛澤東沒能戰勝儒家思想，使得共產黨沒能向秦始皇一樣殘暴，沒能將中華民族的知識精英趕盡殺絕；也使得共產黨政權沒有像秦朝一樣夭折，也為中華民族保存了一些生機。面對如此背景下的周恩來，面對如此背景下的儒家文化，一個中國人又能說什麼呢？又敢說什麼呢？

如果說共產主義是一種烈性自殺，那麼儒家思想就是慢性自殺。儒家思想抵抗共產主義並不是為了讓共產黨、中華民族永生，而是為了讓共產黨、中華民族按他的方式死亡。可怕的儒家思想。

在「新中國」，在文革中，政治鬥爭並不僅僅限於毛、劉、周、高、林幾個人身上，他們分別代表了不同的派系、勢力，與他們幾個人鬥爭同聲相應，同氣相求的是省級、市級、縣級、甚至村級的內部鬥爭，一個人倒下了，他的部下也就紛紛倒下了，坐牢的坐牢，勞改的勞改，流放的流放，今天吃人，明天被人吃，整個中國仍是個諾大的吃人筵席。在這個內鬥的舞臺上，其實並沒有真正的贏家、真正的勝利者，最終的、真正的勝利者只有一個，那就是中國傳統文化——龍。

政治鬥爭潮起潮落，那些具有理想主義傾向者，那些革命原則性強者，都最終因不符合傳統文化的精神而被淘汰了；而那些實際者、機會主義者、明哲保身者、都最終因符合傳統文化精神保全下來，子孫得以昌盛。文化大革命，與其說是中國人革傳統文化的命，不如說是傳統文化在革中國人的命。可怕的龍。

毛澤東去世後，毛的左派人馬遭到了清洗，劉、周的右派人馬又重新執政。社會主義思想沉淪了，走資思想、儒家思想占據了主流。關於近代大儒曾國藩、近代官商胡雪巖的書籍充斥了大小書店，成為中國人為官為商的必讀之書。六四民主運動之後，鄧小平為了政權的穩定，明確了四項基本原則，主張兩手都要硬，恢復了一些社會主義思想，使得蓬勃發展的資本主義思想得到了遏制。這樣在社會主義政治體制與資本主義市場經濟的相互咬合羈絆中，在社會主義思想與資本主義思想「兩手硬」的尷尬對峙時，儒家思想魚翁得利，漸漸恢復壯大，由隱蔽走向公開，從草堂走向殿堂。

鄧小平去世後，江澤民宣佈「三個代表」，拋棄馬列主義理論，鼓吹儒家思想，跳出政治體制與經濟體制不相配套，相互抵觸的尷尬，將相互矛盾的社會主義公有制和資本主義市場經濟統統納入傳統專制經濟的軌道，將兩敗俱傷的、孱弱的社會主義思想和資本主義思想統統融入傳統思想文化之中，通過消化、磨合使他們成為傳統文化的有機成分。

這樣，儒家思想再度成為中國社會的主導思想。

中國共產黨畢竟是靠批儒起家的，新文化運動反儒的筆墨未乾，文化大革命批孔言猶在耳，國民反儒批孔訓練有素，所以江澤民尊孔崇儒不能明講，只能煞費苦心地以「以德治國」「民族復興」「與時俱進」「全面建設小康社會」等口號來代替，只有對不懂事的孩子，才赤裸裸地讓他們背誦《三字經》《論語》《弟子規》，向他們灌輸儒家思想，用心良苦地從娃娃抓起，以為百年之計。

回首當年，中國在經歷了百年的打擊、折磨、屈辱、痛苦、反思之後，在走了一段馬克思主義的彎路之後，再次回到祖傳的儒家思想的老路上。好了傷疤忘了痛，中華民族真是只有「到了最危險的時候，」才能「被迫發出最後的吼聲」，才能也只能用「我們的血肉築成我們新的長城」，才能只能「冒著敵人的炮火前進前進前進！」

可憐的中國人，一群迷途的羔羊。

光明大道是有的，許多中國人也知道，那就是民主、自由之路。這條路中國也曾經試過，但卻淺嘗輒止，又退縮回去了。為什麼呢？因為中國傳統文化的勢力太強大了。那麼中國傳統文化究竟有何魔力，屢遭打擊而不倒？並能控制中國人拒絕光明，自甘沉淪？

第二章 儒教的惡果

一、儒家思想是宗教

新文化戰士們不能說不夠理智深刻，毛澤東的權力不能說不夠至高無上，但為何打不倒這個兩千多年前的孔丘呢？這是因為他們沒有看透、沒能重視儒家思想的宗教本質。

宗教做為人類社會的一個客觀存在，它有其基本的構成要素。宗教的基本要素可分為內在要素和外在要素兩個部分。內在要素主要包括兩個內容：一是信仰和價值觀。任何宗教都有對超人間、超自然神靈的崇拜，即由此衍生出來的整套價值觀念。二是感情和體驗。信仰者對神靈在感情上的信任與依賴，以及與神靈產生的情感共鳴。外在要素也包括兩個內容：一是行為和活動。每種宗教都有特定的禁忌、獻祭、禮儀等符合其信仰的實踐活動。二是組織和制度。每種宗教都有進行宗教活動的群體、組織，以及維護組織生存，規範宗教生活的規章、制度。

信仰：儒家思想的崇拜對象是「祖先」。中國人相信祖先的亡靈不滅，並能像神一樣在冥冥之中保佑自己和全家。祖先的墳墓——陰宅所處位置的好壞，決定著子孫的命運和前途。祖先在陰間和生前一樣需要食物和金錢，需要子孫常常獻祭，供奉一些祭品，燒一些紙錢。祭祖是被儒家禮教所強制執行的，有人違背，將被視為大逆不孝，將會失去做為中國百姓的資格。

價值觀：儒家的經典，四書五經都是儒家價值觀的詳盡論述。他告訴中國人什麼是君子，什麼是小人；做君子應該怎麼言怎麼行。這些是儒家思想的主要組成部分。

感情和體驗：中國人所崇拜的祖先，是已亡的父母親、祖父祖母以及對家族有傑出貢獻的遠祖。中國人對祖先亡靈的感情是實實在在的，他是祭祀者與亡靈生前親情的延續，是對祖先功德、養育之恩的感激和追憶。祖先崇拜是一種原始的宗教，他的宗教情感有著真實的、現實的生理基礎，他往往比其他神靈崇拜的宗教感情更加執著、有力。

行為和活動：祭祀祖先是儒家禮制中最重要的事。

> 祭祀分有四季，春天的祭祀叫做灼，夏天的祭祀叫做禘，秋天的祭祀叫做嘗，冬天的祭祀叫做烝。在祭祀的日子，進到祭室，就彷彿一定見到有先人在位；轉身出門，肅然間感到一定聽到有先人的聲音；出門以後再聽，慨然間覺得一定聽到有先人的歎息聲。所以先王所做到的孝，是先人的容顏不會在眼前忘記，先人的聲音不會不會在耳邊消失，先人的意志、嗜好不會在心中忘卻。[1]

直到今天，祭祖仍是全民恪守的傳統。每年陰曆的正月初三、清明、七月十五、十月一等都是今天中國人祭祀先人的鬼節氣。祭祀時，子孫將祭品貢放在墳頭，放一掛鞭炮，燒一些冥紙、紙做的金銀元寶等，向祖先亡靈

---

1 《禮記．祭義》。

磕頭，並「祈禱」：爺爺（爹、娘），我們今天給您送錢來了，您就拿去慢慢地享用吧……您在天之靈一定要保佑全家平安，保佑您的孫子今年順利考上大學……。一年中除了這幾個固定的鬼節之外，還有按先人去世之日計算的「三七」「五七」「七七」「一周年」「三周年」等祭日。

中國人的葬禮是一項重要的宗教活動。「儒」的本意原是一種職業，就是周朝時喪禮中的司儀。儒生們為喪禮制定了繁雜、等級分明的禮儀。我們可以窺記載周朝禮儀的《禮記》之一斑，而想像其全豹。

> 鋪好束帶、單被時，孝子要跳腳頓足；鋪好斂被時，孝子要跳腳頓足；鋪好衣服時，孝子要跳腳頓足；遷屍時，孝子要跳腳頓足；束斂衣服時，孝子要跳腳頓足；束斂被子時，孝子要跳腳頓足；束斂束帶、單被時，孝子要跳腳頓足。[1]

經過新文化運動和文化大革命的兩輪掃蕩，今天中國人的喪禮已經大大簡化了，但其基本的構架仍在，其繁簡因地區不同而不同，但其中都少不了傳統喪禮的精髓：磕頭。一個人，不管他生前是個紳士還是個流氓，一旦死去，就成了神。他的兄弟、兒子、孫子、媳婦、以及親戚們都要向他磕頭，作痛哭狀。弔孝時磕頭，奠禮時磕頭，出殯時磕頭……一場喪禮下來，要磕幾個至幾十個頭不等。隨著改革開放、「民族復興」，喪禮也有「復興」的趨勢。

組織：中國文化最顯著的特徵就是混沌性。其宗教、哲學、政治、倫理、經濟、科技、文學等都是混合在

---

1 《禮記・喪大記》。

一起，分不清彼此的。中國的宗教和政治是緊密結合、合而為一的，就是所謂的「天人合一」。在這個政教合一的宗教體系中，皇帝就是最高祭司，是教皇；他手下的眾官僚，按級別依次為樞機主教、宗主教、都主教、總主教、主教、神父等，還未做官的秀才則是修士，每個家長則是一個家庭的長老。這個體系中的每個人都尊奉儒家信條，並高度自覺地向自己的臣民、老婆、孩子灌輸儒家思想，以使臣民更順從，老婆更聽話，孩子更孝順。

制度：儒家禮制的制度就是他的「禮」。簡單地講就是三綱：君為臣綱，父為子綱，夫為妻綱。綱，就是法律。君叫臣死，臣不得不死；父叫子亡，子不得不亡。複雜地講就是《禮記》中所制定的生活行為規則。

和其他宗教相比，儒教是不拘泥於形式的，不論其內在的價值觀念還是其外在的組織和制度，儒教並不固守一種機械的模式，不同的時代，不同的環境，他都能作出相應的調整，以適應時代和環境變化的需要。它的這種變化性、伸縮性使它具有超強的生命力。它無體無形，卻又無處不在。它使每個中國人在不自覺中成為他的教民，並自覺地為他傳播教義。而這一切，正體現了儒、道教所追求的終極真理——道的特徵：玄虛。正如《老子》中所言：「明道若昧，進道若退……大音希聲，大象無形。」

道教和儒教本是同胞兄弟，他原本也是「大象無形」的，只是由於佛教東進的刺激，他才模仿佛教，建立自己的道觀，制定自己的道規，並將道家思想和神仙方術揉和湊成自己的教義，以宗教的面目出現在世上。道教是中國原始宗教在一個新的高度的重現，儒教則是道教的理性外延。

世上的各種宗教都是不同的，都是各具特色的，中國的儒、道教更是如此。

人們對人類來源的迷惘，對擺脫現世痛苦的渴望，對超脫肉體的永恆追求，使人類產生了宗教。這使得不同的宗教都具有這樣兩個共性：一是對神、對造物主的崇拜；二是對現實的否定，對天堂、彼岸世界的追求。

而這兩個共性，恰恰是中國儒、道教所不具備的，並且是有意、極力回避的。儒教用模糊的「天」來取代神，並將人天生對神的嚮往很「唯物」、很實際地轉移到自己的祖先身上，崇拜祖先；然後，讓人多娶老婆，多生孩子，使人死後，靈魂可以寄託在子孫延綿不斷的香火之中，而不去追求渺茫的「天堂」「天國」「極樂世界」。祖先崇拜是人類最大限度的對神的否定，是世上最成功、也是唯一成功的無神論。

道教用玄虛的「道」來取代神，它否認天堂、地獄，也不屑於祖先崇拜，但是，是人就會追求永恆，就要為自己的靈魂尋找歸宿，萬般無奈之下，道教只好去煉長生不老藥丹，追求肉身成仙，來擺脫死亡，擺脫短暫，讓靈魂永遠寄居在自己的肉體之中。

儒、道教的這兩個特性，使得儒、道教具有一種「反宗教」的宗教特色。

「反宗教」的儒、道教，使得中國成為了當今世界上唯一一個無神論國家。據西方一九九七年統計，全世界總人口五十九億人，有宗教信仰的人數為四十七億八千萬人，無宗教信仰的人數是十一億兩千萬人。中國有十二億多人，其中各種宗教徒有一億多人。也就是說那無宗教信仰、無神論者的十一億兩千萬人幾乎全在中國。[1]

儒、道教對神的否定，使得中國人要麼是一個肆無忌憚的無神論者，要麼是一個急病亂投醫的泛神論者。儒、道教對彼岸的否定，使得中國人對死亡過度恐懼，對現世過度留戀。儒、道教對神的否定，使得中國社會猶如一艘在黑暗中航行的船，沒有燈塔的指引，航行是痛苦、迷茫、備受煎熬的，最後唯一的選擇就是停止航行，放棄追求，自欺欺人，及時行樂，得過且過，熬日子，等死。儒、道教對彼岸的否定，使得中國社會最終成為一個沒有彼岸理想，拒絕前進，沉湎現世，迷茫墮落的社會，成為一艘浸泡在苦海中，毫無生氣，毫無希望的破船。

[1] 《學習時報》，二〇〇一年四月二十三日。

中國新文化運動雖然對中國專制的根源，儒教，進行了猛烈、「徹底」的批判，但新文化戰士們摧毀的僅僅是儒教「冰山」露出「海面」的理性的一角，這個「冰山一角」被摧毀了，「冰山」會因自身強大的浮力再度浮出「海面」。新文化戰士們對儒教單純的理性批判，不僅對中國廣大人民成效甚微，就是對知識圈內人士，甚至對於自己本身的成效都是很有限的。因為他們不可能生活在真空之中，而在現實生活的婚喪嫁娶、人情往來中，又會不自覺或無可奈何地遵守傳統習俗。而就是在這些不顯眼的瑣事、習俗中，專制的種子在悄悄地發芽、生長，一旦氣候合適，它就會成為參天大樹，蔚然成林。

人的理性是做不了自己靈魂的主的，單純理性批判是打不倒儒教的。

文化大革命時的毛澤東，也許看到了這一點，於是他在感性上做了很多努力，讓中國人民唱「忠」字歌，跳「忠」字舞，早請示，晚彙報，吃飯、工作前要背誦毛主席語錄，信仰「爹親娘親不如毛主席親，天大地大沒有黨的恩情大」……，毛澤東極力將自己塑造成神，以取代儒教在中國人靈魂中的地位。然而，毛澤東不是個神，他好色壽命有限，他一死，他的宗教就煙飛雲散了。

人的靈魂深處，有一個王位，真神不坐上去，邪神、魔鬼必坐上去。將魔鬼趕走了，還要以真神取代它，否則，魔鬼必捲土重來。

儒教真的邪惡嗎？那真神又是哪一位呢？

二、善與惡

社會中的主義、思想其最終研究對象都是人，所以人是個什麼東西，人性是什麼，是所有主義、思想的核心問題。

人性是什麼，不外四種看法：第一，人性本善。第二，人性本惡。第三，人性即善又惡。第四，人性非善非惡。其中，第四個觀點是對人性及人性問題討論的否定，它可以和第三個觀點劃為一類，因為都認為人的善惡不是內在的，而是由外在環境所決定的。他們的最終結論是，人可以通過教育學習，達到至善之美的境界。而這一結論在客觀上又與第一種觀點殊途同歸，不謀而合，他們對社會改造的實踐也最終會走在一起，不自覺中，第三、第四種觀點成了人性善的另兩種說法和版本。因此，從社會實踐的角度看，社會中對人性的看法大體上就兩種：人性善和人性惡。

我們先觀察一下中國社會，哪種觀點代表了真理。

儒教認為「人之初，性本善」。[1]「人性之善也，猶水之就下也。人無有不善，水無有不下。」[2]在儒教看來，人一生下來本是白紙一張，是潔白的，是善的，只是隨著年齡的增長，在社會的種種不良風氣的影響下、誘惑下，才慢慢地學壞了，變惡了。因此，只要能夠不斷地學習，將沾染在自己身上的壞習氣去除掉，人就能恢復他本來的純潔面目——善。

儒教的這種觀點是從觀察人的成長過程中得出的幼稚、膚淺的經驗。人，在小時候，懵懂無知，兩小無猜，顯得純潔無暇，和作惡多端的成人相比，他們簡直就是善的天使。儒教因此得出人性本善的結論，是出於對人的青春發育常識的無知。成人所以比兒童惡，是因為性的發育成熟，而非受社會風氣汙染所致。性是人類惡的根源，人的妒忌、虛榮、貪婪、殘酷等惡德皆由性派生。其實人在青春期以前的孩童時期，也非白紙一張，人從娘

1 《三字經》。

2 《孟子・告子上》。

胎裡一出生，就具有搶奪、妒忌、貪婪等自私自利的天性，只不過程度輕微罷了，儒生們如果被對自己孩子的親情仁愛蒙住了眼，看不到人生而自私的種種表現，那是女人般的膚淺；如果看到了，硬說是孩子的惡作劇，視為可愛，那就是自欺欺人的虛偽。

由於儒的人性本善，使得中國人認為通過學習便可以得到善，於是「學而優則仕」的官僚們自然便是善的大人、君子；而不學習，不識字，或學而不優的平民百姓自然成了惡的小人、刁民；於是善良的大人、君子們對小人、刁民們進行人治就是天經地義；於是惡的小人、刁民就需要刑法管制，而官僚們則擁有「刑不上大夫」的特權；於是「善良」的官僚們就不需要監督制約，而可以憑著「高尚」的道德任意行事，其結果，是使並不善良的官僚們在缺乏監督的狀態下，肆意行惡，幹盡了壞事。

由於儒的人性本善，使得中國統治者對惡沒有一個正確的認識，對社會中客觀存在的惡，一味地採取掩蓋、高壓的政策，其結果不僅沒能使惡漸漸冰消，反而使惡成為久抑的岩漿，最終會衝破壓力而爆發，給中國社會帶來週期性的動亂、大破壞。

由於儒的人性本善，使得中國人認為社會中應有通過努力學習而成為至善、完美的範例，使得儒生們必須造假：編造堯、舜、禹等假人物、假事蹟，偽造禪讓的假歷史，並為掩蓋歷史真相而刪削詩經，篡改春秋，對歷史大動手術；使得孔丘成為造假的鼻祖，儒生成為最早的造假集團；使得中國人說假話、辦假事、造假貨源遠流長，氾濫成災。

由於儒的人性本善，使得中國人對「性」不敢正視，視「性」為洪水猛獸，將「性」掩著、蓋著、藏著、掖著；使得中國人迫害女性；使得中國人擁有特殊的表面仁義道德、正人君子，背後卑鄙齷齪、男盜女娼的虛偽。

人性本善使中國社會假、醜、惡，它分明不是個好東西，不是真理。

與儒教相反，法家思想認為人性本惡。

法家要比儒教深刻得多。他一針見血，一眼看透人的醜陋面孔。人生而自私，天經地義；人不為己，天誅地滅。「民之性，饑而求食，勞而求逸，苦則索樂，辱則求榮。」[1]「生則計利，死則慮名。」[2]儒家不是鼓吹「仁」，渲染血緣親情嗎？法家就從這裡開刀：「父母之於子也，產男則相賀，產女則殺之，此俱出於父母之懷衽，然男子受賀，女子殺者，慮其後便，計之長利也。故父母之於子也，猶用計算之心相待，而況無父子之澤乎！」[3]「輿人成輿，則欲人之富貴；匠人成棺，則欲人之夭死。」[4]賣車的盼人富貴，賣棺材的盼人早死，何也，是賣車的人善良，賣棺的人惡毒乎？非也，都不過是為了一個利字罷了。所謂禮讓，不過是將欲取之，必先予之的把戲而已，因此統治者無需無需仁政、禮治、偽善、謙讓、忸怩作態，只要嚴密監控兼大刑伺候，恐怖再恐怖，就可以平天下。惡是能力，惡是勇氣。最惡者為王，天下是惡者的天下。善是弱者、懦夫的行為。

秦依法家思想治國，用刀劍剪除了六國，一統天下。建立秦王朝後，便將惡的鋒刃由對外戰爭轉向內部人民，實行嚴刑峻法，高壓恐怖。百姓稍有過錯，便被削鼻、斷足、腰斬、車裂，被割下的鼻子堆成堆，被砍下的腳裝滿了車，秦朝的大街上滿是被施刑的殘疾人。單秦始皇執政的十二年間，被處宮刑（割掉男性生殖器）的人就多達七十多萬人……。秦王朝只有恨，沒有愛；只知惡，不知善。它的殘暴終於得到了應有的懲罰，秦王朝建立十五年便夭折暴亡。

---

1 《商君書・算地》。
2 《商君書・算地》。
3 《韓非子・六反》。
4 《韓非子・備內》。

秦亡，法家思想沒有亡，酷刑、文字獄、連坐、戶口制度等惡的產物，代代相傳，嚴重束縛了中國人的人身、精神的自由，嚴重摧殘了中國人的身心健康，嚴重阻礙了中國社會的發展進步。

人性本惡，也不是個好東西，也不是真理。

中國社會，儒家思想占的比例高了，社會就會在偽善的遮掩下，汙垢漸積，血緣裙帶，腐敗糜爛，統治者驕奢淫逸，人民大眾民不聊生。突破極限，人民就會揭竿而起。在太平歲月中被虛假的人情、面子所包裹、所壓抑的惡就會像衝破堤壩的洪水一樣，噴薄而出，氾濫成災。有怨的報怨，有仇的報仇，今日你鬥我，明日我殺你。人們在打倒儒家思想的同時，也將一切仁愛統統打倒，一味憑著惡姦淫燒殺，胡作非為⋯⋯。然而，人是脆弱的，人的肉體、精神都是經不起惡的長期折磨的。殺人者也被人殺，鬥人者也被人鬥，相互的仇恨、殺戮最終使得雙方兩敗俱傷。這時，人們就迫切需要善和愛來撫慰受傷的身心。在中國，人們無處可去，只能一頭重新回到孔孟的懷抱中，去尋找善和愛。經過惡的折磨後，人們愈加感到孔孟之道的可貴，並將惡的行為歸結為不尊聖人之言所至，於是更加將儒教奉為神明。

從偽善到惡的爆發，然後再回到偽善，然後又必然導致惡的再次爆發，如此循環往復，沒有窮盡。從專制到動亂然後再到更加專制，中國社會從古到今一直沒能跳出這個惡性循環，這個怪圈。這個偽善—惡—偽善的惡性循環是中國社會中諸多惡性循環之母。

中國社會很複雜，但說白了，也就善惡兩個字。

我們再來看看世界的情況。

世界上的思想、主義都頗有淵源，咱們只看剛剛過去的二十世紀。二十世紀影響大的，只有三種：馬克思主義、法西斯民族主義、民主主義。

馬克思主義和法西斯主義的大本營都在德國，他們都主張專制，但二者是實質相反的專制，馬克思主義極左，法西斯主義極右。馬克思主張打破秩序，消滅等級，實行平均主義，以實現人民真正的平等。法西斯民族主義則維護秩序等級，認為優秀者管理平庸者，優秀民族統治劣等民族是大自然鐵律。馬克思主義和法西斯主義是一對專制對頭，是兩種極端。在二者種種的對立中，人性善與人性惡是其根本的對立。

馬克思主義給人性下的定義是：「人的本質在其現實性上是社會關係的總和。」（恐怕只有經濟學家才能得出如此定義）並作了三條解釋：第一，人和動物的區別在於人的社會性。第二，不同階級的人本質不同。擁有財產的資產階級是自私的、是惡的；沒有財產的無產階級是無私的、是善的。第三，人的本質是發展變化的，不是永恆不變的。人類自私是私有制的產物，將隨私有制的消滅而消滅。

馬克思主義將人性貌似科學地研究了一番，其最終結論仍是人性本善論。

馬克思主義認為人類遠古社會曾存在過原始共產主義，那時的人類就是無私的。只是由於生產力的發展，物質出現剩餘，產生了私有制，人才變得自私自利起來，變得惡起來。資本主義是私有制發展的頂峰，它必將因私有制使自己腐朽墮落、不可救藥而最終被公有制的社會主義、共產主義所取代。

這就是馬克思主義的基本邏輯，它是馬克思主義理論體系大廈的根基，而人性善論者是其理論根基的根基。就像馬克思顛倒了許多關係一樣，他將私心和私有制的關係本末倒置了。所謂的原始共產主義，只是在原始時期人的獵食能力有限，創造不出多餘的、可儲蓄的私有財產，從而給人一種無私、平等、共產的假象罷了。沒有私有財產的原始社會同樣存在著弱肉強食，同樣存在著爭奪和不平等，只是考古者不宜論證，人們不易察覺罷了。馬克思主義論證原始共產主義和儒教編造堯舜禹、古代黃金聖賢社會不謀而合。其實這是人性善論的一種必然結果——造假。

馬克思主義的理想是科學共產主義，人類社會進入共產主義後，勞動將成為人們的第一需要，物質高度繁榮，人們各取所需，想要什麼就有什麼。馬克思主義者分明是不瞭解人的本性，他們不知道人的貪婪、妒忌之心會有多麼強，人們並不在乎自己吃什麼、用什麼，而在乎比別人吃得好、用得好。人們對幸福的理解就是比別人過得好，你擁有一個城市，我就要用有一個國家；你擁有一個國家，我就要擁有整個地球……人的貪婪，豐富的物質豈能滿足得了。「按需分配」針對的僅僅是人的食慾，那人的性慾呢？是否也能按需分配呢？產可以共，妻可以共嗎？……和儒教一樣，馬克思主義也是回避「性」問題的，這是人性善論的必然。

表面上，馬克思主義比儒教高明得多，儒教只是固執地、愚蠢地要求社會停止發展變化，回歸到崇禮尚樂的周朝或者是回歸到古代黃金聖賢時代，馬克思並沒有迂腐地讓人類社會回歸到原始共產主義，而是用「科學的」、「發展的」眼光來看待歷史，主張通過無產階級革命使人類社會進入科學的共產主義。儘管最終科學共產主義沒能實現，但馬克思主義者們去實現了儒生們夢寐以求的理想——使人類社會回歸到過去，回歸到原始共產主義：一窮二白，一無所有，活活餓死人。實際上，這正是馬克思主義比儒教愚蠢的地方。馬克主義的實踐性很強，他的信徒們可以憑著他的無產階級專政、公有制、計劃經濟等理論進行社會主義實踐和共產主義試驗。公有制和計劃經濟都是建立在人性善的基礎上的，他的前提就是人人是無私的聖人。

馬克思主義者所進行的社會主義實踐、共產主義試驗很快就紛紛破產，他證明了公有制、計劃經濟的謬誤，暴露了共產主義的荒唐。共產主義因此遭到了世人的譏笑和信徒們的拋棄。並且人們還將馬克思主義的淵源——烏托邦理想一併拋棄。無意中，馬克思竟成了歐洲人心底中烏托邦幻想的終結者、埋葬者。而儒教的實踐性就很差，他不可能將社會拖回到周朝時代，他的最大的實踐就是讓社會停止前進，維持現狀，這和他的理想要求相差甚遠。但正因為他的理想不可能在現實中實踐，他的弊端也就永遠無法徹底地暴露出來，其對社會不良影響永遠也不能有捉賊見贓式的明瞭，並總是能給他的信徒們留有回旋、抵賴、狡辨的餘地；總是能夠使他的信徒們信誓旦旦地說，社會所以敗壞恰恰是由於人們沒有遵守聖人之言所致……。這樣，儒教就可以做為一個永久的信仰存在人們的心中，其社會理想就會成為人們永恆的追求，而孔孟之流就可以做為聖人永遠受到人們的頂禮膜拜。

馬克思主義的理論體系是金碧輝煌的，但因其根基——人性觀的錯誤，而使得其理論的大廈建立在了沙丘之上，時間略一推移，整個大廈就不免坍塌了。

法西斯主義是徹底的社會達爾文主義者，他認為人性是惡的，人與人、民族與民族和動物與動物的關係一樣，是赤裸裸的弱肉強食的關係。優者勝劣者汰，優秀的民族是位於食物鏈中最高層的食肉動物，由他們來統治、消滅像草食動物、昆蟲一樣的低層民族是天經地義的，是大自然鐵律。

民族是有優劣之分的，但這並不是先天的。現代各個領域的科學家幾乎一致認為，沒有一個種族在智力上先天優於其他任何種族。相反，現代基因科學的研究證明世界所有民族來源於同一個非洲的部落。人類本是擁有共同的祖先的，只是在漫長的歲月中，由於信仰、地理、氣候等內外因素的不同才使得不同的民族出現，才導致了民族差異的出現。從長遠的眼光看，民族是一個階段性概念，民族間的優劣差異不是一成不變的，而是處於變化之中的。民族優秀論是一種狹隘的歷史觀。

但是，在一定的歷史時間內，民族間巨大的差異還是存在的，人們不能否認產生出德國納粹的日耳曼民族的優秀。然而，二戰的結果，並沒有像希特勒所預想的那樣，德國贏得戰爭，日耳曼奴役、消滅劣等民族。相反，在戰爭中，他和德國輸了個精光，自己優秀的民族反被「劣等」的斯拉夫民族給擊敗了。

納粹的民族主義理論被戰爭鐵的事實給粉碎了。

德國的軍事實力明顯高於蘇聯，那為何卻輸掉了戰爭了呢？納粹的軍事失敗，恰恰在於它的種族理論。在戰爭前，希特勒就毫無顧忌地表白了自己的種族思想：和英、法的戰爭是一場紳士間體面的戰爭，而對東方的斯拉夫人、以及像昆蟲式繁衍的劣等民族，並不是進行戰爭，而是要去屠宰、消滅這些豬玀、畜生。希特勒執意要將蘇聯從地圖上抹去，即使它以德意志化的形式存在也不允許。在戰爭中，他下令蘇聯軍中的政委不能享受戰俘待遇，要被槍決；禁止接受列格勒、莫斯科城市的投降，要用炮火將這兩個城市轟平；在德軍占領區，秩序全靠恐怖來維持，不分男女老幼地進行大屠殺、嚴刑拷打、強制移民、沒收財產……。納粹殘暴的種族政策使得紅軍戰士別無選擇，只能同仇敵愾，和德國士兵拼命。許多被蘇維埃政府沒收財產的地主、富農以及在紅軍刺刀下加盟蘇聯的國家的人民們，本來是將納粹士兵當成解放者而夾道歡迎的，但當他們以及觀望者看到納粹種族主義的凶惡面目後，不得不拿起武器和紅軍團結在一起，同德國鬼子戰鬥，保衛自己的生命，為死去的親人報仇……。

納粹的反猶種族主義使他失去了許多優秀的科學家，這使得納粹最終在軍事科技競賽（尤其是核子武器）中落在了美國的後面。納粹對民主的敵視，希特勒對美國的藐視，使納粹與美國為敵，向美國宣戰，這註定了納粹德國要輸掉整個戰爭。

一個信奉社會達爾文主義的民族是將自己淪為成了野獸，野獸再凶猛，也不會是人的對手。因為它不懂的什麼是善，什麼是正義；不知道「文弱」的善和「渺茫」的正義的深沉的力量。他們那金戈鐵馬、張牙舞爪的邪惡被善輕輕一推，便丟盔卸甲、土崩瓦解了。惡沒有成全，反而毀掉了他們。

世界很複雜，說白了也就善惡兩個字。

實踐證明，人性本善，人性本惡，都不對。那人性到底是什麼呢？

《聖經・創世紀》記載：人類始祖亞當、夏娃不遵守上帝[1]的禁令，偷吃了禁果，犯下了原罪，被上帝趕出了伊甸園。

起初，上帝按自己的形象創造了人，人類始祖卻沒有吃上帝為人預備下的生命果，而是偷吃了上帝明令禁止的善惡果，選擇了通過性交繁衍自己，人因此受到了上帝的懲罰，女人增加了懷胎生產的痛苦，人的生命變得有限，必受終身的勞苦；人類始祖犯下的原罪，其子孫難以擺脫，人一出生便將惡帶到世上，因為人是性交的產物。人是惡的，但這並不光榮，這是罪。

亞當、夏娃在蛇的引誘下，偷吃了善惡果，有了智慧。人有了智慧後的第一反應是眼睛亮了，知道自己是赤身裸體——產生了性意識——這是人類惡的根源；第二個反應是便拿無花果樹的葉子為自己編作裙子，知道赤身裸體不好——產生了羞恥心——這是人類道德的起源。

人性是惡的，但自知醜陋，又去追求善。人性，本惡向善。這就是《聖經》告訴我們的真相。

佛洛伊德（一八五六至一九三九）是一位奧地利心理醫生、精神分析學的創始人、哲學家。他在對精神病人的治療和研究中發現，真正支配人們生活行為的不是意識，而是不被人的知覺所認識的潛意識（無意識）。而存

1 注：英文為God，漢文「上帝」原出自中國儒家典籍，本是古商代人所崇拜的最高神，在被周人的「天」完全取代前，也被周人沿襲，進而被儒家納入經典。明代末期，義大利耶穌會傳教士利瑪竇在華傳教時，為了迎合中國人，將God翻譯成為儒家典籍中的「上帝」「天」「天主」。清朝初期，在羅馬教廷與中國皇帝間爆發的禮儀之爭時，羅馬教廷曾禁止在華基督教會稱造物主為「上帝」「天」，只可稱為「天主」。後「天主」被中國的天主教所沿襲，而「上帝」則成為基度新教的稱謂。現代，為了避免基督教和儒教的混淆，中國基督教將「上帝」稱謂改為了「神」。今日中國，除了極個別的「有文化」的現代儒生知道「上帝」出自儒家經典，並將中國的「上帝」與造物主耶和華混淆一談外，在廣大中國民眾的心目中，「上帝」就是基督教造物主的特稱。而「神」卻很泛化，容易迎合中國人的泛神傾向，容易使人將造物主和中國的諸神相混淆。鑒於此，筆者幾經權衡後決定仍用「上帝」來稱謂主，並在商人所崇拜的「上帝」上加了引號，以為區別。

在於潛意識中的性本能則是人心理活動的基本動力，是人的動機、意圖的源泉，它決定了人的全部生活，是人類社會發展的根本動力。並且他還發現，在青春發育前的幼兒時期，人同樣存在性慾；人一出生，便將性慾帶到了世界上……。

由於原罪，我們單靠自己是戰勝不了人性中的惡，必須依靠耶穌基督，用他的寶血與上帝重新立約，將自己的信心建立在流淌著基督寶血的十字架上，我們才能戰勝人性中的惡，才能逐漸洗刷身上的罪惡，獲得永生。

和法西斯主義、馬克思主義不同，民主主義既不是精英、超人專制，也不是打著人民旗號的獨裁，他主張由包括各階層的大多數人來統治國家。其方式就是人民用選票選出能代表自己利益的人，讓他們管理國家。他們選舉出的人，是能代表大多數人民利益的人。這是在我們這個有罪的世界中最符合基督博愛精神的一種思想，民主政體是基督博愛精神的體現和實踐。

其他主義、思想都做不到這一點。法西斯主義只是代表一個民族的利益；馬克思主義明為代表全體人民的利益，實為代表獨裁者一人的利益；法家思想只是代表皇帝的利益；儒家思想只能代表貴族官僚及其家屬的利益。

實行民主的國家，同時必須是一個法制的國家。只有堅實的、鐵的法律作後盾，才能保障民主制度的正常運行，才能保證人民的選舉權和被選舉權不被剝奪。而法制的前提是不分貴賤、貧富，在法律面前，人人平等。平等是法制的靈魂。法制是基督平等精神的具體體現和實踐。

其他主義、思想都做不到這一點。法西斯主義是建立在民族不平等基礎上的；馬克思主義是建立在階級不平等基礎上的；法家思想是維護皇帝特權的；儒家思想的「禮」是專門破壞平等的。

實行民主的國家，同時必須是一個自由的國家。真理有時是掌握在少數人手中，為了使人民不受愚弄和欺騙，這就需要學術自由、言論自由；為了使人民能有效地保護自己的利益，就需要人民擁有結社的自由；為了使政府能真正、時刻代表大多數的利益，就需要人民擁有遊行示威、表達自己要求的自由。

其他主義、思想都做不到這一點。法西斯主義、馬克思主義、法家思想、儒家思想都是自由的敵人。

民主社會都是存在多黨競爭的，競爭可以鞭策每一個政黨奮發向上，積極有為，這從根本上剷除了行政懶惰症——官僚主義的溫床。競爭又使得每一個政黨得到最為徹底、持久、有效的監督。民主政府必須是一個分權的政府，立法、司法、行政三個權力部門是相互獨立的，這保證了各個部門的公正性；這三個部門更是相互監督的，這使得由「聰明人」組成的官僚階層結黨營私、官官相護的可能成為泡影。

監督機制是民主政府的常規機制，它是基督正確人性觀的體現和實踐：高貴者、卑微者都是人，本性是一樣的，都是惡的、自私的，都需要監督，但監督的最終目的卻是為了使大家都行善。沒監督，紳士也會成流氓；有監督，蕩婦也會成淑女。

民主主義就是平等、博愛主義，就是基督主義。

民主政體是基督之樹上的一顆必然的果實。

民主道路是通往天國的唯一道路。

法西斯主義是反基督的。

法西斯主義認為基督教對社會沒有好處，因為他保護弱者。基督教宣稱所有的人都是上帝的兒女，這樣會將人類的劣質基因保存下去，會導致人類社會趨向衰弱、頹廢和墮落。希特勒的導師，納粹理論的奠基人之一，尼采，認為民主對人類社會有致命的危害。他敏銳地看到，民主的根基正是基督教，於是他就企圖摧毀整個基督教價值觀，要重新從估一切價值，並叫嚷：「上帝死了」。

納粹的錯誤在於將人混同於動物，而將自己當成了上帝。其結果只是將自己淪為了屠殺猶太人、吉普詩人、斯拉夫人的屠夫，最終自己也難逃懲罰。

暴風一過，惡人歸於無有。（《聖經》箴10：25）
惡人的強暴，必將自己掃除。（箴21：7）
義人的光明亮，惡人的燈要熄滅。（箴13：9）
壞人俯伏在善人的面前（箴14：19）
擄掠人的，必被擄掠；用刀殺人的，必被刀殺。（啟13：10）

納粹如風，轉眼即逝，他的暴行和覆滅僅僅不過是永恆上帝之言的一個時代注腳。尼采錯了，上帝並沒有死，祂時時在用看不見的手助善鏟惡、扶弱除暴。

馬克思主義也是反基督的，但他的態度和法西斯正相反。他將基督教看成是精神鴉片，是不幸者安分守己的麻醉品。他認為窮人、無產者應當被鼓動起來，擺脫中產階級和上層階級的枷鎖，應當造資產階級的反，革資產階級的命。而基督教卻讓他們服從上帝的旨意，尊重富有者，服從統治者，對中產階級、統治階級俯首帖耳，一味順從……。

手懶的，要受貧窮；手勤的，卻要富足。（箴10：4）
富戶的財富是他的堅城，窮人的貧乏是他的敗壞。（箴10：15）
殷勤的人手必掌權，懶惰的人必服苦。（箴12：24）
不勞而得之財，必然消耗；勤勞積蓄的必見加增。（箴13：11）
貧窮人連鄰居也恨他，富足人朋友最多。（箴14：20）
富戶管轄窮人，欠債的是債主的僕人。（箴22：7）

凡有的，還要加給他，叫他有餘；凡沒有的，連他所有的也要奪去。（馬太13：12）

上帝讓誰富有，讓誰貧窮自有祂的道理，錢財聚集在勤勞、善於理財的人手中，其使用效率會更高，對社會的貢獻會更大。窮人出於妒忌將富人打倒，將其財富共產，其結局只能有一個，就是所有的人都一無所有。馬克思也錯了，他將平等和秩序絕對對立了，將平等和平均混淆一談了。

專制任性隨意，沒有羈絆，他的步伐總很峻急，但因方向不對，總是走兩步退一步，最終落在了後面。民主代表大多數，所以不免有許多牽制，顯得步履緩慢，但因方向正確，所以他總能領先。專制神祕隱蔽，愛搞陰謀詭計，但結果總是搬起石頭砸自己的腳，得不償失，以失敗告終。民主公開透明，不能包藏禍心、使用奇謀怪策，但與邪惡作戰時，他總是能以正義的光明驅散邪惡的黑暗，以正義之師後發治人，後來居上，成為最終的勝利者。

民主、法制、自由是神聖的！

人的理性還是弱小的，單憑理性的分析，我們是不能看透儒教的本質的。

宗教信仰和科學不同，科學是建立在實驗基礎上的，科學理論可以通過實驗來驗證正確與否。而宗教信仰卻不能。

實驗是需要時間的，有的需要幾個小時，有的需要幾年。進行實驗的時候，在實驗結果出來之前，你總是堅持認為自己的理論判斷是正確的，這種信心使你能夠克服種種困難，付出更多精力、耐心將實驗進行下去。這種信心就是信仰，一種短暫的信仰，它將隨著實驗的完成而結束。

宗教信仰不同，他的天堂、地獄理論是人的肉體永遠無法去證實的，他的天國、極樂世界等理想又是人類社會的終極，所以宗教信仰是人類的終極信仰。

既然宗教信仰無法通過實驗來證明其正確與否，那宗教是不是永遠都是「信則靈，不信則不靈」的呢？是不是就沒有好壞之分呢？

不是的。

耶穌基督明確地告訴了我們分辨好壞信仰，真假先知的辦法：

你們要防備假先知，他們到你們這裡來，外面披著羊皮，裡面卻是殘暴的狼。憑著他們的果子，就可以認出他們來。荊棘上豈能摘葡萄呢？蒺藜裡豈能摘無花果呢？這樣，凡好樹都結好果子，唯獨壞樹結壞果子。好樹不能結壞果子，壞樹不能結好果子。……憑著他們的果子，就可以認出他們來。（馬太7：15）

讓我們來看看儒教、道教所結的果子，究竟是個好果子還是個壞果子。

三、儒教是法制的天敵

周天子，家天下。周公姬旦用宗法建國，官職家族化、世襲制。隨著冶鐵技術的傳入，廉價的鐵製工具逐漸在農業生產中普及，使得生產力得到快速的提高。農業生產力的提高也促進了手工業和商業的快速發展，這使得許多平民出身的人成了新興的地主和富有的商人。這些貨幣新貴隨著經濟地位的升高，愈來愈要求受到法律保護，以保障自己的財產安全和謀求更大的發展。

於是，在春秋時代，中國歷史上出現了第一次要求法制的鬥爭。

周朝是建立在宗法等級制度之上的，他的法律是由「禮」和「刑」兩部分組成，「禮」主「刑」輔。兩者的對象是不同的，「禮不下庶人，刑不上大夫」，[1]禮，針對貴族的，刑，是針對庶民百姓的。刑法掌握在世襲貴族手中，並不公佈出來，貴族可以隨意地斷罪量刑。新興地主和商人為了保護自己的利益，要求打破貴族對法律的壟斷，將法律公佈於眾。代表他們利益，要求公佈成文法，進行法治的士人，就是春秋時代百家爭鳴中的法家。

西元前五三六年，鄭國執政子產，把刑書鑄在鐵鼎上，公諸於眾，開創了公佈成文法的先河。西元前五一三年，晉國大臣趙鞅和荀寅將刑書鑄於鐵鼎之上，公諸於眾。西元前五〇一年，鄭國大夫鄧析首次提出反對「禮治」主張「事斷於法」，並起草了適應社會進步的新成文法刻在竹簡上，史稱竹刑。之後，又有衛國的李悝，秦國的商鞅等法家人物紛紛反對禮治，主張「法不阿貴，不別親疏貴賤一斷於法」，廢除世卿世祿的世襲制度，取消舊貴族的政治特權等。

法家對法治的要求，從一開始便遭到了舊貴族和儒生們的反對。舊貴族是為維護自己的特權，儒生則是為了捍衛自己的價值觀念。

和法家相反，儒教反對法制，竭力維護周朝的等級禮治，主張「厚古薄今」「法古無過，循禮無邪」。在法家鑄刑鼎公佈成文法時，儒教鼻祖孔丘就明白無誤地指責法家：「民在鼎矣，何以尊貴」「貴賤無序，何以為國？」[2]

晉國大臣叔向在給子產的信中說：「先王權衡事情的輕重來決定刑罰，不制定刑法，就是怕老百姓產生爭

1 《禮記・曲禮上》。
2 《左傳・昭公二十九年》。

訟之心，舊傳統、舊制度是不能改變的。公佈了成文法，改變了以往的舊制，老百姓知道了法律，便不敬重上司了，人人都有相爭之心，都引用法律作根據來為自己辯解，而且僥倖得到成功，要想統治老百姓就很難了。……老百姓拋棄禮儀而引證刑書，一字一句都要爭個明白，犯法的案件就會多起來，賄賂到處通行，恐怕在你活著的時候，鄭國就要衰敗了。」

面對儒生、貴族的詰問，子產竟然詞窮，回答說：「我沒有才能，不能考慮那麼長遠，我是以此來挽救當代人的。」[1]

我們根本沒有資格責備子產理屈智淺，從今天中國的法制現狀來看，二千五百年後的現代中國人仍沒有能回答儒生對法制的質疑。孔丘、叔向的話雖不多，但他們卻提出了法制建設的兩個關鍵問題。孔丘的話提出了平等與秩序關係的問題，叔向的話提出了法制與道德關係的問題。

平等和秩序不是對立的，而是相輔相成的

人類自組成社會之日起就有了法律，但是有了法律並不等於就是法制社會，只有做到在法律面前人人平等，才叫做法制社會。平等是法制的靈魂。

自從人類始祖偷吃了禁果，犯下了原罪，人就變得自私，就丟掉了善、丟掉了平等。

人一出生，每個個體的家庭、智力、體格、容貌之間就存在著千差萬別，人由於自私而相互爭奪、相互競爭，結果就形成了秩序。那些智力優秀、體格強健、容貌美麗的人就會占有多的資源、財富，位於秩序的上層，

---

1 《左傳・昭公六年》。

相反者就位於秩序的下層。秩序一旦形成，就會產生惰性。這不僅是因為人具有一種追求「靜止」的本能，更是因為位於秩序頂端的利益既得者們，出於自私，總是靠自己的聰明和利用手中掌握的優勢資源，對既成秩序進行維護，並消滅潛在的新的競爭對手。當將軍的兒子、孫子仍是將軍，奴隸的兒子、孫子仍是奴隸時，時間久了，當初由競爭而得到的秩序的「合理性」就不存在了，這時秩序就會崩潰，產生新的競爭，直到新的秩序出現。如此循環往復，構成了人類的歷史。

從這個角度看，人對秩序合理性的追求是人類社會前進的一種動力。人追求秩序的合理性，其具體的表現，就是追求競爭機會的平等。追求平等是追求秩序合理性的精神實質，因此，追求平等是人類社會發展的一種動力。古代奴隸主可以對奴隸們任意殺戮，而今天總統則由人民選舉、並受人民批評。人類的歷史正是人類不斷追求平等、並不斷取得成果的歷史。

就像人類對善的追求一樣，人類對自己丟失的平等有著執著的、永恆的追求。

人類種群中，智力特別優秀者和先天痴呆者其生育率都是很低的；男女在擇偶時是不自覺地受著「互補」原則支配的。這都表現了人類種群發展的趨同性，這種趨同性正是平等的生理基礎。社會的技術進步使得非遺傳的後天因素對人的綜合素質決定性所占的比例越來越大，這使得人們的綜合素質的差距會越來越小而趨向平均化，個體素質的平均化正是平等的社會基礎。

平等是人類社會的發展方向。

平等不僅僅只是一種精神追求，人們總是將這種精神追求的成果以道德、法律等形式固定下來，形成一個社會事實，成為一個真實的存在，與秩序一起構築人類社會。

平等和秩序不是對立的，而是相輔相成的。

平等可以使有才幹的士兵當將軍，可以使不稱職的將軍被免職。人事可以變化，但將軍永遠領導士兵；只有人事及時變化，才能確保將軍永遠領導士兵。這叫做「鐵打的秩序，流水的官兵」。平等是秩序合理性的最大保障，同時也是秩序穩定性的最大保障。沒有平等競爭的人事僵化，不僅會使有令不行、有禁不止，使秩序徒存虛表，並且還會使人們拋棄秩序本身，去追求平均主義。

秩序等級也是平等的保障。將軍的能力強，做的貢獻大，應該得到大的榮譽和較高的薪水；士兵的能力差，做的貢獻小，應該得到小的榮譽和低的薪水。這保證了士兵和將軍在人格上的平等，保證了士兵和將軍的關係得以建立在法制的基礎上，而不是打罵和體罰的基礎上。平均主義只是官兵平等的假象，等級不通過外在的榮譽和物質來表達，那他就會通過士兵的人格受辱、送禮、行賄等看不見的暗渠道來表達。這種暗渠道會使所有保障平等的道德、法律成為一紙空文，從而對平等構成致命的傷害。

秩序是有利於社會發展的，而社會發展的方向正是平等。

秩序是一種縱向的關係，平等是一種橫向的關係，二者共存於社會中、人心中。這種縱橫交錯的和諧關係是「十字架」給人們的神祕啟示。

不平等的根源是個體差異，平等的根源則是對個體差異的超越。一個整日紮在人堆兒中的人，他看到的全是人與人的差別。將他棄置荒原整日與野獸為伍，他再看到人時就會發現人和人原來是同綱同目同科的生物，人和人原來是相同的。他能看到人的相同性，是因為他站在人類社會之外。這種相同性是有局限性的，真正的百分之百的相同性、平等性只有在真正超越人類社會的一個無限高的支點上才存在，從這個支點上看，每個人都無限渺小，僅僅為一個點、一個存在，而不存在絲毫個體差異。能在這個支點上俯瞰人類的，只有上帝。

上帝是平等的「支點」，是平等的主體，唯一的主體。

一個無神論者，平等的念頭是無從產生的。

周人、孔丘都是否定上帝的無神論者，他們只看到人與人的差別，並將這種差別人為地誇大，再用等級禮制、世襲制度使之永久地固定下來。孔丘將人事與秩序相混淆，並以維護秩序的名義，維護著等級禮制，維護著固定的僵化的等級人事，以使社會完全靜止，停止前進。使社會處於靜止狀態是孔丘的真正目的。

在儒教中國，人們要維護秩序就必須維護人事，脫離人事維持秩序，必定導致混亂，因為中國沒有保障良性競爭穩定存在和支撐秩序獨立存在的蘊含平等精神的信仰。

孔丘將秩序與人事永久性地捆綁在一起，將秩序建立在人的基礎上而不是信仰的基礎上，對秩序是一種真正的傷害，它使中國人對秩序產生仇恨，渴望無秩序的平均主義，導致中國社會週期性的動亂；導致中國社會人亡政息，政策缺乏穩定性和延續性。孔丘維護僵化的人事，只能使統治集團變得專橫無比，並不能真正的維護人事，專橫的統治集團總是隨著其寄生的秩序的混亂而毀滅。而注重秩序而不注重人事的基督教國家，不僅維護了秩序的穩定，政策的延續，並且使得許多國家傳統的皇室至今仍受著人們的尊敬。

無神論的孔丘是沒有絲毫平等概念的，平等在他的眼中永遠是沒大沒小、貴賤無序、國將不國。所以他對公佈成文法，對法制是刻骨仇恨的。

不是還有法家在追求法治、追求平等嗎？

是的，法家是在追求平等，但法家追求的平等僅是官僚貴族和平民之間的平等，並不包括皇帝在內。因為在無神論中國，皇帝是唯一的平等實施者、支撐點、主體。

這就是無神論者的不幸，他們要麼像儒家一樣徹底否認平等，要麼像法家一樣，將皇帝做為平等的主體。

法家為了證明皇帝具有超越平等的特殊性，就需要將皇帝神話，就像韓非子所言：「龍頸有逆鱗三尺，觸之必怒。」這為日後法家與道教的結合埋下了伏筆。

然而皇帝並不是神，他們都是有七情六欲且很充沛的凡人，他們是做不到百分之百平等、公正的，他的寵臣犯了法，他的親屬犯了法，他能做到不徇私情？他自己犯了法，他能做到自裁？讓他們作平等的主體，平等是要打折扣的。

在春秋戰國，法、儒關於法治鬥爭的時候，秦國的舊貴族、儒生們就瞄準了法家的要害，唆使太子犯法，給變法的商鞅出難題。雖然商鞅十分明白「法之不行，自上犯之」，但他畢竟不敢將太子——未來的國王繩之以法，只是將太子的兩個老師公子虔和公孫賈用了刑。商鞅執法的嚴格、冷酷是中國第一，連他都不敢將犯法的王子法辦，其他人就甭提了。「王子犯法與庶民同罪」這句話，在中國永遠是一個響亮的屁！

以上帝為平等主體的法律體現的是上帝的意志，以皇帝為平等主體的法律只能體現皇帝的意志，於是中國就有了挑筋、斷足、閹割、分屍、活刮、凌遲等酷刑；就有了一人犯罪誅殺全家的連坐；就有了扼殺人身自由的使「奔者無所匿，遷徙者無所容」的戶口、里甲制度；就有了扼殺人精神自由的文字獄……。當初要求依法治國而和儒家鬥爭的法家，最終也淪為了「帝王之具」。中國法家所追求的、所得到的只是法治，而不是今天西方民主國家的法制。

秦國以苛酷的法治一統天下，也因苛酷的法治而失天下。漢代，法儒合流，法家思想成為立法的主導，儒家思想成為司法的主導，法家苛酷的法治與儒家「溫柔」的人治有機地結合在一起，構成了中國特有的有骨有肉的專制工具。

自漢代大儒董仲舒開創以《春秋》決獄之後，儒家經典就成了中國歷代司法實踐的最高原則。漢代，董仲舒退休後，朝廷有了重大案件仍要派廷尉張湯向其請教。宋代，開國功臣趙普，審案時總找不到感覺，後學習《論語》，讀了一半，就能「斷案如神」隨心所欲了。後世譽之為「半部《論語》治天下」。……既然不知平等為何物、將人分成三六九等的儒家思想成了官吏們司法的最高指南，中國司法的不公正、黑暗也就可想而知了，可以說，中國的司法就是由不公正和冤假錯案構成的。對此，中國人早就接受了現實，變的事禮通達、心平氣和了：「哪個廟裡沒有冤死鬼呢？」

葉公語孔子曰：「吾黨有直躬者，其父攘羊而子證之。」孔子曰：「吾黨之直者異於是：父為子隱，子為父隱，直在其中矣。」[1]（葉公對孔子說：「我家鄉有一個正直的人，他父親偷了羊而他去告發。」孔子說：「我家鄉的正直人跟他不一樣：父親替兒子隱瞞，兒子替父親隱瞞，正直就包含在裡面了。」）

孟軻的弟子桃應請教孟軻，舜為天子，他的父親瞽瞍殺了人，舜該怎麼辦？孟軻說：「舜會像拋棄舊草鞋一樣拋棄天下，偷偷地背著父親，逃到海邊住下，一輩子快快樂樂，忘記了天下。」[2]

這就是「聖人」對中國人的教導，難怪法家、皇帝要制定「連坐」的法律，難怪中國人總是要父債子還。

在中國，法本是為皇帝服務的，所以權大於法，「聖人」的教導，使情大於法，官吏的腐敗，使錢大於法。法律在中國不是用來維護正義和公正的，而只是統治者手中的專制棍棒，是官吏們手中敲詐勒索的工具。中國的法官、官吏們一方面是鎮壓民眾的冷酷打手，一方面又是精通於權法交易、錢法交易之道的商人。「官大一級壓死人」「衙門口朝南開，有理沒錢莫進來」這些俗語透露了中國司法界淪為權錢交易市場的一些實情。

唐朝開國功臣秦瓊的孫子，也是皇帝的外孫秦英，打死了皇帝一個貴妃的爹。秦英的姥姥（外祖母）、娘跑到皇帝跟前哭哭鬧鬧就使得秦英安然無恙。被秦英打死的是國舅，尚且如此，如果被他打死的是平民百姓，又將

1 《論語・子路》。

2 《孟子・盡心上》。

會如何？這樣一個以情代法、踐踏法律的故事在中國竟然成為千古美談，代代傳唱！中國人根本不知道世上還有正義、平等的存在。

明朝正德年間，被誣告成殺害丈夫的凶手，並屈打成招的小女子蘇三，在黑暗的司法制度面前，無力回天，只能將滿腔的怨恨化作一句「洪桐縣裡沒好人」。只到過洪桐縣的蘇三哪會知道，天下的烏鴉一般黑。洪桐縣在歷史上有名氣，一是因為蘇三的一句唱詞，二是因為它是中國明代由山西向中原移民的起點，許多中國人都是洪桐縣的移民，因此「洪桐縣裡沒好人」竟具有了讖言的味道。

像蘇三、竇娥、楊乃武與小白菜等被搬上戲劇舞臺的著名冤案，僅僅是中國冤案冰山之一角，眾多如《紅樓夢》裡「葫蘆僧」亂判的「葫蘆案」都因符合儒教道德，而被永遠地埋沒在歷史的「海平面」之下了。

今天，處於全球一體化時代的中國，已不可能像清朝時一樣胡作非為了，在立法方面，統治者不得不考慮到人權、人道和國際公約而制定出一套像模像樣的法律條文，但在具體的司法實踐中，這些法律條文只是一紙空文，真正決定司法人員行為的仍是不成文的傳統儒家思想。

中國人也許是世界上最習慣於不按成文法辦事的民族了，他們就像不識字的氏族社會的人一樣，對法律條文漠不關心，就是關心了，也沒用。一個中國人在生活中遇到糾紛時，首先想到的是找熟人，而不是找律師。司法人員更是精明老道，一個個都是善於權衡利弊的政治高手，他們先看爭執雙方誰的權力大，誰的後臺硬，再看誰和自己的關係近，再看誰出的錢多，再看誰和自己臉熟，將來可能用得著等……在他們精心算計的時候，正義、良知是不予考慮的。

如果爭執雙方是權勢相當的陌生人，案件本身又有油水，這對法官來說就等於買賣上門了，他們便有了施展才能的舞臺。「水至清無魚」，本來簡單的糾紛，法官非將他攪混不可。官司經他們一卡、一壓、再一拖，打官司的雙方就會沉不住氣，開始向法官行賄賂了。最終誰出的錢多，誰就會贏得官司。如果爭執的雙方都看到拖下去對自己不利，想吃點虧以私了方式結束官司，法官則不會輕易罷休，做為原告、被告的中間人，他們清楚地知道雙方的心態，他們會在恰當的時機，給喪失鬥志的、無心糾纏的一方打打氣，透露寫「內幕」，許下些諾言，讓他們戰鬥下去，直到雙方的油水差不多被榨乾為止。最終原告、被告成了兩敗俱傷的賭徒，而法官則永遠是穩賺不賠的莊家。這種現象被群眾稱為：「大沿帽，兩頭翹，吃罷原告吃被告。」

如果爭執雙方都是陌生人，糾紛又是小事，沒有油水，執法者便會採取偷懶的態度。按合同，分明是張三欠李四一千元，可張三找了種種藉口胡攪，執法者這時總是根據雙方決心的大小、氣勢的高低，做個折衷處理，命令張三打個折扣付給李四五百元了結此事。執法者只是個和事佬，寧事息人的太平官，而不是正義、公正的維護者。他們的曖昧態度，其實是在縱容犯罪，它只能使得張三的膽子更大，甚至藉此謀生發財。

由於儒家思想的存在，由於權力、人情、金錢對法律的滲透干預，一個簡單的案件在中國就會變得非常複雜。中央電視臺《實話實說》的主持人崔永元，他的螢屏形象被「美福樂」減肥藥的廠家盜用，為自己的產品做廣告，崔永元向法庭起訴該廠家。

這是一起很簡單的名譽、肖像侵權案件，然而就這樣一場無爭議的官司竟然一拖再拖，直到三年後，崔才得到一紙勝訴的判決，並得到廠家十萬元的經濟賠償，這與崔永元索賠金額一百萬元的要求相去甚遠——儘管崔在事前「心虛」地聲明將索賠款項全部捐給失學兒童。而在這三年中，「美福樂」仍繼續利用崔的形象賺足了錢。

這個官司在中國是再普通不過的一個民事糾紛了，它的起因和結果都很「適合中國國情」，是個典型的「葫蘆案」。三年時間，是大多數中國人都能接受的時間；十萬元是大多數中國人都認可的賠償金額；相反，崔的一百萬倒是不合國情，被相當多的人認為是漫天要價。

事後，有苦難言的崔永遠在《不過如此》書中奉勸大家和有錢的企業打官司要三思。記者關於此事採訪崔時，崔說：打官司，難，超出人的想像。無奈之餘，他竟提到了雷鋒，說人還是學雷鋒好。——可見迷茫的，不僅僅是不識字的農民。

這場官司，廠家是穩賺了，崔永元好像也沒賠什麼，與廠家默契的法官們更不會吃虧，這豈不是皆大歡喜？究竟是誰吃虧了呢？

是正義，是正義吃虧了。——別認為正義好欺負，誰傷害他，他就會懲罰誰，整個民族都傷害他，他就會懲罰整個民族。

一九九六年，在中國山西嵐縣裴家村，該村的鄉親們因村裡小學已成危房，集資修建新教室，集資款交給政府後，新校舍卻遲遲不見完工。該村十七歲的青年李松綠於是從一九九八年秋開始因校舍問題逐級上訪，成了當地有名的上訪戶。一九九九年十二月十日傍晚，李松綠在嵐縣縣委的門口寫下了「清除腐敗，清除貪官汙吏」等反腐標語，第二天清早，懸掛在縣委門口的縣委、縣政府、縣政協、縣教育局的四塊門牌匾不見了，公安局當天將李松綠做為偷牌匾的嫌疑人抓獲，將李捆綁在自製的刑具上——一個特製的門板上長達十二天之久，期間，公安人員用木棍、電棒、手腳對李進行了刑訊逼供，並在李第六次被打暈時，割斷了李松綠的一截舌頭。

該消息被中國十幾家媒體報導後，很快又有《人民公安報》等媒體稱李松綠的舌頭沒有斷，他身上的傷是戴上刑具後不斷掙扎時造成的；山西省醫科大學第一醫院、第二醫院、山西省人民醫院口腔專科專家對李的舌頭作了「無明顯舌體缺損」「對致傷原因不易確定」的鑒定；率先報導此案的《山西青年報》也於二〇〇〇年六月一日在頭版以「本報編輯部」的名義發表了《堅持新聞真實性原則——由本報失實刊登李松綠段舌報導引發的教訓》一文，稱「這是本報近年來刊登的一片嚴重的失實報導。」嵐縣公安局還將十二家報導此案的媒體告上了法庭。——本來簡單的踐踏法制、踐踏人權的案件竟然變得撲溯迷離起來。

在案情變得複雜的情況下，《南方週末》委託北京大學司法鑒定是對李的傷情作了鑒定，作出了最後的結論：「李松綠舌部創傷的成因，為銳器切割所致。」

但這個鑒定並未能使案件簡單化，未能將傷人的凶手繩之以法。

就在割舌案發生後，李松綠為之上訪的新校舍以出人意料的速度蓋了起來。為給多處受傷的兒子看病已將房屋全部出賣的李松綠父親，也最終以對方支付九萬元的價格和嵐縣公安局達成和解協議，不再通過法律途徑索取賠償。

這就是中國人解決問題的方式。

一起性質惡劣的，踐踏法制、踐踏人權的犯罪竟然不了了之。

——嗚呼，正義何在?!人道何在?!

二〇〇〇年，加拿大華僑，海南怡昌國際發展有限公司總經理何海生，在一樁房地產官司中發現海南法院系統存在一個以同學、同鄉關係為紐帶，權利相互勾結的「地下關係網」，還有一小批與他們關係密切的律師為他們做「收錢代理」，他們通過權力關係網謀取私利，破壞司法公正。於是，何海生作了件膽大驚人、出乎中國人所料的舉動，他向中紀委、海南省委、省人大、省計委、省高院舉報海南省兩級法院法官們集體違法違紀行為。他在舉報材料中，列舉了出了十六名涉嫌腐敗的司法人員的「黑名單」。兩名被有關部門稱為最廉潔、雷鋒式的好幹部，正準備被提拔為兩個法庭的庭長，由於上了何的黑名單，到手的庭長泡了湯；海口市中級人民法院執行庭法官馬春龍，因上了何的黑名單，被查出曾偽造數份假裁定書，與別人勾結侵吞國有資產數千萬元，並接受巨額賄賂，被檢察院批捕；海南省高級人民法院審判委員會專職委員、執行庭庭長馬升，因何的舉報被發現有巨額財產來歷不明而被海南省紀委「雙規」（註：指規定的時間裡及規定的地點交代問題）；某集團負責人徐某與法官勾結侵吞國有資產數千萬元，因何的舉報，徐某逃亡……。正當海南的「反腐風暴」在有待進一步深入的關鍵時刻，二〇〇二年六月二十五日凌晨三點，何海生神祕猝死，年僅四十九歲。海南的反腐進程受阻……。

此外，還有因舉報領導腐敗被免職、坐牢、妻子被殺害、自己受重傷的河南平頂山人呂淨一，還有因和政府領導「較真兒」，討要拖欠教師工資而被槍手暗殺的湖南益陽青年教師李尚平。

……

中國呵中國，何止一個「黑」字了得！

這些僅僅是被中國官方媒體所報導，並引起人們關注的特殊的案例，除了他們，更多的是不具新聞效應的、較普通的案例，他們因不被媒體報導而沒能進入人們的視野。在這些眾多的踐踏法制、踐踏人權的普通案例中，那些正直的、倔強的受害者為了得到公正、為了討得一個說法，不怕權勢的恐嚇，不顧親朋的勸阻，常年奔波，四處上訪，執著地將官司堅持到底。但是當他們得到一紙貌似公平的判決時，他會發現他早已經得不償失，甚至傾家蕩產、妻離子散。這些認真的人在中國社會都是失敗者，他們的失敗以及李松緣、何海生、呂淨一、李尚平等人的悲劇並不能使中國的法制有真正的好轉，他們只能使得廣大的民眾變得更有「自知之明」，更懂得向統治者妥協，更理解「窮死、餓死，不打官司」俗言的深刻含義……。

子曰：「聽訟，吾猶人也。必也使無訟乎！無情者不得盡其詞，大畏民志，此謂知本。」[1]

---

1 《大學》。

（孔子說：審理訴訟，我同別人無差別。但我一定要使得訴訟絕跡。要使得不近人情的人不能說話。要讓老百姓從內心害怕，這才是知道統治的根本。）

同胞們，可能感到孔丘毒咒的魔力？可能聽到孔丘得意的嘿嘿笑聲？可能看到孔丘厚臉皮堆起的層層褶子？今日中國，離法制國家還很遙遠，而儒家思想則是中國走向法制的攔路虎，頭號大敵。

中國的百姓們對統治者一味的妥協、退讓，不敢認真打官司，難道就不覺得委屈、壓抑？情緒是有的，但百姓們只有自慰手段來發洩。「是福不是禍，是禍躲不過」「生死有命，富貴在天」「君子居易以安命，小人冒險以僥倖」「塞翁失馬，安知非福」「禍兮福之所依」「破財消災」「平安是福」……順其自然，委曲求全，全生避害的道家思想是中國人自慰的法寶，是專制者和百姓之間的緩衝器。對儒教的禮都嫌多餘的道教對法制更是敵視：「人多技巧，奇物滋起，法令滋彰，盜賊多有。」[1]（人的技術高超了，奇巧之物就會多起來；法律制度明確了，盜賊就會多起來。）——法律清楚了，只能使盜賊更多。這就是道教的邏輯。

在中國，道教是站在儒教身旁破壞法制的鬼軍師。

還是讓我們從具體的「歷史個案」中來看看道教的表現吧。

孫悟空保護唐僧西天取經，途中，唐僧被一女妖攫走，脅迫成親。悟空偵探得知此女妖乃為托塔李天王子女。認真的悟空便偷了女妖恭奉天王父親、哪吒兄長的牌位、香爐做為證據，並寫了狀子徑到靈霄寶殿玉皇大帝處告御狀。

---

1 《老子》。

玉帝看了狀子，將原狀批作聖旨差道士太白金星宣李天王見駕，並吩咐悟空：「原告也去。」（是無心，還是有意？）

五百年前，孫悟空造反，李天王率兵將鎮壓，不想反敗在草莽綠林手中，讓天王丟盡臉面，所以天王一見悟空就生氣。「那天王本是煩惱，聽見說個『告』字，一發雷霆大怒。……『這猴頭著實無理！且莫說我是天上元勳，封受先斬後奏之職，就是下界小民，也不可誣告』……吩咐手下：『將縛妖索把這猴頭捆了！』那庭下擺列著巨靈神、魚肚將，夜叉雄帥，一擁上前把行者捆了。……天王道：『金星啊，似他這等詐偽告擾，怎能容他！你且坐下，待我取砍妖刀砍了這猴頭，然後與你見駕回旨』。」這時太子哪吒上前勸阻，提醒天王，下界確有天王的義女，本是個老鼠精，在下屆敬貢牌位，侍奉香火。「那天王卻才省悟，放下寶塔，便親手來解行者。行者就放起刁來道：『哪個敢解我！要便連繩兒抬去見駕，老孫的官司才贏！』慌的天王手軟，太子無言，眾家將委委而退。那大聖打滾撒賴，只要天王去見駕。天王無計可施，哀求金星說個方便。金星道：古人云：萬事從寬。你幹事忒緊了些兒，就把他捆住，又要殺他。這猴子是有名的賴皮，你如今教我怎的處！若論你令郎講起來，雖是恩女，不是親女，卻也晚親義重，不拘怎生折辨，你也有個罪名。天王道：『老星怎說個方便，就沒罪了』。金星道：『我也要和解你們，卻只是無情可說。』天王笑道：『你把那奏招安授官銜的事說說，他也罷了』。真個金星上前，將手摸著行者到：『大聖，看我薄面，解了繩好去見駕』。行者道：『老官兒，不用解，我會滾法，一路滾就滾倒也』。金星笑道：『你這猴忒恁寡情，我昔日也曾有些恩義兒到你，你這些些事兒，就不依我？』行者道：『你與我有甚恩義？』」金星就把五百年前悟空造反鬧天空，金星力奉詔安，封悟空為弼馬溫、齊天大聖的事說了一回，悟空經不起他的纏磨，只好說：「『也罷也罷，看你老人家面皮，還叫他自己來解。』天王才敢上前，解了縛，請行者上座，一一上前施禮。行者朝了金星道：『……快催他見駕，莫誤了我的師父。』金星道：『莫忙。弄了這一會，也吃鐘茶去。』行者道：『你吃他的茶，受他的私，賣放犯人，輕慢聖旨，你得何罪？』金星道：『不吃茶！不吃茶！連我也賴將起來了！李天王，快走！快走！天王哪裡敢去，怕他沒的說有的，放起刁來，口裡胡說亂道，怎生與他折辯；沒奈何，又央金星，教說方便。金星道：『我有一句話兒，你可依我？』行者道：『繩捆刀砍之事，我也通看你面，還有甚話？你說！你說！說得好，就依你；說得不好，莫怪。』金星道：『一日官司十日打。你告了御狀，說妖精是天王的女兒，天王說不是，你兩個只管在御前折辯，反覆不已。我說天上一日，下界就是一年。這一年之間，那妖精把你師父，陷在洞中，莫說成親，若有個喜花下兒子，也生了一個小和尚兒，卻不誤了大事？』行者低頭想到：『是啊！我離八戒、沙僧，只說多是飯熟、少時茶滾就回；今已弄了這半會，卻不遲了？老官，既依你說，這旨意如何會繳？』金星道：『教李天王點兵，同你下去降妖我去回旨。』行者道：『你怎麼樣回？』金星道：『我只說原告逃脫，被告免提。』行者笑道：『好啊！我倒看你面請吧了，你倒說我逃脫！教他點兵在南天門外等我，我既和你回旨繳狀去。』」……「金星與行者會見玉帝道：『陷唐僧者，乃金鼻白毛老鼠成精，假設天王父子牌位。天王知之已點兵收怪去了，望天尊赦罪。』玉帝已知此情，降天恩免究。」[1]

在道士太白金星的調解下，孫悟空救了師父，李天王脫了罪責，玉皇大帝省了心，真個是三全其美，四面逢源，大家齊誇太白是好仙，誰個能怪金星為罪人？

只是從此後，李天王之類的「天上元勳」的膽子更大了，地上的妖精更多了……。

1 吳承恩，《西遊記》。

儒教將人民貶為無道德的鬼

再讓我們來回答老頭叔向的詰問。

法制和人治的一個重要的區別，就是在對嫌疑人量罪判刑時，法制需要證據，而人治則不需要。有罪推定就是假定嫌疑人就是罪犯，要證明自己的清白，嫌疑人必須拿出自己沒有犯罪的證據；無罪推定就是假定嫌疑人是清白的，要證明他是罪犯，執法者必須拿出嫌疑人犯罪的證據。兩者之所以大不相同，原因在於收集證據是困難的。在很多案件中由於時間、精力、技術等原因，法官既拿不出嫌疑人犯罪的證明，嫌疑人也拿不出自己不犯罪的證據，面對這種情況，無罪推定的法制就要將嫌疑人當成清白者釋放，而有罪推定的人治則將嫌疑人當成罪犯判刑。

法制的原則是，寧可漏網十人。不能冤杜一人；人治的原則是，寧可冤枉十人，不能漏網一人。法制受到舉證困難的約束，會不會像叔向所預言的那樣「犯法的案件就會多起來，賄賂到處通行」，導致犯罪的加劇呢？

不會的，因為在人世間，除了法律還有道德。狡猾的犯罪分子可以因為證據問題逃脫法律的制裁，但他們卻逃不脫道德的制裁。

人的能力是有限的，一個人再能明察秋毫，也不可能像上帝一樣洞察所有事情的真相、內幕，也不可能拿出所有犯罪案件的證據來。人要有自知之明，一個人能夠按照人力所能收集到的證據來公正無私地斷案就稱職了，收不到證據的，就將嫌疑人交給道德，交給上帝好了。要相信上帝是公正的，是有能力的。

因為人所做的事，連一切隱藏的事，無論是善是惡，上帝都必審問。（傳12：13）

因此，真正的法制是片刻離不開道德輔助的。究其根源，道德實為法制之基礎，法制實為道德之延伸。法制的實質就是神治。

人治是無神論的必然結果。

人治的最大錯誤就是把人、把法官當成了神，他們可以在沒有證據的條件下「片言折獄」，憑著自己的經驗、感覺來斷案，來決定別人的命運、生死。誰能保證他們的經驗不出錯？誰又能保證他們不懷個人私情？誰又能保證他們不受賄賂的影響？

叔向在反對法制時說：「老百姓知道了法律，便不再尊敬上司了，人人都有向爭之心，都引用法律作根據為自己辯解，而僥倖得到成功。」儒生所以有如此顧慮，是因為在他們眼中，老百姓、小人是根本不存在道德的，稍有機會他們便會鑽法律的漏洞，占法律的便宜。

無神論的儒生們不僅沒有平等概念，並且還把人與人的差距人為地擴大：君子、大人是有道德的善人，知道廉恥榮辱，能夠自覺遵守禮法，不需用「刑」，單用「禮」就足可以使他們約束自己了；小人、刁民是沒有道德的惡人，不知廉恥榮辱，禮法對他們沒有絲毫約束力，只有刑法才對他們有效。因此，刑不必上大夫，禮不必下庶人。正像東漢荀悅所說：「禮教榮辱以加君子，化其情也；桎梏鞭樸加以小人，治其刑也。君子不犯辱，況乎刑乎？小人不忌刑，況乎辱乎？」[1]。在實際生活中，那些君子大人們也常常不知廉恥榮辱，幹出一些讓人不齒、觸犯刑法的事情，怎麼辦呢？這就需要為尊者隱，為尊者諱了。君子、大人們犯了「不廉」（祭貪汙、受賄）之罪，不能稱為「不廉」，而是稱為「簠簋不飾」。「簠」「簋」均為盛食物的器皿，「簠簋不飾」就是吃

1 《申鑒・政體》。

了點不乾淨的東西。君子、大人們犯了「汙穢」（男女淫亂）之罪，不能稱之為「汙穢」，而是稱之為「帷薄不修」，「帷薄」是床上幔帳之類，「帷薄不修」就是床沒有收拾整齊。……中國的儒生們所以在文字上這麼下功夫，所以用心良苦地「遷就而為之諱」就是為了維護儒教自己所營造出的君子與小人之間的鴻溝。

無神論的儒生們一方面將統治階級吹捧為完美的神，一方面又把民眾貶為毫無道德的鬼；無神論儒生否認天堂、地獄，結果硬是將天堂、地獄搬到了人間。在中國，王侯將相們的「大觀園」就是「人間天堂」，而酷刑充斥的監獄則是「人間活地獄」。

在追求法制的今天，中國人越來越認識到道德的重要性，認識到道德是法制社會必不可缺的有機組成部分。很多人不明儒教真相，一頭又紮進了儒教懷抱，從千年的舊紙堆中扒出祖傳的道德格言，以求建築法制的基礎，以圖填補法律的真空。統治階級則別有用心，將錯就錯，將國人引入專制之歧途。

同樣是道德，但差別大矣。追求法制的同胞們，我們究竟是要什麼樣的道德呢？我們是要與法制、平等處處想悖的儒教道德呢？還是要與法制、平等相吻合的基督教道德呢？我們是信「禮不下庶人，刑不上大夫」呢？還是信在上帝面前人人平等呢？

在中國眾多的「冤死鬼」裡，竇娥算是最清醒的一位了，在臨刑前，她用聲聲血淚對儒教道德進行了控訴：「為善的受貧窮更命短，造惡的享富貴又壽延。天地也，做得個怕硬欺軟，卻原來也這般順水推船。地也，你不分好壞何為地？天也，你錯勘賢愚枉做天！」[1]

1 關漢卿《竇娥冤》。

耶和華神，是正直公義的神

讓我們來聽聽上帝的教訓吧！

不可作假見證害人。（申5：20）

不可與惡人聯手妄作見證；不可隨眾行惡，不可在爭訟的事上隨眾偏行，作見證屈枉正直；也不可在爭訟的事上偏護窮人。（出23：1）

你們施行審判，不可行不義，不可偏護窮人，也不可重看有勢力的人，只要按著公義審判你的鄰居。（利19：15）

不可屈枉正直，不可看人的外貌，也不可收賄賂，因為賄賂能叫智慧人的眼變瞎了，又能顛倒義人的話。（申16：18）

匪徒作見證戲笑公平，惡人的口吞下罪孽。（箴19：1）

看人的情面，乃為不好；人引一塊餅枉法，也為不好。（箴28：21）

兒子必不但當父親的罪孽，父親也不但當兒子的罪孽。（以西結18：20）

我們今天所見到的，所追求的，正是人家基督教國家的法制，他不過是基督這棵大樹上的一顆果實。我們怎麼能只見果實，不見大樹呢？我們不種樹，又豈能得到果實呢？

人們總是將今日西方國家的法制歸功於羅馬法，這是一個誤區。雖然羅馬法給了基督徒許多值得學習、借鑒的東西，但它並不是今日西方法制的源頭。當古羅馬帝國被北方的日耳曼蠻族攻陷後，羅馬法也同羅馬帝國一起陷落了，日耳曼蠻族所帶走的，僅僅是物質財富和基督教。在他們日後所建立的歐洲諸王國中，法律，從本質上講是基督教對蠻族古老部落法典的補充。這種情況一直延續到西元八世紀，歐洲再度出現象徵基督教世界統一的加洛林王朝的興起。做為歐洲的征服者，加洛林王朝的查理大帝在歐洲推行屬基督教世界自己的法律，這些法律涉及到社會的各個領域，並將一切事物訴諸於基督教精神這個唯一的標準。他既沒有遵守日耳曼的先例，也沒有遵守羅馬人的先例。加洛林王朝的皇帝們以《聖經》中的列王和士師的精神，向全體基督教臣民發佈法令，將上帝的律法通諭給上帝的臣民。從此，上帝的律法便統治了歐洲。

學者們將希臘哲學、羅馬法、基督教並稱為西方文明的三個源頭，這樣說也是對的，但是混淆了主次。羅馬法、希臘哲學都是因基督教才得以「復興」，得以發揚光大的。因此，羅馬法、希臘哲學只能算是基督教這棵大樹上的兩個枝幹而已。

中國同胞們，農民弟兄們，飽受官吏欺凌的人們，別再給包公磕頭、上香了，沒有用，人家本是一夥的。能施給我們公正、正義的只有上帝，耶和華。

祂是磐石，祂的作為完全，祂所行的無不公平，是誠實無偽的神，又公正，又正直。（申32：4）

耶和華啊，你是公義的，你的判語也是正直的，你所命定的法度是憑公義和至誠。（詩119：137）

阿門。（就是這樣的確如此）

四、儒教是民主的天敵

民主，就是人民作主。民主，狹義上，他是一種與專制對立的政治體制；廣義上，一切與專制對立的東西，皆可稱之為民主，比如：經濟民主，軍事民主，民主管理，民主作風等。民主思想，首先是指關於民主政體的思想，同時也包括一切與專制主義相對立的思想，比如：平等思想，法制思想，自由思想，分權思想等等。

「民主」一詞源於希臘文δημοκρατος，由「人民」δημος和「權力」κρατος兩個詞合成，意為「人民的權力」。「民主」對中國來講是一個舶來品，他是西方列強通過槍炮硬塞給我們的「禮物」。

民主是動聽的，但對中國人是陌生的。雖然中國人普遍對民主抱有很大的好感，但這種好感僅僅是葉公好龍，它與中國人真正接受民主尚存在非常遙遠的距離，因為占據中國人身心，支配中國人日常行為歷史悠久的傳統文化無論是在形式上還是在實質上都是與民主格格不入的，中國以儒教為代表的傳統專制文化是一套土生土長的與民主價值觀完全對立的價值體系。因此，在標誌著中華民族覺醒的新文化運動中，追求民主和打倒孔家店是同時進行的，二者本來就是一回事。在中國，要維護專制就必須尊孔崇儒；要實現民主就必須打倒孔家店。對此，新文化運動的先驅們說的已經足夠的多，也足夠的深刻了。但是問題遠沒有解決，民主仍遙遙無期。

儒教是扼殺平等的

儒教的思想核心是「仁」。「仁」是一個很具欺騙性的概念。「仁」是個什麼東西呢？「樊遲問仁。子曰：『愛人』」。[1]儒教讓人怎麼去愛人呢？「子曰：……仁者人也，親親為大。」[2]（仁就是愛人，其中愛自己的親人是最重要的。）除了「親親為大」之外，儒教也主張「泛愛眾」[3]，主張「老我老，以及人之老；幼我幼，

1 《論語・顏淵》。
2 《中庸》。
3 《論語・學而》。

以及人之幼。」[1]但這種「泛愛」並不是平等、博愛，而是「篤於親」[2]的，是以自我為中心，以血緣關係向外依次遞減的愛。儒教的仁愛是建立在血緣原則之上的有遠近、有等級的愛。

儒教這種建立在血緣之上的有等級的愛，塑造了中國人根深蒂固的不平等意識。

為了維護、鞏固這種不平等的仁愛，儒教發明了等級禮制。子曰：「……親親之殺，尊賢之等，禮所生也。」（愛親人有遠近之分；尊賢人有等級之分。這就是禮所產生的緣由）[3]儒教禮制內容龐雜，包羅萬象，人的衣食住行、生老病死無不被禮制囊括於內。其核心內容是三綱：君為臣綱，父為子綱，夫為妻綱。綱，就是法律。君、父、夫就是臣、子、妻的法律。君叫臣死，臣不得不死；父叫子亡，子不得不亡。一國之君是所有臣子的綱，臣子們又是自己兒子、妻子的綱，整個國家便形成了一個以皇帝為總綱的金字塔式的關係網，每個中國人都逃脫不了。在這個專制的網中，君、父、夫只有權利而沒有義務，而臣、子、妻只有義務而沒有權利，「君可不敬，臣不可不忠；父可不慈，子不可不孝。」[4]這是一種單向的權利、義務關係，裡面沒有雙向制約，不存在絲毫平等觀念。

三綱之外尚有五倫：君臣、父子、夫妻、兄弟、朋友。五倫之外，尚有公媳、婆媳、叔嫂、妯娌、叔侄、姑侄、舅甥、姨甥、堂兄弟、表姊妹等等人倫。中國的人倫之所以複雜，就是因為儒教是以此來讓人們辨貴賤、明親疏、別父子、知上下、識遠近，使得家族長幼有序，尊卑有等。

1　《孟子．梁惠王》。
2　《論語．泰伯》。
3　《中庸》。
4　《辛亥革命前十年間時論選集》。

五倫之中的兄弟，要求弟弟對兄長絕對服從，這一點在儒教禮制觀念中是僅次於孝道的相當重要的人倫，因此二者常被合稱為「孝弟」。五倫之中的「朋友」，既無血緣關係，又無婚姻關係，應該擺脫父子、兄弟之間的服從關係，平等相處了吧，偏不：儒教通過結拜兄弟的方式將朋友泛血緣化、泛兄弟化了。還美其名曰：「四海之內皆兄弟也」。[1]

儒教的不平等不單單表現在人倫之上，它表現在生活的各方各面：

天子有七座宗廟，諸侯有五座宗廟，大夫有三座宗廟，士有一座宗廟。天子用豆器二十六個，諸公用豆器十六個，諸侯用豆器十二個，上大夫用豆器把個，下大夫用豆器六個。諸侯用七個副官陪同，享受七席菜的招待；大夫用五個副官陪同，享受五席菜的招待。天子的坐席是五層，諸侯的坐席是三層，大夫的坐席是二層。天子死後七個月下葬，用五層墊席和杭木，用八層個扇；諸侯死後五個月下葬，用三層墊席和杭木，用六層隔扇；大夫死後三個月下葬，用二層墊席和杭木，用四層隔扇。[2]

同是外貌，說法就不同：

天子穆穆，諸侯皇皇，大夫濟濟，士蹌蹌，庶人僬僬。

同是老婆，稱呼也不相同：

1　《論語・顏淵》。
2　《白話四書五經・禮記・禮器》。

> 天子后妃曰「后」，諸侯曰「夫人」。大夫曰「孺人」，士曰「婦」庶人曰「妻」。
>
> 同是死，叫法也不同：
>
> 天子曰「崩」，諸侯曰「薨」，大夫曰「卒」，士曰「不祿」，庶人曰「死」……。[1]

今天中國雖然摒棄了傳統的表面，但卻繼承了傳統的實質：同樣是姦淫，對於百姓是治安罰款問題，對於基層幹部是道德品質問題，對於中級幹部是生活作風問題，對於高級幹部是小節問題，領袖嘛，就成了健康問題了。

儒教對自己所立的禮是極力維護的。

卑尊已著，上下已分，則人倫法矣……以臣不幾可以疑主，賤不幾可以冒貴，下不陵等則上位尊，臣不逾級則主位安。謹守倫紀，則亂無由生。[2]

對於天經地義的等級禮制，人民只能「非禮勿視，非禮勿聽，非禮勿言，非禮勿動。」如果人民能過做到「一日克己復禮」便能「天下歸仁矣」。[3]

儒教的「仁義」制度不僅制人之身，且兼能制人之心。在他的內外鉗制之下，中國人早已養成「卑屈之風，服從之性」「一任昏暴者之蹂躪魚肉，宰割烹醢」甚至「蹈湯不怨，赴火不辭，呼吸彌留際猶牢守『臣罪當誅，天王聖明』之念，以流臣節於天壤，傳青史於後人。」[4]

---

1 《禮記・曲禮下》。

2 《新書・服疑》。

3 《論語・顏淵》。

4 《辛亥革命前十年間時論選集》。

儒教殺人於無形，其毒更甚於洪水猛獸。

儒教千言萬語，總結成一句話，就是人生而不平等。

基督的愛，是平等的博愛，是大愛。基督的愛，是超血緣、超階級、超種族的。在上帝面前，尊貴的、卑微的、富有的、貧窮的、健康的、病弱的，人人都是平等的。

正是上帝、基督的博愛，塑造了基督徒的平等精神，奠定了民主的基礎。

讓我們拋棄那害人的綱常禮教，洗耳恭聽上帝的福音吧：

你們做妻子的，當順從自己的丈夫，如同順服主。因為丈夫是妻子的頭，如同基督是教會的頭，祂又是教會的救主。教會怎樣順服基督，妻子也要怎樣凡是順服丈夫。你們做丈夫的，要愛你們的妻子，正如基督愛自己的教會，為教會舍己。（以弗所書5：22）

你們做兒女的，要在主裡聽從父母，這是理所當然的。要孝敬父母，使你得福，在世長壽。這是第一條帶應許的誡命。你們做父親的，不要惹兒女的氣，只要照著主的教訓和警戒養育他們。（以6：1）

你們做妻子的，當順從自己的丈夫，則在主裡面是相宜的。你們做丈夫的，要愛你們的妻子，不可苦待她們。你們做兒女的，要凡事聽從父母，因為這是主所喜悅的。你們做父親的，不要惹兒女的氣，恐怕他們失了志氣。（歌羅西書3：18）

中國人要麼三綱五常，要求絕對秩序；要麼就打倒三綱五常，要求絕對平等。中國人從來就沒有弄明白父子、夫妻究竟應該怎樣相處。

儒教是反對獨立的

儒教孝道的要求不僅是嚴肅的，也是廣泛的，它不僅要求子女對父母絕對服從，還要求子女不得離開父母，要與父母永遠住在一起，直到為父母送終。「父母在，不遠遊。」[1]為了隨時伺候父母，子女不能出門遠遊。四世同堂、五世同堂是中國人追求的家庭理想，是家庭美滿的象徵。一個人成年後離開父母自己獨居，在中國人看來這等於是拋棄父母，是不孝的行為，是沒良心的表現。

單單住在一起還不夠，儒教規定，父母在，子女的經濟不能獨立，子女必須將個人的所得悉數交給父母，由父母支配，否則，是不孝的行為。「父母存，不許友以死，不有私財。」[2]。唐朝的法律規定：祖父母、父母、甚至曾高祖在世，子孫別離戶籍，分異財產者，徒刑三年；卑幼不有尊長，私輒用當家財物者，十匹笞十，十匹加一等罪，直到杖打一百。宋朝司馬光的《涑水家儀》中說：「凡為人子者，毋得蓄私財。俸祿及田宅收入，盡歸之父母，當用者請而用之，不敢私假，不敢私與。」清朝的《清律輯注》規定：「一戶之內，所有田糧，家長主之；所有錢財，家長專之。」……。

和父母住在一起，將經濟權悉歸父母還不夠，做子女的還要從內心依賴父母，在父母面前永遠像個孩子才算真正的孝順。「大孝終身慕父母」[3]（慕：依戀的意思。）「孔子曰：舜其至孝矣，五十而慕。」[4]（孔子說：

1 《論語・里仁》。
2 《禮記・曲禮上》。
3 《孟子・萬章》。
4 《孟子・告子》。

舜是最孝順的人了，五十歲了還依戀父母。）

經過社會主義改造後的中國社會，表面上，已有了很大的改觀，但是儒教的傳統仍然頑強地生存著，沒結婚的，結過婚的年輕人和父母住在一起、生活在一起的現象仍然很多，如果住房條件不允許，子女們也想方設法和父母在一起吃飯。就是不和父母生活在一起的年輕人，也遠遠不能擺脫對父母物質和精神上的依賴，做到真正的獨立。今日中國社會在大體上仍保持著子承父業的古老氏族世襲傳統，年輕人踏入社會尋找工作，是離不開父母的幫助的。有了工作上了班後，工資少得可憐，僅夠吃飯，年輕人需要交往、戀愛、結婚，經濟上還是離不開父母的救濟。尤其是結婚，需要房子，按一般年輕人的工資，沒有二十年的積蓄是買不起一間房子的，怎麼辦？只有依靠父母。對此，他們的父母不僅不認為是負擔，反而將為孩子完婚視為自己義不容辭的義務和責任，他們半生靠省吃儉用節省積蓄下來的錢本來就是為自己孩子結婚準備的，如不夠用，他們還會像老牛一樣不惜老邁的身體拼命地給孩子掙錢。對此，他們的孩子，身強力壯的青年，並無些許愧疚之心，和自己的父母一樣，覺得這一切都是天經地義，理所當然。相反，如果孩子遲遲不結婚，當父母的就會覺得自己很無能，很被別人看不起，很丟臉，他們所承受的壓力要比自己的孩子大得多。

一個社會的傳統文化心理決定了一個社會的制度的確立，確立的社會制度反過來又會加劇這個社會的傳統文化心理。面對如此的社會制度，面對如此的傳統觀念，年輕人縱有獨立之心，也無獨立之力。依賴父母不僅能得到事業、經濟上的幫助，還能得到孝順的好名聲，何樂不為？面對父母，「聰明」的孩子早就知道了最佳的選擇：聽話。

對家庭依賴成性、尚未獨立的年輕人走向社會後，就會進入一個泛家庭化、實行家長制管理的組織：單位。在單位中，和領導相處的原則就是將他們當成自己的父兄，否則，就是不成熟的表現。在中國這個愛紮堆兒、非理性的國度裡，獨立是一種危險，個性是一種異端。

缺乏獨立精神，依賴成性的年輕人，只是長不大的孩子，而不是青年。除了「禮崩樂壞」的亂世，中國的常態社會是有一個或幾個老人和一群永遠長不大的孩子組成的。青年在中國屬珍奇野生，是瀕臨滅絕的品種。

「青年」和「民主」一樣，本來就是舶來品，儒教教義中是沒有「青年」概念的，凡是屬青年的東西，比如獨立、個性、激情、想像力、創造性等，都是儒教所敵視的。

上帝如是說：**因此，人要離開父母與妻子聯合，二人成為一體。（創世紀2：24）**

幾代人同居在一起，固然是一種經濟、廉價的生存方式，但是世代同居會將人的潛能壓縮到最低限度，從而阻礙整個社會的進步發展。其實抵擋社會進步，保持社會靜止正是儒教的目的。

基督教國家的社會細胞是個人，儒教中國的社會細胞是家庭。個人是民主社會的基礎，家庭則是專制社會的基礎。

儒教是反對結社的

自由結社是民主社會中公民的一項基本權力，是公民行使自己民主權力的一個主要方式。一個民主社會正是由形形色色自由結合的社團組成的。

中國是不存在自由結社的，社團也是有的，但都必須由中央來領導，否則，就是「反動會道門」（註：會、道、門、教、社等反動封建組織的總稱，有貶義色彩。從一九五三年開始中國取締不符合意識形態的「會道門」的政治運動）。「溥天之下，莫非王土，率土之濱，莫非王臣。」自由結社就是與朝廷分庭抗禮、蓄謀造反。

竭力維護皇權神聖的孔丘非常仇視結社，將有結社意願、傾向的人通貶為小人。

子曰：君子周而不比，小人比而不周。[1]（君子合群但不勾結，小人勾結而不合群。）

子曰：君子和而不同，小人同而不和。[2]（君子隨和而不贊同，小人贊同而不隨和。）

意見相同、志同道合、團結一致的人就是「同」「比」的小人，沒有主見、隨聲附和、見風使舵、永隨大流的人就是君子。

當初，那些志同道合，相互「勾結」在一起打天下的豪傑，在儒生的眼中都統統是盜賊、小人，但是當他們一旦成功，儒生們的態度就會來個一百八十度的大轉彎，爭著搶著去舔那些小人的屁股，又將人家吹捧為「真龍天子」。而那些「真龍天子」們，也投桃報李，繼續維護、宣揚儒教教義，因為他們只允許天下只能有他一個「小人」，其他人必須是沒有主見、順應中庸、不相互勾結、永遠以他這個「小人」為中心，聽話的君子。

孔丘的徒子徒孫們更甚，他們將因志趣相投而有所交往的人稱之為「朋黨」，將之貶為「朋比為奸」，自己則自詡為「君子不黨」。這正是皇帝們喜歡儒生、鼓吹儒教的原因，做為一個主子，奴才們的團結、甚至是交頭接耳，都是他們所忌諱的。

儒教是一套反民主機制

儒教反民主，並不單單表現在對平等、獨立、結社等民主要素的扼殺上，更表現在，它是一套完整的、封閉的、運行良好的、深被中國人接受的、處處維護專制的文化機制。這種機制主要包括：世襲制，家長制、及對人的奴化。

1 《論語・為政》。
2 《論語・子路》。

世襲制

周朝以親親建國，官職家族化，統治者任命自己的親人當貴官，所謂「親貴和一」。親人們所得官職是世代相襲的，後來的君王也不能罷免他們。所謂「世卿世祿」。由於社會生產力的發展，周的世襲制在春秋時期遭到了衝擊，但他卻得到了孔丘及其徒子徒孫們的拼命維護，儒生們將周禮、世襲制遭受破壞稱之為「禮崩樂壞」。

世襲制度是一種運作成本最為低廉的官員任命方式，和廉價的四世同堂的群居生存方式一樣，他的目的就是為了使社會保持靜止狀態。便宜沒好貨，世襲制度不僅通過泯滅了人的奮鬥欲望抵擋了社會的發展，並且他也是違背公正原則的。

漢承秦制，設立郡縣，為了中央集權的需要，漢代建立了「察舉」和「征辟」制度，來取代世襲制度，錄取人才任命官吏。但在察舉、征辟的過程中，官員們往往徇私舞弊，想方設法將自己的子弟舉薦上去，以致於出現「舉秀才，不知書；察孝廉，父別居。」的怪現象。

魏文帝曹丕實行九品中正制，但是主要官職俱被世族豪門所把持，「上品無寒門，下品無世族。」九品中正制仍擺脫不了世襲傳統。

隋朝，創立了科舉制度。科舉制度是通過統一考試的方法，選拔人才充當官吏。這種方法是將選拔官吏的權力從地方官僚、世族的手中集中到了中央朝廷手中，科舉進一步加強了中央集權，打擊了豪門世族的世襲權利。

但是科舉制度仍沒能使世襲傳統壽終正寢，退出歷史舞臺，世襲傳統仍然頑強地生存著，變化的僅僅是形式而已。科舉再嚴謹，也擋不住官僚隊伍的集體作弊。上有政策，下有對策，官僚們中有種種手段進行做弊，讓自己的子弟順利通過考試，並在官場上對無背景的新科舉人進行圍攻刁難，最終官職還是被舊官僚家族所占有。

雖然中國共產黨將它建立的中華人民共和國自我標榜為「新中國」，但世襲傳統仍普遍存在於「新中國」的社會中。最為普遍的就是「接班」制度。父親退休了，他的工作職位便可以由他的兒子接替。就是父親未退休，他的兒子、女兒也可因是直系親屬受照顧進入本單位工作。父親是工人，兒子就是工人；父親是警察，兒子就是警察；父親是演員，兒子就是演員……所謂「新中國」其實與「士之子恆為士，農之子恆為農，工之子恆為工，商之子恆為商。」[1]的周朝中國並無多少差別。

世襲傳統在今日中國，不僅僅表現在「世家」多，他還表現在，年輕人所得到工作、機會的好壞是由他們父母的權力、地位所決定的，與自己本人的能力、努力並無多少關係。年輕人的工作、機會的好壞是與其父母的權力大小成正比的。如果有一個公正的調查公司能夠對中國社會做一個深入細緻的調查，他一定會為人們繪出一幅世襲的氏族社會的圖像。

在中國有個有趣的現象：一位官員不貪汙、不受賄，就是一個十足的清官了，他運用權力為自己子女走後門、安排好工作，群眾們則特寬容、特理解，認為這和腐敗是兩碼事。也難怪，孔丘所追求的「仁」就是「親親」，就是愛自己的親人，不為自己子女考慮，豈不是違背了「聖人」之道，要落個不仁無情的壞名聲嗎？儒教的婦人之仁使得中國人整體女性化了。

對於中國人來說，任何主義、理想都是虛幻、不實際的，那些曾經為某一個主義、理想而堅持原則、犧牲親情、犧牲個人利益的人，到頭來終難逃失敗、被人譏笑的結局。在一出出鬧劇陸續降下帷幕之後，在經歷了嘗試又碰了釘子之後，曾被愚弄的、已經世故的中國人，開始懷疑一切，再也不願付出自己的真誠了。「血濃於

---

1 《管子》。

水」，最終，血緣，這個原始、低級、動物似的群體紐帶便又成為了中國人唯一值得信任的選擇。這是中國人無奈的選擇，這是無神論者缺乏真信仰的可悲之處。

世襲制表面上早就退出中國的歷史舞臺了，但實際上，直到今天，他仍然通過種種變形的手法頑強地生存在中國的土地上，並一直是中國社會中支配新老交接、新陳代謝的主流力量。

家長制

周天子，家天下。從此家國同構，君為國父，父為家君。整個天下就是一個大家庭，皇帝是所有官員的家長，官員則是一方百姓的父母官。

儒生們清楚地知道家和國的關係，「欲治其國者，先齊其家。」「一家仁，一國興仁；一家讓，一國興讓。」[1]「邇之事父，遠之事君。」[2]「人有恆言，皆曰天下國家。天下之本在國，國之本在家。」「人人親其親，長其長，而天下平。」[3]

既然家是國的基礎，所以孝道不僅對於一個家庭，而且對於一個國家都是重要的。因此儒教就竭力鼓吹「孝」為百德之首，「百行之宗，五教之要。」「德之本也」[4]。

儒教所講的「孝」既然這麼重要，那他究竟是什麼意思呢？

---

1 《大學》。
2 《論語・陽貨》。
3 《孟子・離婁上》。
4 《孝敬》。

孟懿子問孝，子曰：「無違」[1]。

父之執（友人），不謂之進不敢進，不謂之退不敢退，不問不敢對，此孝子之行也。[2]

父母有過，下氣怡色柔聲以諫，諫若不入，起敬起孝，說（父母高興）則復諫，不說，與其得罪於鄉黨州閭，寧孰諫（多加勸阻）。父母怒，不說，而撻之流血，不敢疾怨，起敬起孝。[3]

這是子女對父母的愛嗎？不是，這是子女對父母的絕對服從。這就是儒教的「孝」的含義。

曾在電視中看到一個英語談話節目，主題是東西方家庭觀念的不同。當一位中國人談到中國的「孝」多是表現為孩子對家長的服從時，一位在座的被邀請的美國嘉賓毫不遲疑、條件反射式地質問：「如果父母錯了，怎麼辦？」——這就是東西方文化的差異，儒教與基督教之間的差異。那位美國人並非學者，他的質問顯然並非來自邏輯推理，而是來自一種價值觀念。在基督徒的眼中，父母和孩子一樣都是人，都是有罪的、不完美的、會犯錯的人，父母並不是至真至善的神，在上帝的面前，父母和孩子的人格是平等的。

你們做兒女的要在主裡聽從父母，這是理所當然的。（以6：1）

子女應當聽從父母，但是有條件的，那就是必須「在主裡」聽從父母，也就是說，首先得講理。

耶穌還對眾人說話的時候，不料，他的母親和他的弟兄站在外邊，要與他說話。有人告訴他說：「看那，你母親和你弟兄站在外邊，要與你說話。」他卻回答那人說：「誰是我的母親？誰是我的弟兄？」就伸手指著門徒說：「看那，我的母親，我的弟兄。凡遵行我父旨意的人，就是我的弟兄、姐妹和母親了。」（馬太12：46）

1 《論語・為政》。
2 《禮記・曲禮上》。
3 《禮記・內則》。

有極多的人和耶穌同行。他轉過來對他們說：「人到我這裡來，若不愛我勝過自己的父母、妻子、兒女、弟兄、姐妹和自己的性命，就不能做我的門徒；（「愛我勝過愛」原文作「恨」）凡不背著自己十字架跟從我的，也不能做我的門徒。（路加14：25—27）

上帝、基督是至真。

耶穌的教訓是告訴我們，真理高於親情。

基督的「孝」是建立在「理」的基礎之上的，這裡，「情」和「理」是涇渭分明的，如十字架。儒教的「孝」是建立在「情」的基礎上的，這裡，「理」和「情」混淆一談的，如太極圖。它集中反映了中國文化的女性化、混沌性的特徵。

有些人談到宗教時，會擺出一幅和事佬的糊塗態度，說，所有的宗教都是好的，都是勸人學善的。事實絕非如此，不同宗教的教義的毫釐之差，最終導致的結果卻是千里之別。

日本人曾經調查了美國一千零五十二名高中生，中國大陸一千兩百二十名高中生。在回答「你最尊敬的人是誰？」這一問題時，美國學生的答案是：第一是父親，第二是球星，第三是母親。而在中國學生的答案中，父親（包括母親）竟連前十名都排不上，多麼巨大的反差！中國父母不僅在孩子心目中沒有地位，並且許多中國的青少年將自己自卑、怯懦、依賴、懶惰等不良性格以及恐怖、焦慮、偏執的心理障礙，歸咎於父母的教育方式，歸咎於父親的「專制」「霸道」「無能」「嬌寵」「過於保護」等等因素。[1]

這真是對有著悠久的「孝」的傳統的中國人的一個諷刺。

---

1 《讀者》，二〇〇二年十二月，《中國父親排第幾》。

中國的子女們對自己父母的俯首帖耳、畢恭畢敬，裡面究竟有幾點「孝心」在裡面，是很值得懷疑的，他們更多地是在惦記著父母的財產。葬禮後的家庭內部紛爭往往成了中國社會生活中的一個組成部分。

一八七一年，一位外國基督徒耶茨（Yates）博士在《祖先崇拜》的論文中說：「『孝』這個詞，極易產生誤導作用，我們必須防止為他所蒙蔽。在我們所瞭解的所有民族中，中國人的子孫是最不孝順的，他們對父母不順從，固執地我行我素，從能夠瞭解自己的意圖、願望即剛啟蒙的那個時候起，便是如此。」

無神論的儒教狡猾地將源自於人的道德感、人的靈魂的「孝」，很「唯物」地、很實際地納入了功利的軌道，從而使得「孝」失去了存在的根基，淪為了儒教祖先崇拜的工具。儒教將自己寄生在親情之上，實質上卻是在傷害、吞噬著人的親情。

九一一恐怖分子襲擊美國雙子星大樓，銀行家愛德華被困在五十六層，面對突降災難，他掏出了手機，迅速給他的助手羅納德撥了一個電話，剛舉起手機，樓頂忽然坍塌，一塊水泥將他砸翻在地，愛德華知道時間不多了，於是他改變了主意，給他的私人律師麥克撥出了第二個電話，可沒等電話接通，他想起一件更為重要的事情，於是撥通了第三個電話……。愛德華的遺體在廢墟中被發現後，親朋好友趕到現場，其中有羅納德和麥克，可遺憾的是，當時兩人都沒有聽到愛德華的聲音。他倆查了一下，發現愛德華遇難前曾播出三個電話。他們推斷，第三個電話很可能與愛德華的銀行或遺產歸屬權有關。愛德華無兒無女，五年前又與妻子離婚，如今只有一個癱瘓的老母親住在舊金山。當晚，麥克律師趕到舊金山，見到了悲傷的母親。母親流著淚說：「愛德華的第三個電話是打給我的。」「請原諒，夫人，我想我有權知道電話的內容，這關係到您兒子龐大遺產的歸屬權問題，他生前沒有立下相關遺囑。」麥克嚴肅地說。母親搖搖頭，說：「愛德華的遺言對你毫無用處，先生，我兒子在臨終前已不關心他留在人世的財富，只對我說了一句話——媽媽，我愛你！」[1]

「媽媽，我愛你！」這就是真情，這就是真孝。

孔丘披著「孝」的外衣，幹的卻是扼殺「孝」的勾當。披著羊皮的狼。

儒教對「孝」的定義，構成了中國社會家長制的基礎。

家長制首先存在於中國的家庭中。就在今天，他仍是維繫家庭運轉的機制。一個孩子，年齡大了，逐漸有了些知識，開始和父親爭論了。父親如果爭論不過孩子，往往就會專橫：「你爹就是理！不孝的東西。」孩子成人了，因自己的想法和行為往往不符合父母的要求而和父母發生矛盾，家長們在說服教育等「軟辦法」不濟事的時候，便會使出殺手鐧，動用經濟制裁手段，迫使孩子就範。關係鬧僵了，就會出現一些好心人，對孩子進行一邊倒的勸說，勸孩子要怎樣聽父母的話。最終，迫於經濟和輿論的壓力，你只能放棄自己的想法、打算，聽從家長的安排。你在踏入社會之前，早就學會了服從、妥協。

傳統社會中，在家與朝廷之間還有一個過渡的組織：家族。家族的存在是確實的，是有能量的，族規往往可以代替王法，對其成員進行制裁。在「新中國」，取家族而代之的是單位。做為家與國之間的過渡組織，它同樣是有能量的，單位的內部規定往往置法律於不顧，使單位成為法律的死角。並且這些單位本身往往就是家族紮堆兒的地方，正像民謠所述：「父子科、夫婦科，外甥打水舅舅喝。孫子開車爺爺坐，親家辦公桌對桌。」改革開放搞市場經濟後，人們可以擺脫單位的束縛，自由結合組成公司，家族現象就公開抬頭，那就是普遍存在的公司家族化。

---

[1] 《讀者》，二〇〇二年十二月。

無論是單位還是公司，所實行的都是家長制。

如果你是靠關係進的單位，你或者父母努力「攻關」的過程，也就是你自尊受挫的過程，學會順從領導的過程。家長通常會向領導說：我的孩子就交給你了，多教導他，有什麼不對的地方，該批評批評，該罵就罵。工作尚未開始，自己已經比領導晚了一輩，成了人家的孩子了。

如果你是分配進單位的，這個馴服的過程要慢一些，你會將大學中的一些散漫的「毛病」帶進單位。領導那些點到為止的批評，你也不放在眼裡。過不多久，你要結婚了，需要向領導申請房子了，你才發現，面對一向對領導漫不經心的你，領導會擺出一副公事公辦的面孔，找個很正當的藉口，讓你一味地拖下去，直到經女朋友、或其他好友的指點「迷津」，學會提些禮物，躲著別人到領導家中拜訪。敲開領導的門後，出乎你的意料，一改在單位的一副尊嚴、冷漠的面孔，領導會以一家之主的身分，和顏悅色、甚至熱情地招待你，對你過去一些「不懂事」的地方，很寬容。初次登門，領導並不在乎你那點象徵性的禮品，而更在乎你的態度，一種表示親近、臣服的態度。如果領導留你吃飯，那就更好了，席間，他不僅滿口答應為你的事操心，還會以自己人的口吻，以對待自己孩子的方式，親切地教導你一些在單位為人處世的方法，甚至自己的心得體會。在你對領導的感激之中，在你被領導溫存的人情感染之際，不知不覺，你已經接受了領導的家長地位。……家長制並不像局外人想像的那樣難以讓人接受。

在單位、公司之上，就是朝廷、中央，家長制在朝廷、中央的表現就是我們所熟悉、所詛咒的專制，就是「君叫臣死，臣不得不死。」就是所謂的「民主集中」。中國社會就是由中央、單位、家庭組成的。家庭是中國社會的基礎，而家長制則是專制的基礎，或者說家長制就是專制，一種披著溫情面紗的專制。因此，儒教的孝道實為專制之道。

孔丘早就明白這個道理：「其為人也，孝弟而好犯上者，鮮矣，不好犯上而好作亂者，未之有也。」[1]中國歷代的專制者們更是心有靈犀，緊緊跟上，制定相配套的法律：「五刑之屬三千，而罪莫大於不孝。」[2]

對人的奴化

法家思想為帝王之術，儒家思想則是為臣之道。儒教整套的價值觀就是為了將人培養成為一個為皇帝服務、既忠且孝的好臣子的，儒教的個人最高實踐就是成為一人之下、萬人之上的宰相——皇帝的大管家。

想當皇帝的念頭，對儒教來說就是犯罪，是大逆不道，它違背了儒教所有的價值觀念。所以儘管曹操為維持漢室殘破的江山出了不小的力，但就因為他的兒子後來當了皇帝，而落了個千古罵名，成為了奸臣的化身，戲劇家給他畫了一個象徵奸詐的大白臉。趙匡胤比曹操聰明，他略施小計，就贏得了真龍天子的正名：自己本是無心當皇帝的，但是部下、士卒的擁戴，乃天命也，不敢違也！他不僅當了皇帝，還贏得了忠義的好名聲，戲劇家為他畫了個代表忠義的紅臉。不過後來他娘說漏了嘴，在別人面前誇自己的兒子，從小就有大志。一句話，讓趙匡胤的忠義形象打了折扣，戲劇家便不肯饒恕，就在他的紅臉的額頭上添了一豎白道。

在歐美國家，讓學生說出自己的理想，對政治感興趣的孩子會不遮攔地說自己長大要當總統。而在中國，則很有趣，如果孩子對政治感興趣，他會說「我長大後要當總理。」當一個年輕人表現出傑出的組織才能時，他的長輩、阿姨們則會稱讚他，將來是當總理的人材。總理，即宰相也。在中國人的心目中，總理就是最大的官，主席，不是官而是皇帝，是真命天子。想當皇帝，那不叫理想，而是謀反，在清朝以前，那可是「十惡大罪」之

1 《論語・學而》。
2 《孝經・五刑章》。

首，要滅九族的。「想當主席」不僅對成年人來說意味著狂妄、野心和恐怖，意味著陰謀顛覆政府，就是不懂事的孩子和沒文化的婦女們也知道無意識地回避他，儒教早已經滲入中國人的靈魂之中了。

除了「天人感應」能嚇唬嚇唬皇帝，讓皇帝略微收斂些外，儒教對皇帝的權威沒有任何質疑和制約，這種對皇帝的無條件的服從，五體投地的人格匍匐，只能導致一個結果，就是皇權專制愈來愈酷烈，皇帝愈來愈不把大臣當人看，「學而優則仕」的仕們最終只能論為皇帝的奴才。儒教的為臣之道實為奴才之道。

儒教這個奴才之道，最大受惠者就是皇帝，這也是歷代皇帝們尊孔崇儒的原因。在中國，一個皇帝位登九五之後，首先要做的就兩件事，第一件是用鐵刀子將一些男人的生殖器閹割掉，使他們成為太監去管理自己的小家——龐大的後宮；第二件就是用儒教軟刀子將全國男人的「精神生殖器」閹割掉，讓他們成為精神太監去管理自己的大家——江山社稷。

在長久的專制下，在普遍的家長制中，德（奴才的順從之德）比才（也是奴才之才）更重要，於是人們在官場中的競爭也就最終演變成為了奴性的競爭，看看誰的奴性強，看看誰的奴藝高……。

> 中國之官愈貴而愈賤。其出也，武夫前吵，從者塞途，非不赫赫可畏也；然其逢迎於上官之前則如妓女，奔走於上官之門則如僕隸，其畏之也如虎狼，其敬之也如鬼神，得上官一笑則作數日喜，遇上官一怒則作數日戚，甚至上官之皂隸、上官之雞犬，亦見面起敬，不敢稍拂焉。且也，上官之上更有上官，其受制於人者，也莫不施之於人。即位至督撫、尚書，其卑汙垢賤，屈膝奉迎者，曾不少減焉。[1]

1 《辛亥革命前十年論文選集・說國民》。

在教導人們如何成為奴才的方面，孔丘不僅是言的巨人，並且還是行的楷模。

孔子走過朝廷的大門時，便彎腰低頭，好像不容他直著身子走進去。他不在門的中間站立，進門時不踩門坎。經過國君的座位（空位）時，臉色立刻莊重起來，腳步也加快起來，說話好像氣不足的樣子。提起衣服的下擺嚮堂上走時，彎腰低頭，憋住氣好像停止呼吸一樣。出來時，走下一級臺階才鬆一口氣，臉色現出輕鬆的樣子。走完了臺階，向前快走，姿態像鳥兒展翅一樣。回到自己的位置上，表現出恭敬而不安的樣子。[1]

舉著圭，彎腰低頭，好像舉不起來的樣子。向上舉好像作揖，放下來好像遞東西給人。臉色莊重得像顫慄的樣子，步子很小，好像沿著一條直線向前走一樣。在贈送禮物的儀式中，顯得和顏悅色。私下會見時，滿臉堆笑。[2]

有孔丘高師的言傳身教，再加上專制的長期打磨，中國人做奴才作出了學問，作上了癮，作出了美，作出了悲壯。奴性早已滲入中國人的靈魂之中，它使得中國人一舉手、一投足、一個眼神、一絲笑容都能顯示其奴才本色；它使得人們從內心裡對皇帝、官吏恐懼、敬畏；使人見了皇帝、官吏就想下跪、就想點頭哈腰……。日子久了，會成為習慣，一旦丟了他，反而感到很不自在，六神無主，惶恐不可終日。為什麼？靈魂中沒有十字架撐腰，自犯軟骨頭。

1 《論語・鄉黨》。

2 《論語・鄉黨》。

在奴性無處不在的中國，自尊是個危險的異端。古書中常提到的某人有「反骨」，「反骨」是什麼？就是自尊。做為一個中國人，擁有自尊心將是最大的不幸，天下之大，不會有你自尊心的立錐之地。

中國人的奴性心態，是中國走向民主的集體心理障礙。

道教對民主的危害

道教是一種徹底的宿命論。他通過居易安命、消極避世的思想和相面、爻卦、測字、批八字等手段讓人認為生死有命，富貴在天。當官的所以當官享富貴，自己所以低人一等受苦難，皆是天命，力再大，也勝不過命，個人的努力終是枉費心機。官老爺坐威作福，老百姓終生受奴役，此是天經地義。讓官老爺給百姓當公僕，官老爺的任免由老百姓說了算，這豈不是天地顛倒，乾坤倒轉？

吳敬梓的《儒林外史》中有一個發生在明朝成化年間的故事，將道教對中國人的心理塑造描述得很生動。

成化年間，廣東地面有位五十四歲的老童生，范進，考中了相公，同年又是鄉試年，范進想再接再厲，參加鄉試，以謀取功名。

不覺到了六月盡間，這些同案的人約范進取鄉試。范進因沒有盤纏，走去同丈人商議，被胡屠戶一口啐在臉上，罵了個狗血噴頭，道：「不要失了你的時了！你自己只覺的中了一個相公，就癩蛤蟆想吃天鵝肉來！我聽見人說，就是中相公時，也不是你的文章，還是宗師看見你老，不過意，舍於你的。如今癡心就想中起老爺來！這些中老爺的，都是天上的文曲星。你不看見城裡張府上的老爺，都是萬貫家私，一個個方面大耳。像你這尖嘴猴腮，也該撒泡尿自己照照！不三不四，就想天鵝屁吃！趁早收了你心！……」。

范進被丈人一頓夾七夾八，罵的摸門不著，只好瞞著胡屠戶偷偷進城鄉試。不曾想一炮中標，中了舉人。誰知又樂極生悲，范進接到中舉的捷報後，竟喜瘋了。湊熱鬧的鄰居中有一人給大家出主意，說范進是歡喜狠了，痰湧上來迷了心竅，需找一個平日他怕的人，打他一嘴巴，嚇一嚇他，使他將痰吐出來，就好了。於是眾人想到了胡屠戶。

胡屠戶做難道：「雖是我女婿，如今去做了老爺，就是天上的星宿。天上的星宿是打不得的！我聽齋公們說，打了天上的星宿，閻王就要拿去達一百鐵棍，發在十八層地獄，永不得翻身。我卻是不敢作這樣的事！」……屠戶被眾人局不過，值得連斟兩碗酒喝，壯一壯膽，把方才這些小心收起，將平日凶惡樣子拿出來，卷一卷那油晃晃的衣袖，走上集去。……胡屠戶凶神似的走到跟前，說道：「該死的畜生！你中了甚了?!」一個嘴巴打過去。眾人和鄰居見這模樣，忍不住的笑。不想胡屠戶雖然大著膽子打了一下，心裡到底還是怕的，那手早顫起來，不敢打到第二下。……胡屠戶站在一邊，不覺那手隱隱的疼將起來。自己看時，把個巴掌仰著，在也彎不過來。自己心裡懊惱到：「果然，天上的文曲星是打不得的，而今菩薩計較起來了！」想一想，更疼得很了，連忙問郎中討了個膏藥貼著。

宗教信仰對人的影響力有多大？它可以改變一個人的生理功能！

雖然新文化運動和共產黨曾將道教的諸伎倆視為封建糟粕而進行過批判，但在現實中，它仍廣泛地活躍於中國社會中，從來就不曾間斷過。上至國家領導，高級幹部，知識分子，下至農夫村姑，都或多或少地受著他的影響和支配。千萬不要小看了那些四處遊走的或在街頭擺攤的，形象猥瑣的算命師們，他們對一個人的論斷足可以影響他的一生，足可以改變周圍人對他的看法。他們人數雖少，但能量十分巨大。許多人包括有文化的人都會自覺不自覺地按照算命師們的卦語來設計自己的人生。還有更多的人讓算命師們根據五行、八字、筆畫為自己剛出生的孩子取名字，使得自己的孩子一出生便與道教結下了不解之緣。除了這些少數的算命師們，中國社會中上有更多的略知陰陽、粗通八卦的準算命師們，他們人數眾多，散佈在各個階層。從他們嘴裡偶爾吐出的一兩句「道經」、甚至一兩個道教詞彙對周圍人的靈魂的宗教穿透力絲毫不亞於《聖經》中的詞語對一位虔誠基督徒靈魂的感染力，甚至更強。基督徒尚且時常去教堂靠聖靈鞏固信心，而道教的一些話語，一旦進入一個中國人的耳朵，就會很快在他的心裡扎根，伴隨他的一生。——可怕的魔鬼撒旦的伎倆。（「撒旦」就是「抵擋」的意思，乃魔鬼的別名）

封閉的、自給自足的、以儒教為代表的龍文化就是禁錮中國人的、新文化先驅們試圖打破的鐵屋子，然而，直到今天，這個鐵屋子仍沒有被打破。看來，龍文化並非鐵屋子那麼簡單。它是一個魔圈，有彈性、會伸縮、能變化且有自我修復能力。中了毒的國人會產生十足的惰性和排外性，而在魔圈中怡然自得，並沒有被鐵屋子禁錮的痛苦。

對上帝的虔誠是民主的前提

提到民主，許多人馬上就會想到古希臘雅典的民主政體，就會想到古羅馬的共和國，似乎和基督並無太大關係。這種看法是膚淺的。

位於愛琴海中心位置的雅典，因其獨特的地理位置，商業得到了充分的發展。商業的發展進而促使了其政治上的革命，西元前五〇〇年時，雅典就出現了民主政治。雅典的民主是不完全的，占居民中大多數的奴隸和外邦人並不享有公民權，且他帶有很強的局限性，只能適合於海上貿易發達的小城邦。後來，為了防備波斯帝國的入侵，雅典城運用民主原則帶頭聯合愛琴海諸島及小亞細亞個希臘城邦組成了一個同盟，原則上盟邦地位平等，但實際上，同盟的行政、軍事、財政等領導權從開始就掌握在雅典手中，西元前四五〇年，民主同盟已變成一個帝國。這個海上的雅典帝國與同時代的其他帝國相比並無多少優勢，他雖然憑藉著海上的軍事優勢防禦波斯的入侵，但他最終未能阻止希臘半島上另一個軍事強國斯巴達的進攻，隨著雅典軍事上的失敗，他的城邦民主政治也就壽終正寢了。

早期的羅馬城邦與雅典很相似，商業的發達使他廢除了君主政體，建立了共和國。與雅典相反的是，讓共和國喪失民主的不是軍事上的失敗，而是軍事上的成功。共和國早期的民主趨向因元老院在海外指揮的戰爭節節勝利、其威望和權力大大增加而轉向相反方向，新的城市下層民眾不再成為民眾政府的基礎。軍隊的性質也悄悄地發生了變化，羅馬軍團由平民軍隊變為職業軍隊，士兵們首先忠於的不是國家，而是他們的指揮官。疆土的擴張，財富的大量湧入，也使得羅馬人原有的節儉、禁欲、勤勞等與共和國相匹配的美德喪失殆盡。……到西元前二七年，軍事寡頭屋大維統治羅馬時，共和國已經轉變成為了一個中央集權的帝國。

雅典和羅馬的民主政治所以都以失敗告終，是因為他們的民主沒有一個堅強的信仰作後盾。缺乏信仰支持的民主政體更像是一個公民利益的分配方案，這種「分配方案」是脆弱的，是經不起戰爭考驗和巨大財富利誘的。

耶穌基督如是說：所以凡聽見我這話去行的，好比一個聰明人，把房子蓋在磐石上。雨淋、水沖、風吹，撞著那房子，房子總不倒塌，因為根基立在磐石上。凡聽見我這話不去行的，好比一個無知的人，把房子蓋在砂土上。雨淋、水沖、風吹，撞著那房子，房子就倒塌了，並且倒塌的很大。（馬太7：24）

經中世紀千年基督教奠基的歐洲，由於商業的發展，人們又選擇了民主。儘管古代的民主為現代民主提供了閃光的思想，但今日的民主並不是古希臘、古羅馬民主的復活，今日的民主已不再僅僅只是個政治體制，而更是一種價值觀，一種信仰。使民主重生、發揚光大且戰無不勝的，不是雅典、羅馬，而是耶穌基督。

一六二〇年，一條名叫「五月花號」的捕魚船悄然離開英國港口，駛向大西洋對岸的新大陸。船上一共一百零二人，其中大多是受到宗教迫害的新教教徒——清教徒。

清教徒，是英國新教教徒中的一派，由於他們要求「清洗」國教內保留的天主教舊制和繁瑣儀文，並反對王公貴族的驕奢淫佚，提倡「勤儉清潔」的生活而得名。

「五月花號」經過六十五天與風暴、疾病、饑餓、絕望的搏鬥後，終於看到了新大陸的海岸線。但這時船反而停了下來，船上的成年男子在討論著：我們將如何管理未來的新世界，依靠什麼？領袖的權威，軍隊的威力，還是國王的恩賜？他們決定將這個問題弄清楚之後再上岸。

經過船上五十一名成年男子的討論，最後，他們決定共同簽署一份公約，名為《五月花號公約》，內容如下：

> 為了上帝的榮耀，基督教的進步，我們這些在此簽名的人揚帆出海，並即將在這塊土地上開拓我們的家園。因此我們在上帝面前莊嚴簽約，自願結為一民眾自治團體，為了使上述目的得以順利進行、維持和發展，亦為將來能隨時制定和實施有益於本殖民地總體利益的一應公證法律、法規、條令、憲章和公職等，吾等全體保證遵守與服從。

《五月花號公約》其實是美國的第一部憲法。

這一批最早的美國人，他們的子孫及後來者繼承了他們的理想，最終建立了美利堅合眾國。

同樣是清教徒，於一六三八年因反抗英王查理一世對清教徒的迫害，反對國王在蘇格蘭強制推行主教制的英國國教，而爆發了英國革命。於一六四九年廢除君主制，建立了共和國。一六六〇年，斯圖亞特王朝復辟。一六八八年，清教徒發動不流血的「光榮革命」確立了英國的君主立憲政體。

法國思想啟蒙家孟德斯鳩曾這樣評價英國人：「在三件大事上走在了世界其他民族的最前面：虔誠、商業、自由。」[1]

世界上最早的資產階級革命是在英國，世界上最早的工業革命也是在英國，為什麼偏偏是在英國？因為他們是最虔誠的基督徒，是上帝最虔誠的子民。

相比較，歐洲大陸的民主進程就艱難了許多。歐洲的思想啟蒙運動起源於英國，但是英國始終「披著宗教的外衣」。受他影響的法國思想啟蒙運動，則激烈的多，「徹底」的多，完全撕掉了「宗教的外衣」。經歷了近百年的思想啟蒙，法國的民主進程如何呢？可謂血腥殘酷，一波三折，步履艱難。

何以如此？更加徹底的啟蒙，為何沒有帶來更好的結局呢？那是因為法國人在啟蒙運動中，藐視了上帝所致。在啟蒙思想家中，大多數是自然神論（認為上帝創造了世界和自然規律後就不再干預世事，聽信自然規律支配一切的神學觀點）者，一部分乾脆就是無神論和唯物論者。自然神論在當時的時代背景中，許多也是無神論的過渡和隱蔽形式。總之，許多啟蒙思想家們憑藉著理性的啟蒙，在當時時代所允許的範圍內最大限度地否定了上帝。

歐洲大陸自思想啟蒙以來，就陷入了關於「民主」的理性爭吵之中，爭吵的結果是吵出了無神論的馬克思主義和法西斯主義。而在這期間，位於大洋之中的英國人和美國人卻憑著宗教虔誠，默默無聞地進行著民主實踐。他們的實踐成果以不爭的事實成為歐洲大陸關於「民主」理性辯論中無言的、但卻是最有力的論證，英國和美國，尤其是美國也最終成為了歐洲大陸國家的民主楷模。

---

[1] 《論法的精神》，二十編，第七章。

看今日世界，從西到東，民主遞減。美國最民主，中國最專制，為什麼呢？原因很簡單：美國離上帝最近，而中國離上帝最遠。

五、儒教是腐敗的根源

一九四五年七月七日，黃炎培等五位民國參議員訪問延安。返回重慶後，黃炎培發表了《延安歸來》一文，文中有這樣一段話：

有一回，毛澤東問我感想如何，我答：我生六十餘年，耳聞不說，所親眼看到的，「其興也勃焉，其亡也忽焉。」一人、一家、一個團體、一個地方，乃至一國，不少單位都沒能跳出這週期律的支配力。……一部歷史，「政怠宦成」的也有，「人亡政息」的也有，「求榮取辱」的也有。總之沒能跳出這週期律。中共諸君從過去到現在，我略略瞭解的了，就是希望找出一條新路，來跳出這週期律的支配。

毛澤東答：我們已經找到新路，我們能跳出這週期律，這條路就是民主。只有讓人民來監督政府，政府才不敢鬆懈，只有人人起來負責，才不會人亡政息。

一九四九年，北平和平解放時，傅作義將軍同中共代表戎子和有過這樣的對話。

傅說：我們國民黨取得政權後二十年就腐化了，結果被人民打倒了。你們共產黨執政後，三十年、四十年以後是不是也會腐化。

戎子和答：我們共產黨，是勞動人民的精華，別說三十年、四十年，就是五十年、六十年以後也不會腐化。

傅作義搖了搖頭，表示不信。

毛澤東回答黃炎培的話說的很漂亮，也是正確的。的確，只有民主才能使得中國人跳出傳統的興衰週期律。但可惜，毛澤東所說的「民主」是「新民主主義」民主，是「社會主義」民主，是盧梭所倡導的能代表「公意」、「所有人利益」的「嚴肅的」、「真正的」「人民代表制」民主，而不是孟德斯鳩所倡導的只代表「眾意」、「大多數人利益」的「代議制」的「資產主義」民主。表面上，社會主義民主要比資本主義民主更先進、更科學、更博愛，但是，真理再往前邁一步就是謬誤。社會主義的人民代表制民主是建立在人性善的基礎之上的。人是有罪的，人是自私的，人世間是不完美的。政府能夠尊重、代表大多數人的「眾意」，已經是人的能力的極限了，盧梭所追求的代表所有人意志的「公意」，在人世間是不存在的，如果強求，只能得到一個貼著「人民民主」標籤的絕對獨裁。毛澤東所言的「民主」正是產生絕對獨裁的「人民民主」。就如王爾德所言：「有三類暴君，一類是施暴肉體，一類是蹂躪靈魂，一類是肉體靈魂齊壓制；第一類稱作帝王，第二類稱作教皇，第三類稱作人民。」[1]

雖然毛澤東以無產階級專政的手段反腐敗很成功，但這是以國民經濟的停滯，人民生活的貧窮為代價的。這

1 奧斯卡・王爾德《社會主義中人的靈魂》。

種餓著肚子的反腐敗是不會支撐太久的，他一死，也就真個「人亡政息」了。伴隨著改革開放的是腐敗的捲土重來。中國共產黨從一九四九年建立政權，到一九七八年改革開放，共二十九年，剛剛不到三十年，共產黨的腐敗「進程」被傳作義不幸言中。

中國共產黨仍沒有逃脫黃炎培先生所言的興衰週期律：開國皇帝總是能以上個朝代因腐敗亡國為鑒，憑藉著戰場上浸染的血腥對腐敗的官吏痛開殺戒，第二、第三代皇帝便開始安享太平，官僚們就開始腐敗，直到腐敗將這個王朝毀滅為止。取而代之的下一個新王朝仍如法炮製，但同樣逃脫不了這種命運，如此的興衰循環便構成了中國的歷史。共產黨所標榜的「新中國」其實不過是打著「社會主義」旗號的一個新的傳統專制王朝罷了。毛澤東的反腐敗，並沒有超出一個傳統專制帝王的範疇，他的手段並不比朱元璋高明、嚴厲多少。

這個興衰循環的週期律是中國的特產，是中國傳統文化的傑作，如果你能認識到中國文化的本質，你就會發現這個週期律其實是個魔圈，或者說是個龍圈。

中國文化是怎樣打造這個魔圈的呢？

首先，是陰陽五行家的「五德始終」說為其劃出了基本藍圖。五行：木、火、土、金、水的相生相剋代表著王朝的更替歷史的循環。每個王朝都有屬自己的與五行相應的品德：舜屬土德，夏屬木德，殷屬金德，周屬火德。這五行之間又是循環相剋的：水剋火，火剋金，金剋木，木剋土，土剋水……於是王朝的循環更替便是天經地義的了。

其次，有孟軻的「革命」論為改朝換代提供理論武器。

齊宣王問曰：「湯放桀，武王伐紂，有諸？」

孟子對曰：於傳有之。

曰：「臣殺其君，可乎？」

曰：「賊（敗壞）仁者謂之『賊』，賊義者為之『殘』，殘賊之人謂之一夫，聞誅一夫紂亦，未聞殺君也。」

君之視臣如土芥，則臣之視君如寇仇。[1]

孟軻明白地告訴人們，如果皇帝不遵守儒教的規矩，那他就是個獨夫民賊，人人可以殺戮之。孟軻的「革命」理論為圖謀不軌的梟雄們提供了政變、造反的漂亮藉口。

最後，儒教讓一個王朝腐敗，死亡。以使下一個新的王朝取代它。

儒教崇拜生殖，腥臭是必然

儒教導致腐敗的主要原因有兩個，第一是儒教的「仁愛」觀，第二是其道德虛偽導致的低薪制。

儒教的核心「仁」是親親，就是愛自己的親人。於是一個人掌握權力之後，首先，想到的就是自己的親人。首先是利用手中的權力為老婆、孩子謀求一個高職位、安排一份好工作。然後，就是裙帶關係，給自己的女婿、媳婦安排個高職位、好工作；再往後，就是「泛愛眾」，為親戚、同學、戰友、老鄉們謀取方便……。這些現象被今天中國的老百姓稱之為「走後門」，雖然老百姓對此很不滿，但同時又對他特別的寬容和理解，因為這些初級腐敗現象都是寄生在「情」字上的。儒教「仁愛」觀的長期教化使得中國人將對以自己血緣為核心、以自己交往為半徑的小圈子內的人的關懷照顧視為愛的唯一表達方式，所以這些為了「情」而搞特殊化，而損害公共利益的行為，在中國百姓的眼中簡直是一個人富有愛心的表現。相反，如果一個幹部很原則，不徇私情，六親不認，

1 《孟子・離婁下》。

那他將會被認為沒有愛心，是個不通人情的刻薄之人，他會因此得罪周圍幾乎所有的人，並且還得不到社會公眾的理解和支持，最終他會成為中國社會中的失敗者遭到人們的嘲笑。

儒教的「仁愛」是中國腐敗的發源地、避風港、大本營。

在反腐敗方面，毛澤東算是個數一數二的帝王了，但就是他這麼嚴厲的君主，也沒能杜絕「走後門」現象。在文化大革命的批林批孔運動中，「四人幫」等毛派人馬就借助運動批「走後門」，並想以此為突破口批判周恩來及傳統思想嚴重的老幹部，但不久，這種被稱為「三箭齊法」的做法，就被毛澤東所制止，理由是擔心批「走後門」會沖淡「批林批孔」。是的，「走後門」在中國太普遍了，批「走後門」的打擊面太寬泛了，一味批下去，會遭到太多人的反對而引火燒身。今天中國的民眾，對毛的評價是好壞參半的，而對周的評價卻幾乎是百分之百的好。在中國，周的確是個好人，他將傳統文化美的一面表現的很充分，而他身上傳統文化的陰暗面卻被中國人視而不見，什麼陰暗面？就是吃喝風（註：大吃大喝、奢侈浪費、毫不節制），走後門，官官相互。中國的民眾只知道周是個好人，但不知道周還是「新中國」吃喝風的鼻祖，走後門的師爺，官官相互的楷模。就是知道，也不計較，因為周的行為最符合中國傳統的價值、審美觀念。

腐敗既然扎下了根，就會像病毒一樣迅速繁衍傳播。官僚們打著「情」字招牌以權謀私，得到了不少好處，並且又沒有得到懲罰，時間已久，他們權力的觸角就會慢慢地、偷偷地超出「情」的範疇，為自己謀取更大的好處了：自己不出面，但可以縱容、唆使老婆、孩子利用自己的權力經商，將自己的權利轉換成貨幣，並且還能將自己的不法收入在他們的經商活動中洗得乾淨些。親朋好友託自己辦事，也不能單憑過去的幾滴淡水之情了，還要懂得人情世故，夠意思才行。再發展，乾脆不看情面了，太費神，還是一把一清來的爽快、省心，誰上的貢獻多，就給誰辦事——別怪咱無情，市場經濟嘛，競爭是殘酷的……。普通百姓們既無力、也無心去改變這種現狀，他們所能做的，就是埋下頭來，苦心經營，巴結權貴，以去適應現實，以求能分杯殘羹。這些生力軍的加盟，又使得中國開放後的市場中唯一的「短缺資源」——權力的貨幣價格一路攀升，腐敗也就更加花樣迭出，更加糜爛敗壞。隨著時間的推演，它會愈演愈烈，直到這個王朝的崩潰。

從中國的歷史來看，一個王朝和一個集團他們內部的腐敗程度是與他們的儒家思想所占的比例絕對正比的。因此，儒家思想完全可稱之為「腐敗思想」，儒教完全可以作為腐敗的代名詞。

漢代繼承了秦代的中央集權制，同時，也吸取了秦朝暴亡的教訓，廢除了一些暴政，重新尊崇儒術。漢代的政策是成功的，因為他為自己冷酷的中央集權專制披上了一層溫情的面紗。這個溫情的面紗就是儒教虛偽的道德，以及虛偽道德帶來的官吏低薪制度。

施行低薪，這是儒教道德虛偽的必然要求。儒教宣揚人性本善，儒教讓人重義輕利，儒教讓人安貧樂道……儒教說官老爺都是本性善良、道德高尚的大人君子，薪水給多了，官老爺們不都成了見利忘義的小人了嗎？還怎麼讓百姓們心悅誠服，俯首帖耳呢？

隨著儒教的日益深入，中國的專制愈演愈烈，官吏的薪水也就愈來愈少，到明代，百官的俸祿很微薄，僅夠官吏們填飽肚子。明朝正統年間，巡按山東監察御史曹泰奏數道：

> 今在外諸司文臣去家遠任，妻子隨行，祿厚者月給米不過三石，薄者一石、二石，又多折鈔。九載之間仰事府育之資、道路往來之費，親故問遺之需，滿、罷閒居之用，其祿不贍……。[1]

1 顧炎武，《日知錄》。

一石為一百六十斤，明朝一斤為五百九十克，一石白米為九十四點四公斤。按今天百米每公斤二點六元的零售價算計，一石白米僅相當於二百四十五點四十四元人民幣的購買力，三石白米也不過相當於七百三十六點三十二元人民幣的購買力。

曹泰這個省級幹部要求增薪的奏摺雖然像要飯的一樣可憐巴巴，但還是遭到了戶部的駁回。

「新中國」同樣是低薪制，這不僅僅只是傳統的延續，它裡面也有馬克思的一份功勞。在薪水制度方面，馬克思的社會主義和中國的傳統竟不謀而合，以人性本善為基礎的共產主義道德理想，使得社會主義也不能給幹部們高薪，薪水一旦給高了，公僕們還是在「全心全意為人民服務」嗎？

不過，「導師」的水平畢竟還是遠遠趕不上「聖人」的，社會主義的低薪制實行了不到一百年，而中國的低薪制從漢代始已經有兩千年的悠久歷史了。「聖人」的奧妙何在？

子曰：「君子謀道不謀食。耕也，餒（饑、餓）在其中矣；學也，祿在其中矣。君子憂道不憂貧。」[1]「書中自有黃金屋，書中自有顏如玉」「官久自富」「君子愛財，取之有道」……

這個「道」是個什麼「道」呢？這個「道」就是貪汙受賄之道。學而優的仕們，雖然薪水微薄，但並不拮据困窘，反而一個個、腦滿腸肥，闊綽的厲害。「三年清知府，十萬雪花銀」，在中國傳統的低薪制度的表面下，還存在著一個灰暗的、「聖人」所設計的財富等級分配的「高薪」制度。這個暗渠道給官員們支付的高薪，是如此之高，使他們可以完全將朝廷的低薪忽略不計，於是，國家低薪的明文制度就成為了一紙空文。中國是個氏族社會，氏族社會的特徵之一就是沒有文字，偶然原因從外面傳來了文字，也要使他變得無用。

1 《論語・衛靈公》。

儒教的虛偽，使得中國的官吏們在表面上拿著低薪，做著安貧樂道的道德文章，背地裡卻使出種種卑鄙手段去巧取豪奪、坑害百姓。

一位中文名字叫明恩溥的美國傳教士，於清朝末年（一八七二年）來華傳教，並在中國居住生活了近五十年，他對中國官員的虛偽很有感觸：

> 中國的政治家（官員）的生活與官方公文，用一句話來概括，「言詞最高尚，行為最汙穢。」就像盧梭的「懺悔錄」一樣。他殺掉了上萬的人，然後不斷引述孟子關於人性生命的神聖性的一段論述；他將交給自己保管的做為修築河堤的錢款藏進了自己的腰包，據為己有，由此導致氾濫的洪水淹沒了整整一個省，而他反過來又為廣大農民失去大量土地而加以傷心；他與你達成一協議，在其中秘密地宣稱他僅僅是一個暫時的騙局，後又反而大聲痛斥偽證罪。大部分中國官員就仗著以上所描述的這般醜惡的嘴臉。[1]

專制帝王對官吏們的小動作心知肚明，但他們似乎對「聖人」所設計的官場虛偽作風並不反感，更不想去糾正它，因為這種虛偽對皇權專制是有利的：虛偽的低薪不僅可以欺騙群眾，並且還可以逼著官吏們去貪汙，你一貪，就成了有罪之身，皇帝隨時隨地都可以名正言順將你的烏紗帽、甚至腦袋拿下。這種格局可以使得中央專制權力發揮到極致，再也沒有什麼東西能阻擋中央專制權力濫施淫威了。

專制需要恐怖，長期專制需要恐怖加欺騙，要欺騙就要尊孔崇儒，要崇儒就要實行低薪制，實行低薪制，就

---

1 明恩溥，《中國人的特性》。

必然會導致腐敗。中國專制政體是一個設計精確、環環相扣、渾然天成的整體，腐敗是這個整體中不可分割的一個組成部分。

耶穌是世界的光

提到腐敗，今天許多的中國人在認識上存在兩個誤解。

誤解一，今日中國社會中的腐敗現象，是經濟改革開放的產物，是社會轉型期的特徵。許多國家在市場經濟初級階段時，都會出現腐敗現象，因此，腐敗也是一個經濟繁榮的標誌，這種轉型期的腐敗將會隨著社會制度、市場法規的逐步健全而逐漸消失。

誤解二，是將今日中國社會中的腐敗與歐美民主國家中的腐敗混淆一談，認為腐敗是人類社會中不可避免的現象，反腐敗是個世界性的話題，中國今天的腐敗不值得大驚小怪。

這兩種觀點都是錯誤的。

第一種觀點。轉型期？如果是向民主法制轉型，的確可以逐步遏制腐敗。但是現實呢？是在向傳統專制轉型。從周朝時的「碩鼠碩鼠，無食我黍」[1]到戰國時的「舉世皆濁我獨清」[2]再到三國時的「汝言我等甚濁，其清者是誰？」[3]。直到清朝時的「事實上，官員階層總的來說並不是最好的，相反恰恰是帝國裡最壞的一群。一位精明的道臺曾對一個外國人說道：皇上下屬的文武百官，都是一群壞蛋，全部都該殺掉，不過，殺掉我們

1 《詩經．碩鼠》。
2 屈原，《漁父》。
3 《三國演義》，太監張讓語。

也無濟於事，因為下任也是同樣的壞。」[1]……中國的腐敗源遠流長，怎會是市場經濟、「轉型期」的「專利」?!

第二個觀點。

一個新上任的記者，請教主編，究竟什麼才算是新聞。主編告訴他一個祕訣：狗咬人，不是新聞；人咬狗，就是新聞。

二十世紀九〇年代，中國的W市出現了一則新聞：某領導拒賄十一萬元人民幣，受到了市領導的高度表揚，並號召全市的黨員、幹部向他學習。做為國家幹部，拒賄是分內之事，受賄屬刑事犯罪。一名幹部只是遵守了幹部的最基本的準則，怎麼就成了先進事蹟，受到了表揚，還成了新聞在報紙報導？這種怪現象的出現不是因為別的，就是因為，在中國，官員受賄屬狗咬人，官員拒賄屬人咬狗。

是的，民主法制國家也有腐敗，但他們的腐敗是新聞，屬人咬狗；他們的廉潔不是新聞，屬狗咬人。百分之百純潔的、一塵不染的社會是不存在的，這是可悲的人性所決定的，沒了邪惡，人間就成了天堂。但我們不能因此而好壞不分。上帝與魔鬼俱存於我們的心中，時刻在爭奪我們的靈魂；正義與邪惡也共存於我們的社會中，時刻在進行著鬥爭。問題的關鍵是，看哪一個占上風。

中國的腐敗是制度化、整體性的。在中國悠悠的歷史之中，正氣永遠不占上風，永遠是正不壓邪。「道高一尺，魔高一丈」這句中國古老的格言，無意之中，道出了中國社會的邪惡本質。

中國的腐敗是制度化的。

---

1 明恩溥，《中國人的特性》。

中央集權是法家思想的產物，等級禮制是儒家思想的產物，二者相鬥了幾百年，在漢代一下子被捏在一起，是需要一個磨合期的。西元前八十一年（獨尊儒術的漢武帝死後第七年）西漢朝廷組織召開的鹽鐵會議，就是法、儒思想磨合的見證。

在鹽鐵會議中，法家人物御史大夫桑弘羊和儒生們進行了廣泛的爭論，其中他們就談到了腐敗問題。

桑弘羊說：「是啊，當醫生的醫術已經很笨拙了，還要多取報酬。當官的多數不好，並侵奪百姓的利益。大官欺壓小官，小官欺壓百姓。因此不怕不精心選擇，就怕所得到的人與我們期望的不一樣；不怕他能力不夠，就怕他貪得無厭。」

儒生說：「古時候制定的官爵俸祿制度，卿大夫的俸祿足夠在家裡供養厚待一批賢士，士的俸祿足可以使得自己及全家族的人生活優裕，在官吏家當差的百姓所得的報酬也足以代替它耕種所得的收入。今天，小吏的俸祿微薄，地方上出傜役遠到京城附近，穀米又貴，收入不能滿足需要。平時生活就缺吃少穿，一旦有什麼事情，就要變賣家畜產業。不僅如此，還有傜吏經常派傜役，官府經常催逼賦稅，地方上的小官吏只好行賄賂乞求寬免，大官則從中漁利。上一級官府向縣裡要，縣裡又向鄉里要。鄉里又向哪裡去要呢？俗話說：賄賂的風氣下傳，好像江河奔騰而下，水源不枯水流不止。今天大江大河流入大海，大海都接受了，卻要小溪不接受地面上那點積水；想要百官都廉潔，是不可能的。」[1]

1 《鹽鐵論・疾貪》。

這是一種「腐敗有理」論，這種理論在今天仍很有市場，他在一定程度上論證了在實行低薪制的中國中央集權專制社會中腐敗存在的「合理性」。

腐敗在儒教中國是既「合情」又「合理」的。

孔子曰：「……不患寡而患不均」[1]，孔丘這裡所說的「均」並不是我們常理解的「均貧富」、「平均」的「均」，而是等級均勻的「均」。儒教的理想社會是封土建侯，財富等級分配的封建的周朝。秦漢的中央集權，消滅了封建等級，儒教的封建等級便成為了社會的潛規則。這個潛規則就是腐敗。

中國的腐敗是整體性的。

在中國，腐敗的不僅僅是皇帝、官僚，還包括老百姓。

面對中央朝廷的豪奪，面對官僚集團的巧取，面對井然有序的腐敗，受儒教教化的中國百姓並無反抗之心，只有適應之意。從我做起，從小事做起，從現在做起，最大限度地利用自己的工作職位為自己撈實惠才是硬道理：售票員票加價賣給黃牛；醫生只給病人開有回扣的藥品；

交警私自罰款；警察收各類娛樂場所的保護費……此類腐敗被稱之為行業不正之風。工人也有辦法，人人「愛廠如家」，許多廠裡的東西會慢慢地變成自己家裡的東西。看門的師傅睜隻眼閉隻眼，予人方便予己方便；食堂的師傅將大塊肉帶回自己家，自己裝著看不見，師傅就會知恩圖報，不僅自己吃飯不要錢，並且給自己打得菜份量足且多肉；管道工將鐵管帶回自己家裡，自己睜隻眼閉隻眼，管道工人也會知恩圖報，自己和朋友家裡需要裝水管了，只要和他打個招呼，他就會很快做好……這些交易既無需簽訂合同，也無需策劃於密室，僅僅需要

---

1 《論語・季氏》。

一個富有人情味的微笑，雙方就能達成形成默契。此類事情，「聰明」的中國人是得心應手，遊刃有餘的。農民呢？靠山的亂砍亂伐，靠水的濫捕濫撈，靠鐵路的就學「飛虎隊」扒火車，能偷則偷，不能偷則搶……是靠山的吃山，靠水的吃水。此類所謂「工農兵學商，一塊兒坑中央」。商人造假菸、假酒坑百姓；盜印圖書坑作家及出版社；盜版光碟及軟體坑老外——你沒有?!四元一張的軟體、十元一張的光碟，買過吧？沒有你們這些消費者的支持，哪會有我們的飯吃?!當然也有另類，但是他也難逃行賄受賄這一關。在中國，政府的明文規定往往是廢紙一張，想辦成事情，非託熟人、請客送禮不行。經常給別人送禮，當哪一天熬出來了，有別人給自己送禮了，也就水到渠成、來者不拒了。中國是個大染缸，在此染缸中，人人不得清白。

孫悟空是深受中國人民歡迎的神話人物，他是中國人民心目中正義、勇敢的化身。然而在老外的眼中他卻是完全不同的一幅形象：「有人委託孫悟空管理九千畝的桃園，可是他卻把桃園占為己有，窮苦的農民不同意要阻止他時，他竟然大打出手，還毀壞了全部桃樹……一位神仙花了畢生精力，研製了一種長生不老的藥丸，這個孫悟空卻不顧他人的死活，他不但偷吃了藥丸，並且還掀翻了煉丹爐，毀壞了人家的製作車間，這是什麼樣的行為？這種行為是價值觀和道德的典範嗎？」[1]

腐敗就是中國人的生活方式，離開了他，中國人將不會生活。

中國的空氣中彌散的是屍體腐爛的氣息。

中國是一個被魔鬼控制的，邪惡的帝國。

希望在那裡？光明在哪裡？

1 電影《刮痧》。

耶穌對眾人說：「我是世界的光。跟從我的，就不在黑暗裡走，必要的著生命的光。」（約翰8：12）

不可收賄賂，因為賄賂能叫明眼人變瞎了，又能顛倒義人的話。（出23：8）

向寄居的和孤兒寡婦屈枉正直的，必受詛咒！

收賄賂害死無辜之人的，必受詛咒！（申27：16）

貪戀才利的，擾害己家；恨惡賄賂的，必得存活。（箴15：27）

惡人暗中收賄賂，為要顛倒判斷。（箴17：23）

審判是看人情面是不好的。（箴24：23）

看人情面，乃為不好；人因一塊餅枉法，也為不好。（箴28：21）

勒索使智慧人變為愚妄，賄賂能敗壞人的慧心。（傳7：7）

禍哉！那些勇於飲酒，以能力調濃酒的人。他們因受賄賂，就稱惡人為義，將義人的義奪去。（以5：22—23）

同胞們，想要健康、體面的生活嗎？想追求光明嗎？那就懺悔，重新做人吧！

路就在自己腳下。

耶穌基督說：你們祈求，就給你們；尋找，就尋見；叩門，就給你們開門。因為凡祈求的，就得著；尋找的，就尋見；叩門的，就給他開門。（路加11：9—10）

阿門。

六、儒教是虛假的根源

孟德斯鳩說：「共和國需要品德，君主國需要榮譽，專制政體需要恐怖。」[1]是的，專制必須是恐怖的，但長期專制，單靠恐怖是不夠的，還需要欺騙。將政府的權威完全建立在軍隊和酷刑上，這樣只能對人民的肉體產生威懾作用。如果人民真的將生死置之度外了，政府的權威也就失去自己的基礎了。「今亡亦死，舉大計亦死，等死，死國可乎？」（今天逃跑是死，舉行起義也是死，為國而死，可以嗎？）「王侯將相寧有種乎？」[2]戍卒一叫，群雄並起，一夫作難，而七廟毀。

中國的歷史給了我們一個明確的答案，秦國十六年而夭折的教訓更給中國後來的專制者們上了堂政治課，這使他們明白，一位的高壓、恐怖是不長久的。

人不同於動物，是因為人有靈魂。僅僅控制了人的肉體，是低等級的。要想使專制政權長期穩定，還必須控制人的靈魂。值得中國專制帝王們慶幸的是，在中國，有個現成的、很符合專制需要的控制人們靈魂的工具，那就是曾被秦始皇嚴厲打擊的儒教。

專制政體在歐洲很短暫，在非歐洲地區存在的時間較長，但和中國相比，世界上所有的專制都是小巫見大巫，不可同日而語的。中國社會超長、超穩定的專制政體，是世界歷史中的一個奇特的現象，究其原因，就是中國人信奉一個特別的、專業為專制服務的宗教——儒教為國教。

1 《論法的精神》。
2 《史記・陳涉世家》。

基督教是本惡向善，儒教是本善向惡

儒教是一個完美的愚民工具。

儒教的愚民集中體現是所謂的「仁政」。「仁政」是儒教「亞聖」孟軻所提倡的，他是孔丘的「仁愛」「禮制」的進一步發展，是「仁」「禮」的政治政策化。

孟軻對梁惠王說：一個國家的疆土即使只有方圓百里，照樣可以取得天下。大王如果對百姓施行仁政，省免刑法，減輕稅收，讓百姓深耕細作，及時除草；讓年輕人利用閒暇時間學習，培養孝敬、愛悌、忠誠、信義這些品德，在家用來侍奉父母兄長，在社會上用來侍奉上級領導，如果這樣，即使讓他們手拿棍棒也足以抗擊身批鐵甲、手持銳利兵器的秦、楚的軍隊了。

秦、楚那些國家徵兵使役，妨礙了百姓的農作時節，以至百姓不能耕種土地來養活自己的父母。父母饑寒交迫，兄弟、妻子、兒女離散四方。他們使百姓陷入在水深火熱之中，大王去討伐他們，誰能與大王抵敵？所以說「仁者無敵」，大王就不要再懷疑了。[1]

孟軻所謂的「仁政」並不是像商鞅的變法一樣從制度入手，給廣大人民一個平等的機會，提高人民的勞動積極性，來創造出更多的財富，使國家富強、人民富裕，而只是讓統治者在維護舊的制度、秩序的前提下，「代表最廣大人民的利益」，對老百姓仁慈些，減免些賦稅，將既得利益均給老百姓一點兒，這樣就會得到百姓們的擁護，就能天下無敵。「仁者無敵」的真正意思是「小恩小惠無敵」。

---

[1] 《孟子・梁惠王上》。

孟軻的「仁政」其實有個前提：即社會中的君王、官吏、百姓都是安分守己、知足常樂、秉性善良的君子。也就是說，「仁政」的哲學基礎是人性本善。

因此，孟軻進一步論證道：

人性善良，就像水向低處流。人沒有不善良的，水沒有不向下流的。當然，如果拍水使它濺起來，可以高過額頭；阻遏水勢可以使他倒流，可以引到山上。這哪是水的本性呢？是形式造成這樣的。人可使他做不善良的事，這和水受阻倒流是一樣的道理。[1]

歷史已經給了我們答案，現實與孟軻的論斷完全相反：六國的有識之士，並沒有湧向「仁政」的國家，而是紛紛湧向了變法的秦國；「仁政」國家的人民也沒有手拿棍棒抵擋住秦國軍隊的入侵，而是秦國用自己的軍隊消滅了六國。

秦的酷政得到了應有的懲罰，本來打算傳之萬世的帝業，十六年而夭亡。漢代的專制者接受了秦的教訓，經過幾十年的思考，在繼承了秦朝法治制度框架的基礎上，確定了「罷黜百家，獨尊儒術」的治國綱領。

漢朝首先繼承的是秦朝的郡縣制、文字獄、酷刑、連坐、戶口制度等法治暴政，在此基礎上又宣揚儒家的仁政，做出一副替天行道的天子形象，虛仁假義，愚弄天下。這樣漢朝就將法家的暴政與儒家的仁政揉和在了一起：內暴政外仁政，明儒暗法，明君子暗小人，手裡攥著刀子，臉上戴著慈祥的微笑……。有了暴政作依靠，仁

---

1 《孟子・告子上》。

政得以安身立命；有了仁政來依附，暴政得以長命百歲。從此，中國「外仁內暴」的專制政體成熟定型，兩千年不衰。漢朝的名號：「漢」也因此成為了中國主體民族的名稱。

法、儒合流，惡、善兼容，這豈不是正符合了惡善並存的矛盾人性？是的，正因為是善、惡兼容，中國的專制文化才能得以經久不衰。但是，中國專制文化的善惡觀，與真正符合人性的基督教文化的善惡觀，不但不同，並且正好相反。

基督教文化是本惡向善，是「先小人後君子」。人都是罪人，人與人相互交往的前提是人人自私，甲方在追求利益的同時，也要尊重乙方的利益，為了防止一方的愚蠢、貪婪破壞雙方的協議，他們會在口頭上或通過文字形式達成契約、合同，來制約雙方可能出現的不軌行為，以確保最終達到雙贏。本惡向善，是以罪人始，以得救終。

中國專制文化是本善向惡，是「先君子後小人」。人之初性本善，人與人交往的前提是人人為君子，甲、乙雙方都認為對方是君子，雙方才可能合作。在合作中，甲方經意不經意表現出來的小人行為，會刺激乙方的小人之心的爆發，乙方的小人行為又會刺激甲的小人之心升級，惡性循環，最終會以雙輸結束。本善向惡，是以人敬我一尺我敬人一丈、受人滴水之恩當以湧泉相報為始，而以吹燈拔蠟、過河拆橋、卸磨殺驢、兔死狗烹為終。

基督教社會是外惡內善。基督教國家一會兒是校園槍擊案，一會兒是白宮性醜聞……，醜的惡的東西都是熱點新聞，全世界都看得見。而他們的人道、人權、公正、自由、民主成為不了新聞，只能默默地留給自己的公民慢慢地品嘗。

中國社會是外善內惡。中國永遠是形勢大好、經濟騰飛、生活小康、國泰民安風景這邊獨好……。「善」的「美」的都在臉上擺著，唯恐別人看不見。而違反人道、踐踏人權、專制腐敗等醜惡則留給了自己，讓中國的百姓們慢慢地吞噬。

基督教文化是「揭醜文化」。基督教社會中的媒體以及電影、文學等都具有「揭醜癖」，以揭示醜陋、渲染醜陋為天職、為樂事。他們的存在使得醜陋在社會中無藏身之處，他們自覺不自覺地成為了上帝的工具。

中國文化是「遮醜文化」。中國社會中的媒體以及電影、文學等都是政府的宣傳工具，他們都以掩蓋醜陋，報導、渲染光明面為天職、為樂事，他們的存在使得醜陋可以安逸地生存在中國的社會之中，他們自覺不自覺地成為了魔鬼的工具。

中國專制文化與基督教文化是兩種完全顛倒、對立的文化。

假話是中國人的說話方式

自漢代以降，歷代的帝王們紛紛效仿漢代前輩，一手緊握著法的刀把子，一手拿著儒教經典，向人民灌輸儒家思想。時間久了，中國人中了毒，且上了癮，做奴才做得心安理得，有滋有味。

儒教究竟有何手段，能讓百姓將壓迫自己的官僚強盜們視為自己的父母，將強盜頭子皇帝當成聖人天子？讓數以億記的中國人久受專制之苦辣竟然麻木不知，甚至自覺甘甜？

其手段不是別的，正是騙。儒教從頭到腳是一整套超凡的騙術。

究其核心，孔孟之流是通過將人性「向善」篡改為人性「本善」，來迷惑普天下的。

儒教的祖師爺孔丘就是一個說謊話、假話、篡改歷史的大師。周朝流傳下來的《詩》本有三千多篇，到了孔丘的手中，他將其中絕大部分不符合自己觀點的詩都給刪除了，僅僅保留了一個零頭——三〇五首符合其教義的詩做為儒教的教材，傳於後世，成為儒教的「五經」之一。

除了刪《詩經》，孔丘還篡改歷史。孔丘編《春秋》「筆則筆，削則削」極盡其篡改、歪曲歷史之能事，「為尊者諱，為親者諱，為賢者諱。」[1]「以一字為褒貶」[2]。

孔子成《春秋》，而亂臣賊子懼。

孔子曰：「知我者，其惟《春秋》乎！罪我者，其惟《春秋》乎！」[3]

孟軻不僅是孔丘的知音，並且還為老師的造假行為辯護：言無實不祥。不祥之實，蔽賢者當之。[4]（說話沒有真實的內容，是不好的。但不吉祥的事實，只有否定賢者、尊者的人才會說。）

《春秋》字含褒貶、歪曲真相的文風被後人稱之為春秋筆法。孔丘的春秋筆法開了中國人以文字飾「非」飾「過」的先河。

孔丘尊周王室為正統，吳楚等自稱為王的國君，在《春秋》中仍被貶為子爵；晉文公在踐土與諸侯會盟，實際上周襄王是被召入會的，但《春秋》卻避諱說：「周天子巡狩來到河陽」，何謂「巡狩」？視察之意而。北宋的徽、欽二帝被金國人當了戰利品掠走，中國的文人們，不是也稱二帝「北方巡狩」嗎？八國聯軍攻占北京，慈禧太后倉皇西竄，清朝人不也是說「太后西安巡狩」嗎？國民黨打了敗仗，不說「失敗」，而說「失利」，不說「敗退」而說「轉進」，不說「屢戰屢敗」，而說「屢敗屢戰」。今日共產黨政府，不說「失業」而是說「待業」……

1 《公羊》。
2 杜預，《左傳序》。
3 《孟子・滕文公上》。
4 《孟子・離婁下》。

「諱」「飾」和「瞞」其實是一回事，都不過是「騙」字的另一種寫法罷了。

後世儒生們「青出於藍而勝於藍」，不單單只是瞞和諱了，而是造假：樹立假榜樣，編造假歷史。

根據考古，中國的文明史，始於商朝。商以前，考古沒有發現有文字、金屬和城市遺址等文明標誌物，而只是發現一些陶器標誌的文化遺址。商以前在中國這片土地上，並不存在著國家和文明。

然而，在儒教的經典中，商朝以前還存在著夏王朝，夏以前，還有軒轅黃帝、顓頊、嚳、堯、舜五位帝王，足足五千年的文明史。

在民主、科學的理性精神激勵下，新文化運動中出現了一種新的學術思潮——疑古思潮。其代表人物是顧頡剛先生，他及其所開創的「古史辨派」運用新的科學知識、方法，對傳統史學、儒教經學譜系，進行了認真的梳理，辨別真偽，終於揭去了籠罩在史記上的重重幕障，給了我們一個明確的答案：中國商代以前的古史，都是儒生們偽造的。

儒教的經典，《尚書》，書名的意思即為「上古之書」，其中所謂夏朝及其以前時代的文獻如《堯典》《皋陶謨》《禹貢》《甘誓》等篇，都是戰國時代儒生們偽造的古文。

大禹見於載籍，以《詩經》為最古，此時的禹，還是一個「上帝」派下人間的神。到了春秋《論語》時代，禹已經成了人，並在他之前有由堯、舜兩位帝王。但堯與舜、舜與禹的關係還沒有提起。《論語》之後，又有了《堯典》《皋陶謨》《禹貢》等偽古文的出現，於是堯與舜有了翁婿關係，舜與禹有了君臣關係。《論語》時，堯、舜的觀念還是籠統的，只是兩個道德最高、功績最大的古王，有了《堯典》等篇後，堯、舜都有具體實事可舉了，舜也成了「家齊而後國治」的聖人。後來到了孟子時代，舜乾脆就成了一個孝子的楷模……。

此後，從戰國到西漢，是儒生們偽造古史最活躍的時期，此間，又出現了一位比堯舜還早的帝王——黃帝。

黃帝，本是秦國所祭祀的一位神，那時，他只是青、白、黃、炎四個以顏色命名的神中的普通的一位。黃帝和炎帝當時與青帝、白帝並列，同為秦人所崇拜的四位神靈。

到了《國語》中，黃帝、炎帝已經變成了人，並且還是同胞兄弟，一起做了少典的兒子，把周朝時最大的兩族分配給他們，做他們的子孫。「昔少典娶於有嬌氏，生黃帝、炎帝。黃帝以姬水成，炎帝以姜水成，成而異德，故皇帝為姬，炎帝為姜。」

後經儒生的鼓吹、演義，黃帝成了中華文明的開創者，黃帝、炎帝成了中華民族的共同祖先。

有了黃帝，並不罷休，後又有人抬出了神農，於是神農又立在皇帝之前了。後《易‧繫辭》又抬出了伏羲，伏羲又立在神農之前了。再後又有人說「有天皇、地皇、泰皇，泰皇最貴」於是天皇、地皇、泰皇更立在伏羲之前了。自從《世本》出現，硬替古代名人找了很「正宗」的世襲，於是沒有一個不是黃帝的子孫了。自從漢代交通了苗族，把苗族的始祖傳了過來，於是盤古成了開天闢地的人，更立在天皇之前了。時代越後，知道的古史越前；時代越後，傳說中的中心人物越放大；文籍越無征（文物典籍越無法驗證），知道的古史越多。譬如積薪，後來居上。——假史就是這樣造出來的。

以上這些就是顧頡剛先生「層累地造成的中國古史」學說的簡述。

聖賢雲集的古代黃金世界是不存在的，古代很快樂、很美好的觀念在春秋之前是沒有的。自從戰國時一班儒生出來，為壓服後王效法先王，為了論證「仁者無敵」便極力把「王功」與「聖道」合在一起，編造了一幅古王道德功業極致，人治與德化極盛的古代黃金世界的神話。真實的古書《詩經》，不僅《風》《雅》中怨苦留離的詩很多，就是官方編纂的《盤庚》《大誥》之類中，所謂的商、周賢王也不過是依天託祖的壓迫人民就範，老百姓如果不照我們的話做，就要「大罰殛汝了」就要「至天之罰，於爾躬」了。

商出於玄鳥，周出於姜嫄，任、宿、須句出於太皞，郯出於少皞，……他們原是各有各的祖先，各有自己的地盤，哪裡是什麼君臣關係，哪裡存在什麼世系、道統。

《禹貢》的九州，《堯典》的四罪，以及《史記》上黃帝的「東至於海，西至於空桐，南至於江，北逐葷粥」的大一統疆域，其時只是戰國時七國的疆域。甲骨文中的地名都是小地名，而無邦國種族的名目，可知商朝的天下，僅限於「邦畿千里」之內。周比商進了一步，用封建制鎮壓了四方之國，然而始終未曾沒收蠻貊的土地人民，統一宇內。——遠古哪裡有什麼大一統?!

然而，數代儒生們辛勤造假的功夫沒有白費，雖然遠古沒有禪讓，但是在「聖人」們的諄諄教導下，後來卻終於有了。

西元二二〇年，漢獻帝劉協將帝位禪讓於曹丕。

西元二六五年，魏元帝曹奐將帝位禪讓於司馬炎。

西元四二〇年，晉恭帝司馬德文禪讓於劉裕。

西元五八一年，北周靜帝宇文闡禪讓於楊堅。

西元九六〇年，後周恭帝郭宗訓禪讓於趙匡胤。

《三國演義》這本推崇儒家思想的古代名著中，有關於禪讓的情景描述，讓我們可以窺斑見豹：

> 卻說華歆等一班文武，入見獻帝。歆奏曰：「……群臣會議，言漢祚已終，望陛下效堯、舜之道，以山川社稷，禪於魏王……」
>
> 帝聞言大驚，半晌無言，覷百官而哭曰：「……朕雖不才，初無過惡，安忍將祖宗大業，等閒棄了？

汝百官再從公計議。」

王郎州曰：「……漢室相傳四百餘年，延至陛下，氣數已盡，宜早退避，不可遲疑；遲則生變矣。」帝大哭，入後殿去了。百官哂笑而退。

……

曹洪、曹休力請獻帝出殿。帝被逼不過，只得更衣出前殿。華歆奏曰：「陛下可依臣等昨日之議，免遭大禍。」帝痛哭曰：「卿等皆食漢祿久已；中間多有漢朝忠臣子孫，何忍作此不臣之事？」歆曰：「陛下若不從眾議，恐旦夕蕭牆禍起，非臣等不忠於陛下也。」帝曰：「誰敢殺朕也？」歆厲聲曰：「天下之人，皆知陛下無人君之福，以至四方大亂！若非魏王在朝，殺陛下著，何止一人？陛下尚不知恩報德，直欲令天下人共伐陛下耶？」帝大驚，拂袖而起，王郎以目視華歆。歆縱步向前，扯住龍袍，變色而言曰：「許與不許，早發一言！」帝戰慄不能答。……

帝戰慄不已，只見階下披甲持戈數百餘人，皆是魏兵，帝泣謂群臣曰：「朕願將天下禪於魏王，幸留殘喘，已終天年。」賈詡曰：「魏王必不負陛下。陛下可急降召，以安眾心。」帝只得令陳群草禪國之詔，令華歆齎捧詔璽，引百官直至魏王宮獻納，曹丕大喜。

……

曹丕聽畢，便欲受詔。司馬懿諫曰：「不可。雖然詔璽已至，殿下宜且上表謙辭，以絕天下之謗。」丕從之，令王郎作表，自稱德薄，請別求大賢以嗣天位。帝覽表，心甚驚異，謂群臣曰：「魏王謙遜，如之奈何。」華歆曰：「昔魏武王受王爵之時，三辭而詔不許，然後受之。今陛下可再降詔，魏王自當允從。」

……

至期，獻帝請魏王曹丕登壇受禪，壇下集大小官僚四百餘員，玉林虎賁禁軍三十餘萬，帝親捧玉璽奉曹丕。丕受之。壇下群臣跪聽冊曰：

諮爾魏王！昔者唐堯禪位於虞舜，舜亦以命禹：天命不於常，惟歸有德。漢道陵遲，世失其序；降及朕躬，大亂滋昏：群凶恣逆，宇內顛覆。賴武王神武，拯茲難於四方，惟清區夏，以保綏我宗廟；豈予一人獲乂，俾九服實受其賜，今王欽承前緒，光於乃德；恢文武之大業，昭爾考之弘烈。皇靈降瑞，人神告徵；誕惟亮采，師錫朕命。僉曰：爾度克協於虞舜，用率我唐典，敬遜爾位。於戲！「天之歷數在爾躬」，君其祗順大禮，饗萬國以肅承天命！

讀冊已畢，魏王曹丕即受八般大禮，登了帝位。

中國人的假話，數量多，品質高，簡直就是藝術品。中國說假話，投入，忘我，天人合一，他們的假話不僅是在騙別人，同時也是在騙自己。

可憐的獻帝，自己的寶位不僅被搶了去，並且還要強作歡顏陪著人家演戲。

民間沒有禪讓，但是卻有謙讓。「融四歲，能讓梨」，[1]這個「讓」就是謙讓的讓，也是禪讓的讓，都是虛讓的讓。

「讓」是中國人的必修課和基本功。從小受到的就是「人之初，性本善。」的教導，這使得他在其一生中都要小心翼翼地掩蓋著自己自私的本性，生怕露出了「廬山真面目」而被正人君子們責罵為禽獸不如。於是，中國

---

1 《三字經》。

人就用畢生精力演繹出了種種虛假：「主人」要以再三勸讓來表達自己的大方，「客人」要以再三辭讓來表現自己的無私，在勸讓與辭讓的切磋琢磨中，在相互的猜測試探中，在雙方都確保自己不落下自私自利的把柄的前提下，「協議」才能達成。「主人」的第一、第二次的勸讓，一般多為「虛讓」，僅僅是個姿態，只是在聲明自己不是個吝嗇鬼，並無多少真心，外人不要當真。「客人」的第一、第二次的辭讓，一般也為「假讓」也只是個姿態，只是在聲明自己不是個愛占便宜的人，並無多少實意，因此「主人」也別當真，要堅持全讓下去，否則，你就會落一個吝嗇的壞名聲……。

人性本善的虛假，使得中國人的善和虛假結下了不解之緣，而將中國人的真與惡永久的連在了一起。講真話，直率，在中國不是個好東西，他很容易傷害別人，他是和惡聯繫在一起的。孔丘說：「自而無禮則絞。」（直率不懂禮就會尖刻）[1]孺悲（人名）想見孔丘，孔丘推辭說生病了，傳話的人走出大門，孔丘就拿來瑟邊談邊唱，故意讓孺悲聽見。[2]

「聖人」的舉止在中國人的眼中，不叫虛偽，而叫委婉、含蓄。是的，虛偽和含蓄並無質的區別，它們不過是同一個事物的兩種褒貶不同的叫法而已。

在「聖人」的教導下，中國人都很含蓄。一場坦白、直率的對話，在中國是罕見的，幾乎就沒有。如果有的話，那也是吵架、打架的前奏，短暫的理性交鋒很快就會引發被長期「含蓄」所壓抑的委屈、憤怒的爆發，理性對話旋即就會被感情衝動、泥沙俱下的破口大罵所代替……。

1《論語・泰伯》。
2《論語・陽貨》。

正是擁有了委婉、含蓄的廣泛基礎，才使得高高在上的官僚們敢於理直氣壯地說一套、做一套；才使得群眾們對官僚的虛偽、假話，見怪不怪，寬容、理解。

在中國，「情」是腐敗的溫床、滋生地，「含蓄」則是虛假的溫床、滋生地。

有位在中國教學的外籍教授，工作期滿，準備歸國，中國的師生們開了個歡送茶話會。在會上，有人請這個老外用一句話來總結中國給他留下的印象，這個外籍教師說：「在中國，人人都有飯吃——」眾師生鼓掌，「——人人都講假話。」師生們驚愕片刻，掌聲更響。

有家公司從德國引進了一套生產設備，為了保證設備的正常運行，德方派出了一名叫格里的青年工程師常駐該公司擔任技術顧問。格里來到公司後，第一項工作就是安裝調試設備。忙乎了一個多月，大功告成，生產出了第一批合格產品。公司為此在酒樓設宴，慶祝勝利。開席時，由車間主任致詞，他說：「在局裡的官員領導的親切關懷下，在公司領導的親自指揮下，在格里工程師的大力協助下……」。第二天，格里一到車間，就對另一名中方技術人員憤憤不平地說：「你們主任說謊！指揮安裝調試的是我，不是你們的領導，你們公司的領導只來看過一次，局裡的領導根本就沒有來過！」中方技術人員給他解釋：這不叫說謊，而是規矩，在中國說話就得這麼說，這裡發生的一切都要和領導掛鉤。過沒幾天，一個工人違反操作規程，被機器咬掉了半截手指，車間召開事故分析會，主人要聽聽格里的看法。格里思考了一下就發言了，翻譯將他的話翻譯出來是這樣的：「在公司領導的直接領導下，在主任先生的親自指揮下……。」此言一出，舉座大嘩，翻譯發現格里說錯了話，就用德語給他更正，兩人嘰哩咕嚕說了半天，格里仍是一臉茫然，像個孩子一樣不知所措……。[1]

1 《讀者》，二〇〇一年。

假話，就是中國人說話的方式，不說假話，中國人就不會說話。

講假話，更是中國專制者們賴以生存的法寶。自「新中國」這個新的專制國家形成以來，報紙、電臺、電視臺，就幾十年如一日地講假話，從廣大人民群眾對這些假話的「癡迷」程度來看，真讓人相信一句話：「謊話講得越大，相信的人越多。」一位共產黨幹部私下裡講：新聞裡除了人物、地點、時間是真的，其餘的全是假的；另一位共產黨幹部說得更乾脆：中國的《新聞聯播》要反著聽才行。初聽此話，感到偏激，後經多次測驗，竟屢次不爽。

幹部們有機會瞭解內幕，不好糊弄，但它們本身就是統治階級中的一員，也是講假話中的一分子。可憐的是老百姓，他們是那些假話最終的、真正的受害者，但他們卻「執迷不悟」，瞪著眼睛反駁你：報紙上說的能有錯?!

中國專制政府的假話之所以能說得大、說得絕、說得義正辭嚴、溫情脈脈，就是因為講假話在中國有著廣泛、深厚的群眾基礎。對中國人來說，說謊只是個智力問題而非道德問題，謊言揭穿，官僚不會臉紅，群眾也不會太認真，甚至對官僚們的說謊技藝心存羨慕，對經典的謊話欣賞把玩不已。這些實在都是儒教的功勞啊，沒有謊言，中國專制政府，半年都難維持，哪裡還有什麼長治久安？

中國人說假話、謊話，就如同呼吸、飲食等生理活動一樣自然且不可缺乏，但是對於一名基督徒來說，撒謊卻是一種罪惡，一種不能被上帝寬恕的罪惡。

耶和華所恨惡的有六樣，
連他心所憎惡的共有七樣，
就是高傲的眼，

撒謊的舌，
流無辜人血的手，
圖謀惡計的心，
飛跑行惡的腳，
吐謊言的假見證，
並弟兄中散佈紛爭的人。（箴6：16—19）

作真見證的，救人性命；吐出謊言的，施行詭詐。（箴14：25）
作假見證的，必不免受罰；吐出謊言的，終不能逃脫。（箴19：5）
買物的說：「不好，不好」，及至買去，他便自誇。（箴20：14）
以虛謊而得的食物，人覺甘甜，但後來他的口必充滿塵沙。（箴20：17）
耶穌基督說：「你們的話，是，就說是；不是，就說不是；若再多說，就是出於那惡者。」（馬太5：37）

有了主的教訓，是不是每個基督徒都一句謊話都不講了呢？不是的，撒謊是人類的一個頑症，是人性惡的一個表現，對此，上帝對人又充滿了憐憫，挑選了個日子（四月一日）定為愚人節，允許信徒們在此日中撒謊，發洩一下撒謊欲望。

天天講假話的中國人也渴望聽到真話，於是就有人投其所好，在中央電視臺辦了一個節目，名字叫「實話實說」。

假的事物如病菌一樣彌漫中國

儒教不僅教人說假話，並且還教人辦假事。

儒本是一種職業，是葬禮的司儀。中國人的葬禮，就是儒教的宗教儀式。

養生者不足以當大事，為送死可以當大事。[1]（《孟子・離婁下》）

君子不以天下儉其親。（孝順的人絕不會愛惜天下的財力而在父母的葬禮上節省）[2]

及至葬，四方觀之，顏色之戚，哭泣之哀，吊著大悅。[3]（到了安葬那天，四面八方的人都來觀看，孝子神色的悲戚，哭泣的哀傷，使弔喪的人感到很滿意。）

一個人孝不孝，並不在乎你對父母的生前如何，而是看你在父母的葬禮上是否捨得花錢，是否「顏色之戚，哭泣之哀」；是看「四方觀之」的「弔者」是否「大悅」。

> 鋪好束帶、單被時，孝子要跳腳頓足；鋪好斂被時，孝子要跳腳頓足；鋪好衣服時，孝子要跳腳頓足；遷屍時，孝子要跳腳頓足；束斂衣服時，孝子要跳腳頓足；束斂被子時，孝子要跳腳頓足；束斂束帶、單被時，孝子要跳腳頓足。[4]

---

1 《孟子・離婁下》。
2 《孟子・公孫丑下》。
3 《孟子・滕文公上》。
4 《禮記・喪大記》。

每當移動屍體，抬舉棺柩時，就要哭泣，跳腳頓足無數次。……婦人不宜袒露臂膊，所以就敞開些胸口，捶擊胸心，像鳥雀一樣地跳腳頓足，怦怦咚咚的，如同牆垣的崩壞，盡情表達悲痛哀傷。[1]

這些只是儒教繁瑣禮儀之一斑。在儒教的葬禮中，哭泣不是感情的流露，而是一道程序，一種儀式，一種表演。

這種表演，是孝的具體體現，而孝為「百德之首」，是中國王朝中選拔、考察官吏的首選的、也是主要的考查內容。會不會表演，直接關係到個人的仕途進退、家族的休戚榮辱。

在中國專制社會漫長的歲月中，人們年復一年、日復一日地重複著這個「神聖」的、隆重的、正經八百的「演出」。每個人在一生中，至少要在這個「演出」中扮演一回主角——孝子，扮演幾回配角——孝屬（孝子的家屬或親戚），還要扮演多次的「群眾演員」和更多次的觀眾。中國人在對這個儒教「戲劇」的不斷實踐、觀摩中，不知不覺就具備了一個演員的素質，生活中一旦需要，他們就會很自然地進入角色，展現其演員的才華。

這就是中國人愛搞形式主義，愛弄虛作假的淵源。

形式主義在中國的官場中是普遍的，他是中國官場的一個有機組成部分。上面要檢查衛生了，下面就趕快動員群眾打掃清潔；上面要來檢查市場秩序了，下面就趕快讓違規者躲藏起來。……這種逢場作戲，上面下面都心知肚明，但又心照不宣。形式主義是專制、人治的必然，他的最終受害者是基層的人民。它所以能長期地被群眾所容忍、所理解，這就不能不歸功於儒教給人們「演戲」打下的基本功。

---

[1] 《禮記・問喪》。

除了形式主義，在中國的官場中，還有個普遍存在的弄虛作假，那就是造假數字。數字是政績的硬性指標，事關重大。在專制政體下，不存在一個獨立的調查統計機構，這就很容易使的官員們在數字上造假。數字造假，其性質遠沒有貪汙受賄嚴重，並且更隱蔽，不易被外人察覺，就是萬一露了底，也很容易找到為自己開脫的藉口。由於數字造假的利益大，而風險小，他很快就會成為風氣。風氣一旦形成，不作假的官員也要「入鄉隨俗」為了自己的生存而去適應它，跟著做假。這樣一層一層大家心照不宣地往上騙，最終騙到朝廷中央。而中央也需要假數字、假政績給老百姓看，給老外看。

據近年財政部的會計信息質量抽查公告顯示，在被抽查的一五七家企業中，有一五五家存在虛報利潤的問題。[1]

造假數字在中國的政府機構中是普遍的、制度化存在的，是不成文暗規則的一個組成部分。今天流行的一些順口溜、民謠反映了這個不成文暗規則的法則、行情：

統計加估計，上下通通氣，大家都滿意；
機器沒轉圈，煙囪沒冒煙，產值照樣翻兩翻。
統計、統計，
三分統計，七分估計，

---

[1] 《新浪網》。

服從領導的決策算計。
牛皮泡泡糖，科學新配方；
越吹越大，越嚼越香。
村騙鄉，鄉騙縣，層層騙到國務院；
國務院下文件，層層照著念，就是不照辦。

為什麼不照辦，因為自己並不具備文件所要求的實力。就像大躍進式的浮誇風一樣，自己「放衛星」說畝產上萬斤，（最高時畝產六萬斤）中央下文件所你們就每畝地上繳五千斤公糧吧，鄉幹部們怎麼辦呢？他們只能一方面作手腳繼續糊弄中央，另一方面靠壓榨剝削群眾的口糧來湊數，最終結果就是將人活活餓死。

現在的數字造假沒有浮誇風時嚴重，但其性質是一樣的。這個作假的不成文遊戲規則的最終受害者是基層老百姓。層層官僚最終會將自己作假帶來的虧欠，用種種手段轉嫁於基層人民，靠搜刮百姓來彌補自己的財政黑洞。官僚們的政績其實是建立在人民的煎熬之上的，這個數字作假的暗規則，本質上官僚層層搜刮百姓的暗規則，只是手法更隱蔽罷了。

弄虛作假，不僅僅指存在於官場、商界，在足球場上有假球，在歌壇上有假唱，在醫院有假病例、假證明，在校園有假論文、假文憑，考試作弊……這些假的事物，如同細菌一樣散佈在我們的周圍，讓人防不勝防。

當官的作假可以升官，特殊行業作假可以給自己帶來實惠，它們的作假手法不同，但最終對象卻是相同的，那就是基層老百姓。那麼，老百姓豈不成了刀俎之上的魚肉，只能任人宰割了嗎？

老百姓也有老百姓的辦法，那就是造假貨。

假貨可分為三種。第一種是「全假」：比如將馬糞紙塞進菸捲裡冒充香菸；將泥巴摶成顆粒狀塗上顏色假冒黃豆；將玉米分壓成藥片；用糖水冒充咳嗽藥水、感冒熱飲；用蘿蔔充當中藥的天麻等等。第二種是「摻假」：比如給豬肉、牛肉裡注水；給牛奶裡兌水；在麵粉裡摻滑石粉；在味精裡摻鹽；在煤炭裡摻大量煤矸石；在羊毛、棉花中摻沙子、再澆上糖水等等。第三種是假冒品牌：比如假鳳凰、永久自行車；假茅臺、五糧液酒；假中華、紅塔山、香菸；加健力寶、娃哈哈飲料；假飄柔、海飛絲洗髮精等等。

中國的假貨品種「奇」全，數量「奇」大，堪稱世界之最。品種全：你能看到的，甚至你能聽到的商品，在中國都有假貨存在；數量大：每個中國人都會被假貨所包圍，一個沒有買過假貨的人就不是個中國人。

像對腐敗一樣，中國人對假貨氾濫的現象常存在兩個誤區：第一，將中國的假貨於世界上其他國家的假貨相提並論。第二，將假貨氾濫視為改革開放的產物。

先說第一個誤區。是的，歐美基督教國家同樣也有假貨的存在，這是可悲的人性決定的，但是它們的假貨於中國的假貨是不能相提並論的，兩者的性質是不同的。歐美國家的假貨只是個別現象，屬「點」，中國的假貨是普遍現象，屬「面」。歐美的假貨只能偷偷地躲在陰暗的角落裡，而中國的假貨則敢於冠冕堂皇地招搖於鬧市，躋身於精品豪門行列，睥睨天下過客。

單拿假酒來說：

一九八五年，京、津、滬等十城市抽查了一千五百家定點經銷酒的單位，發現百分之六十是假冒偽劣品。

一九八七年一到五月，天津市就查處假茅臺、假五糧液、假杜康等九個品種三十多萬瓶，遠遠超出真名優白酒的上市量。

經過一九八七年全國上下對制售假冒品進行的大規模查處後，一九八八年，據京、津、滬等大城市抽檢市場上流通的十三種國家名酒，每種的冒牌貨仍不低於百分之五十。瀋陽一年即查獲假冒白酒近百萬瓶。

一九八九年元旦前夕，五糧液酒廠廠長發表講話：「市場上出售的五糧液」最起碼有百分之七十是假貨。

一九九二年，有關部門在北京市場作過一次抽樣檢查，櫃檯上的茅臺竟沒有一瓶是真的。

四川古藺郎酒廠生產的郎酒一九八四年獲名酒稱號後，小小的古藺縣內，就有數十家大小酒廠以及百餘個地下團夥在生產一百多種「郎酒」。一八九九八年，真郎酒一年之銷出一百二十噸，而「假郎」「野郎」僅古藺縣每年就有幾千噸流向全國市場。

……

在美國也有假貨，地攤上有外觀漂亮的勞力士手錶，售價僅二三十美元，還有瑞士軍刀，售價三美元一把，而商店裡正宗的瑞士軍刀標價三十多美元。這就是美國的傢伙，他們低廉的價格分明在告訴消費者：我是假貨，外觀可與真貨相媲美，價格卻又便宜得多，口袋裡沒錢，又想愛慕虛榮的人，就來買我。這種假貨可以稱之為「誠實」的假貨。

再說第二個誤區。

清朝的才子紀曉嵐在《閱微草堂筆記》中記載了幾個關於假貨的事。

一件事紀曉嵐買羅小華墨。（可能是當時的名牌）這墨看上去「漆匣黯敝，真舊物也」，可是買回去一用，居然是泥摶的，染以黑色，還帶了一層白霜，乾脆俐落地把紀曉嵐給騙了。

另一件是買蠟燭。紀曉嵐趕考，買了一支蠟燭，回到寓所裡怎麼也點不著，仔細一看，原來也是泥做的，外面塗了一層羊脂。

紀曉嵐的從兄萬周，一天晚上見燈下又要和叫賣烤鴨的，買了一隻回去，竟然也是泥做的。這鴨子的肉已被吃盡，只剩鴨頭、鴨脖子、鴨腳和一幅完整的骨架。骨架裡搪上泥，外面糊上紙，染成烤鴨的顏色，再塗上油，燈下難分真假。

紀曉嵐的奴僕趙平，曾以兩千錢買一雙皮靴，自以為買合適了，沾沾自喜。有一天下雨，趙平穿著皮靴出門，結果光著腳丫子回來了。原來那靴子是烏油高麗紙做的，揉除了皺紋紋，貌似皮子。靴子底則是破棉花粘糊的，在用布繃好。[1]

一七四八英國海軍上將喬治・安森出版了他的《環球旅行記》。書中記載了他真實的環球經歷，這位漂流者很仇視中國，因為他從中國商人手裡購買的艦隊供給品，大多是假貨。「蔬菜像爛草一樣，豬羊的肚子裡灌滿了水，而且缺斤短兩。」中國人的貧困、不講生活品質更讓他吃驚：「中國人搶著吃外國船上扔下來的臭肉，腐爛的貓與狗的屍體。」

美國傳教士史密斯（明恩溥）在其一八九八年出版的《中國人的特性》中說：「假份量、假尺碼、假錢鈔、假貨物，——這些在中國都是在所難免的。」

以上諸事發生時，「新中國」還沒有誕生呢，可見將假貨氾濫視為是改革開放「初級階段」「轉型期」的產物是一種短視，而預言隨著中國社會的發展，假貨會日漸消失，則是一種天真。

有了假話，就會有假事，有了假事，就會有假貨。

---

1 吳思，《潛規則，中國歷史的真實遊戲》。

上梁不正下梁歪。真正的「上梁」是中國人心中的儒家思想，這種思想存在於每一個中國人的大腦中，支配、影響著每一個人的行為。

顚倒了，一切在中國都顚倒了

儒教的含蓄是虛假的溫床、孳生地。這「含蓄」仍是個表面，它裡面仍包裹有東西。「含蓄」所包裹的這個東西，就是道教所鼓吹的「道」。

讓我們來看看道教的「道」是什麼樣子：

> 道之為物，惟恍惟惚。惚兮恍兮，其中有象；恍兮惚兮，其中有物。窈兮冥兮，其中有精，其精甚真，其中有信。[1]
>
> 眾人皆有餘，而我獨若遺。我愚人之心也哉，沌沌兮！俗人昭昭，（明白的樣子）我獨昏昏（糊塗的樣子）；熟人察察（同昭昭），我獨悶悶（同昏昏）。[2]
>
> 故善為士者，微妙玄通，深不可識……曠兮，其若谷，（像山谷一樣空曠），混兮，其若濁（像混濁的大水一樣混沌）。[3]

這就是「道」的真面目：恍惚窈冥，混混沌沌，微妙玄通，深不可識。他才是「中國牌」虛假的根源

1 《老子‧二十一章》。
2 《老子‧二十章》。
3 《老子‧十五章》。

的根源。

是以聖人之治：虛其心，實其腹；弱其志，強其骨。常使民無知無欲，使夫智者不敢為也。[1]

古之善為道者，非以明民，將以愚之。民之難治，以其智多。故以智治國，國之賊；不以智治國，國之福。[2]

道教不僅明確地教導專制者們愚民，他本身就是一個絕佳的愚民工具。道教愚民，靠的就是「道」——混沌。太極圖就是「道」的肖像：一個圈裡，黑白纏繞，黑中有白，白中有黑，難分難解。

天下萬物生於有，有生於無。[3]

天下皆知美之為美，是惡已；皆知善之為善，斯不善已。[4]

故有無相生，難易相成，長短相形，高下相傾，音聲相和，前後相隨。[5]

唯之與阿（贊成與反對）相去幾何？（相差多遠？）善之與惡，相去若何？（善與惡，相差又有多遠？）[6]

1 《老子・三章》。
2 《老子・六十五章》。
3 《老子・四十章》。
4 《老子・二章》。
5 《老子・二章》。
6 《老子・二十章》。

表面上很辯證、很智慧，實質上是有意顛倒黑白，混淆是非。

鄭板橋想對恍惚混沌的「道」探個究竟，不能，最後只好長歎一聲：「聰明難，糊塗更難」「難得糊塗」而作罷。直到今天，「難得糊塗」仍是幾乎所有「聰明」的中國人的最高生活準則。曹雪芹倒是探了個究竟，到太虛仙境走了一遭，看到了「道」的真面目，原來是「假作真是真亦假，無為有處有還無。」他比鄭板橋更絕望，最後依皈佛門了。

顛倒了！一切都顛倒了！真與假，美與醜，善於惡，正與邪，黑與白，一切的一切，在中國都顛倒了。

虛假！一切皆虛假，從頭到腳，從肉體到靈魂，中國人還有靈魂嗎？

都知道中國人「愛面子」，「面子」為何物？他和尊嚴、體面有何不同？尊嚴、體面是真實的，它的主體是自己的靈魂。「面子」是虛假的尊嚴和體面，他不需向自己的靈魂負責，他完全是給別人看的。

難以理解？吃過餛飩、水餃嗎？餃子是中國的國粹，是中國人就應該吃過餃子。

餛飩、餃子的麵皮就是「含蓄」，裡面的餡，就是「道」——混沌。

自從有了餛飩、餃子，以及他們的「親戚」包子後，就便宜了哪些病豬肉、死豬肉、爛豬肉等假冒偽劣。再爛的東西，只要攪碎了，往餡裡一摻，就「成事不說」了，「麵皮」一包，就「遂事不諫」了，一下肚，也就「即往不咎」了……。（子聞之，曰：「成事不說，遂事不諫，即往不咎。」《論語・八佾》）（成事不說：做過的事不要解釋；遂事不諫：完成的事不要提意見；既往不咎：已經過去的事不要再追究。）

中國歷史中常記載著饑民相食、易子而食的事情，直到近代、現代仍有吃人的事情發生，我很納悶，怎麼下的了口？現在明白了，一定是包成餃子吃的，要麼就包成包子，《水滸傳》中不是就有專門賣人肉包子的孫二娘嗎？

魯迅先生說中國幾千年的社會就是一個「人肉筵席」，我也納悶兒，「君子遠庖廚」，連庖廚都不敢接近的

「慈善」的君子們，怎麼就敢「吃人」呢？現在也明白了，「人肉筵席」的主食一定就是「餃子」。

「厚道」的中國人是不敢認真的

「假冒偽劣」中的劣，是「假」的近親，在中國，品質低劣比假冒更加普遍，它所涵蓋的範圍也更廣。

「認真」在中國是個遭到非議的東西。在工作中認真，會被大家視為「死別」「一根筋」「認死理」；在人際交往、言行信諾上認真，會被大家視為「迂直」「小心眼」「拘泥小節」；在錢物來往上認真，這會被視為「薄氣」「小氣」等等。相反，不認真，這會被視為達觀、豁達、大方、活道、寬容、厚道等等。

在中國人眼中，認真是惡的，不認真是善的。這不僅是中國人的悲哀，也是所有聽不到福音的民族的悲哀。人的本質是有罪的，是惡的，不知道贖罪、沒辦法贖罪的人門怎麼敢認真呢？一旦認真了，人便會露出凶惡的真面目，要麼自家人相鬥，要麼和外族人相鬥，就會陷入你死我活的爭鬥之中，永無寧日。

類似於西方的寬恕、寬容，中國有一個詞叫「厚道」。表面上他們是一回事，但是當你將西方的「寬恕」（condone）翻譯成「厚道」時，就不自覺地犯下了一個錯誤，因為他們兩者是不同的：寬恕是知道你犯的過錯，但是能夠原諒你，給你改正的機會；厚道則是不知道或是不願知道你的過錯，而將事情糊弄過去。前者，是有原罪、贖罪「理論」作背景的，後者，是由混沌、感情為內涵的。

「厚道」的中國人是不敢認真的，是不敢講究品質的。

一個劣等民族，怎能生產出優等產品

中國人的品質意識差，還來自於中國人特殊的對待生命、對待死亡的態度。

儒道教是兩種否定神的存在，否定彼岸世界存在的「反宗教」，他們否定彼岸世界的一個直接的惡果就是讓中國人過度迷戀現世、怕死。「不語神怪，罕言性命」[1]，「子不聞神怪亂力」[2]，「不知生焉知死」[3]，回避死亡，否定天堂、彼岸世界的儒教，只給了他的信徒們的靈魂一個去處：陰曹地府。那裡面有閻王、判官、牛頭馬面，那裡的小鬼們比陽間監獄裡的獄卒還壞，個個是敲詐、勒索、刑訊逼供、濫施酷刑的能手。所以，一個信奉儒教的中國人一生中最要緊的是自己死後，要有子孫常來看自己，以使得地府中的牛頭馬面們知道自己不是可以隨便欺負的孤魂野鬼、「絕戶頭」（註：指該戶人家沒有了後代）；因此「斷子絕孫」對中國人來講是最為惡毒的詛咒。

道教更心虛，連陰曹地府都不敢去，只是一味地煉長生不老丹，以求長生不死，肉體成仙，讓人的靈魂永遠寄居在肉體之中。

回避死亡的儒道教使得中國人很懼怕死亡，死亡對於他們來說就是意味著痛苦、失敗、終結、「燈滅」，是一件很讓人悲傷、很晦氣的事情。在中國傳統的葬禮上，死者親屬們的大哭特哭，就是這種「死亡觀」的具體表現。

基督徒是有福的，因為他們通過了基督的寶血於上帝簽了協約，只要不違背協約，他們死後就可以進入天國，而天國比塵世美好的多。所以基督徒面對死亡，是平靜的，理性的。

一九一二年四月十五日，鐵達尼號在大西洋中航行時撞上了冰山，輪船徐徐沉入大海，這時一位乘客約翰•哈珀牧師（RevJohn Harper），眼見這緊急情況，就呼籲全船的基督徒到甲板集合。當時有幾十位基督徒陸續前來，大家手拉手圍成一圈，哈珀牧師莊嚴的宣告說：「弟兄姊妹們，我們隨時都有生命危險，但我們已相信了耶穌，有了

1 《後漢書・方術列傳》。
2 《論語・述而》。
3 《論語・先進》。

永生的盼望，不用懼怕；不過，船上還有不少未信的人，他們還未得救，若此刻失去生命，必永遠沉淪滅亡，倘若我們現在不跟他們爭用逃生設備，讓未信者有更多人獲救，以後他們仍有機會聽聞福音，相信耶穌得永生」。基督徒聽後，大受感動，產生了一致的響應，他們繼續手牽手，一同唱著聖詩「更加與主接近，更加接近」。六十七歲全球最大的美斯百貨公司創辦人斯特勞斯說：「在還有女人沒上救生艇之前，我絕不會上。」世界著名的銀行世家大亨古根漢，穿上了最華麗的晚禮服說：「我要死得體面，像一個紳士。」他給太太留下的紙條寫著：「這條船不會有任何一個女性因我搶占了救生艇的位置，而剩在甲板上。我不會死得像一個畜生，會像一個真正的男子漢。」億萬富翁阿斯德、資深媒體人斯特德，炮兵少校巴特，著名工程師羅布爾等，他們都呼應哈珀牧師，把自己在救生艇裡的位置讓出來，給那些來自歐洲，腳穿木鞋、頭戴方巾、目不識丁、身無分文的農家婦女。

一九九四年十二月八日傍晚，新疆的克拉瑪依市「友誼館」，不幸的在現場發生大火，造成三百二十五人死亡，一百三十六人燒傷。災後鑒定報告裡顯示，死者中有二百八十八人是學生，其中獨生子女占百分之九十八。據醫生鑒定，死難者中有近百名孩子是被人擠死或踩死的。在許多孩子弱小的屍體上，有成年男人的大皮鞋印，也有成年女人細若尖刃的鞋跟所踩下的血洞。還有目擊者聲稱，一個被踩破肚皮的小男孩，當卡車運往殯儀館時，腸子還拖在地上……在如此巨大的災難中，和孩子們同場遇險的克拉瑪依市二十幾位大小官員，竟「奇蹟」似地無一人傷亡。而且當時他們都坐在最前排，離火源最近，而離唯一的逃生門最遠，然而他們大多數人卻最先逃出，出來後一個個也還都衣冠楚楚。據一名逃生的五年級男生回憶：「我抬頭一看舞臺，無數的火花往下掉，一個官員模樣的大人，拿著話筒喊：『不要亂、不要動，讓爺爺叔叔們先走！』」另一位舞蹈教師說：「當時市教委的一位領導，舉著話筒喊：『孩子們，都別動，讓領導先走……』」

道教不單單是只煉長生不老丹，他還教導人們怎樣保全、延長自己的肉體生命。

曲則全，枉則直（委屈反而能保全，彎曲反而能伸直）[1]

掌管祭祀的祝宗身穿祭服走進豬欄，對豬說：「你為什麼怕死？我要好好餵養你三個月，戒食十天，齋戒三天，鋪上百茅草，把你的肩肘和後退放置在雕飼的祭器上，你願意嗎？」轉移為豬打算，到第不如吃糟糠活在豬欄裡好啊。人既然會替豬打算，卻為什麼偏偏為追求尊嚴、榮譽而去作祭盤中的犧牲品呢？[2]

莊子在濮水中釣魚，有兩個楚王的使者來拜訪，說：「我們大王想把國事託付給你。」莊子持著魚竿頭也不回地說：「我聽說楚國有一神龜，已經死去三千年了，楚王把龜用巾布包起來，裝進竹箱，藏在廟堂之上。這隻龜，是寧可死去而留下骨殼被人尊重呢？還是寧願搖擺著尾巴在泥中打滾好呢？」兩個大夫說：「當然是搖擺著尾巴在泥中打滾好。」莊子說：「你們回去吧！我將擺著尾巴在泥中打滾。」（原文：「吾將曳尾於泥中。」）[3]

道教是一個教人委曲求全、貪生怕死的宗教。

將人混同於動物，是無神論、唯物論的必然，將人混同於豬和王八，則是其中的最高境界！莊周可真是個天才。

有了道教的教導，中國人個個都是賊精。歐洲人為了尊嚴、榮譽而去面對面地決鬥，對中國人來講純屬犯傻。「君子報仇，十年不晚」。韓信為了避免決鬥而不惜鑽褲襠的故事，所以千古流傳，就是因為它符合了道教

1 《老子・二十二章》。
2 《莊子・達生》。
3 《莊子・秋水》。

的審美觀，並為眾多的懦夫們提供了一個畏刀避劍的藉口和精神勝利的武器。兩千多年了，韓信只出了一位，但受「胯下之辱」的中國人卻多了去了。

「生命誠可貴，愛情價更高；若為自由故，兩者皆可拋。」

這是匈牙利詩人裴多菲的一首詩。裴多菲不僅這樣說了，他也這樣做了。在反抗沙俄、爭取民族獨立自由的戰鬥中，裴多菲被敵人的長矛刺破了胸膛，獻出了自己可貴的生命，他為自由犧牲時，年僅二十六歲。

裴多菲如在中國，一定會被當成瘋子，他就是為中國的自由而死，他的鮮血也不會喚醒、激勵中國的民眾去追求自由，而只會被當成人們茶餘飯後談笑的話料：「人之生也柔弱，其死也堅強。萬物草木也柔脆，其死也枯槁。故堅強者，死之徒，柔弱者，生之徒。是以兵強則滅，木強則折。」[1]「勇於敢，則殺；勇於不敢，則活。」[2]真是不聽老人言，吃虧在眼前呵，呵呵……。

「好死不如賴活著」是中國人的真正信仰，這種信仰的最終結果只能有一個，那就是「賴活」。一種工業產品，如果沒有品質淘汰的標準，其最終的結果也只能有一個，那就是所有的產品品質都將一降再降，直到面目全非，難以稱之為產品。一個人如果沒有自己生存的最低要求，只是為活而活，為吃而活，為活而吃，那他的結局也只能有一個，那就是沒有生活，僅僅是活著，像豬一樣活著。

沒有正確死亡觀的人和民族是不可能擁有真正的人的生活的。孔丘說：「未知生，焉知死？」（沒能知道生，又怎麼知道死呢？）[3]正確對待生與死的態度與孔丘這個騙子的話正相反，他是：不知死，焉知生？

1 《老子．七十六章》。
2 《老子．七十三》。
3 《論語．先進》。

自認為向蛇學了幾招，就有了蛇的精明實際，時時、事事都能得著實惠，其實他們只是中了蛇的詭計，徒有蛇精明的外表，實際上卻過著「曳尾於泥中」的自得其樂、自欺欺人的豬和王八的生活而已。中國人自稱是大智若愚，其實中國人是大愚若智。

一個為吃而活，為活而吃，連自身生命都不講品質的人，怎麼能對自己的產品講品質呢？一個劣等民族，怎麼能生產出優等產品呢?!

七、儒教是中國科技落後的根源

在人類進步的歷史中，技術的發明革新起到了關鍵的、決定性的作用，人類社會許多大的飛躍，究其原因，其動力原是來自於一兩個本不起眼的技術發明。近代人類社會的快速發展也是近代科技突飛猛進的結果。

抵擋社會進步是儒教的終極目的，它在本能上是反對科技的。

儒教的反科學的根源，在於它的「天人合一」的宇宙自然觀上。

西元前一三四年，漢武帝為了追求「萬事之統」詢問「大道之要，至論之極」，下詔命令全國「賢良文學」上書對策。此時熟諳儒家經典的董仲舒脫穎而出，以「天人三策」回答了劉徹的三次冊問，使劉徹最終找到了治國的理論武器，從此，漢王朝開始獨尊儒術，罷黜百家。

董仲舒的「天人三策」，其核心內容是「天人合一」，「天人感應」。

天人合一。

> 天者萬物之祖，萬物非天不生。[1]

> 人之本於天，天亦人之曾祖父也。此人之所以乃上類天也，人之行體化天數而成。[2]

> 人之首，首坋而員，像天容也，髮，像星辰也。腹胞實虛，像百物也。……天地之符，陰陽之副，常設於身，身尤天也，數與之相參，故命與之相連也。[3]

> 仁義制度之數，盡取於天。天為君而覆露之，地為臣而持載之。陽為夫而生之，陰為婦而助之。春為夫而生之，夏為子而養之，秋為死而棺之，冬為痛而喪之。王道之三綱，可求於天。[4]

董仲舒還將儒教之五常：仁義禮智信分別和五行一一相對應，東方木主仁，西方金主義，南方火主禮，北方水主智，中央土主信。

不僅只是三綱、五常，董仲舒還將官體、繼承、刑辟、攝政、嫁娶等儒教制度內容都與天象、五行一一比附。父死子繼合法？法木終火王也。兄死弟繼何法？夏之承春也。……子順父、妻順夫、臣順君，何法？法地順天也。男不離父母何法？法火不離木也。女離父母何法？法水流去金也。取妻親迎何法？法日入陽下陰也。[5]

天人感應。

「人之所為，與天地流通而往來響應。」（《春秋繁露・堯舜湯武》）「刑罰不中，則生邪氣。邪氣積於

1　《春秋繁露・順命》。
2　《春秋繁露・為人者天》。
3　《春秋繁露・人副天數》。
4　《春秋繁露・基義》。
5　《白虎通義・五行》。

下，怨惡蓄於上。上下不和，則陰陽謬戾而妖孽生亦。此災異所緣而起也。」[1]

其大略之類，天地之物，有不常之變者，為之異；小者謂之災。災常先至而異乃隨之。災者，天之譴也；異者，天之威也。譴之而不知，乃畏之以威。《詩》曰：「畏天之威」，殆此謂也。凡災異之本，盡生於國家之失。國家之失，乃始萌芽，而天出災害以譴告之。譴告之而不知變，乃見怪異以驚駭之。驚駭之尚不知畏恐，其殃諮乃至。以此見天意之仁而不欲陷人也。[2]

君王順天而行，修飭德政，天就會降祥瑞庇佑，君王逆天而行，天就會將災難懲戒。如果不悔改，天就會收回符命，使之敗亡。

正是董仲舒將陰陽、五行與先秦儒家思想相結合的不懈努力，使得儒學昇華為中國的政治神學，儒教成為中國國教。

儒教的天人合一、天人感應的反科學表現在：

使自然與人相混合，主客體不分。

使權力成為社會結構、思想價值的核心，科學淪為權力的附庸。

權力中心思想導致了科舉制度的誕生。

歧視科技、勞動、實踐。

1 《漢書・董仲舒傳》。

2 《春秋繁露・必仁且智》。

使自然與人相混合，主客體不分

儒教的天人合一、天人感應使得自然與人合一，自然與人相互感應。人成了自然的一個有機組成部分，自然也成了人的一個有機組成部分。

儒教雖然聲稱天是人的曾祖父，人的三綱、五常可求於天，人的生活可效法自然，但飄渺的天，蒙昧的自然並不會說話，人怎麼去效法呢？只能通過自己的眼睛、耳朵等感官去看去聽。但是這些被感覺器官所感知的自然之法都是膚淺的、感性的、有限的，是遠遠不夠人們效法之用的。那麼隱藏在自然現象之下的更為深奧、更為複雜，不能被人的感覺器官所感知的規律、自然之法，怎麼去知道呢？既然自然與人是同理、同質、合而為一的，於是中國人就有了一條探索自然的捷徑：以己度物，憑自己的主觀感覺去推測自然規律。

> 故欲明明德於天下者，先治其國；欲治其國者，先齊其家；欲齊其家者，先修其身；欲修其身者，現正其心；欲正其心者，先誠其意；欲誠其意者，先致其知；致知在格物。[1]

「格物」就是研究事物。明代理學家王陽明有一位姓錢的朋友坐在亭子裡「格竹子」，「格」了三晝夜後，病倒了。王陽明繼承了朋友的工作，親自去對竹子靜觀了七天，仍沒有得到有關竹子的道理，最後他感慨道：「天下之物如何格得？」於是，他便勸人把眼光放在自己的內心上來，「真格物之功只能在身心上作」。王陽明

1 《大學》。

的頓悟，並不稀奇，他的前輩們早知此理，宋朝的理學家程頤就說：「致知在格物，非由外鑠我也，我固有之也。」[1]「學也者，使人求於內也。不求於內而求於外，非聖人之學也。」[2]宋朝的理學大師朱熹講得更明白，格物的目的就是要「窮天理，明人倫，講聖言，通世故。」如果不是這樣，「乃兀然存心於一草木一器用之間，此是何學問?!為此而望有所得，是炊沙而欲成飯也！」[3]……。

儒教的格物，實質上是「格心」。

儒教的「格心」充分體現了中國文化的內向性。

儒教的以心格物，使得自然人格化。儒教聲稱人應當效法於天，可實際上，他的有機自然觀卻讓自然成為了人的有機體的延伸。這樣，中國人研究自然就不能將自然做為一個獨立的客體去研究，而只是將自然做為人體的一部分去感知的。中國古代研究自然只是做為研究人的一個手段。

比如說天文，中國人認為天是人類社會的一個延伸，天文與人事是相互感應的，因此，天象中隱藏著人世間王朝興衰更替、王侯將相生死休戚的訊息：

> 日蝕，必有亡國死君之災。
> 日以春蝕，大凶，有大喪，女主亡。夏蝕無光，諸侯死。秋蝕兵戰，主人死。冬蝕有喪，多病而疫。[4]

1 《二程遺書》。
2 《二程遺書》。
3 《晦庵先生文集》。
4 《乙巳占》。

日蝕所宿，國主疾，貴人死。用兵者從蝕之面攻城取地。

日蝕有三法，一曰妃黨恣，邪臣在側……，而曰偏任權柄，大臣擅法……，三曰宗黨犯命，威權害國……。[1]

卻說孔明在荊州，夜觀天象，見將星墜地，乃笑曰：『周瑜死亦』。[2]

中國古代的地理同樣是研究人的。中國人相信一方水土養一方人，有龍脈的地方就可以出皇帝，人的陰宅（祖墳）、陽宅（房屋）、所處的地理位置及結構決定了一個人、一個家族的興衰沉浮：

地理家以山名龍者何也，山之變態千形萬狀，或大或小，或起或伏，或逆或順，或隱或顯，支壟之體段不常，咫尺之轉移頓異，驗之於物，惟龍為然，故以名之。[3]

穴後相看節節高，有如天馬下雲霄。子承於父孫承租，世代居官掛紫袍。

穴後一重低一重，此地須知是退龍，縱有穴情只一代，兒孫不久便貧窮。[4]

玄德幼孤，事母至孝；家貧，販屨織席為業。家住本縣樓桑村。其家之東南，有一大桑樹，高五丈餘，遙望之，童童如車蓋。相者云：「此家必出貴人。」[5]

1 《開元占經》。
2 《三國演義》。
3 《地理人子須知》。
4 《堪輿漫興》。
5 《三國演義》。

中國古書中提到某位博學賢士，有經天緯地之才時，常說其上知天文、下曉地理。這裡的天文地理，就是星象、風水。

儒教的自然觀對中國人的生活的影響是廣泛的，它使人相信日月星辰的運行決定著王朝的興衰、將相的生死，同時還決定著人們生活的各方各面，百姓凡有出行、動土、植樹、迎娶、出葬等他們都要查一查黃曆，定一定吉凶；它使人相信人的行為也可影響天地變化，比如竇娥屈死後，天被其怨氣所感而降六月雪；它還使人相信大自然和人是同理的，比如中國古代有位良醫，曾用梧桐樹葉熬湯治難產，可後來人們仿效這個辦法時，不僅不見效，反而加重了病情。人們去請教這位良醫，他解釋道：我用的是秋天的落葉，現在是春天，樹葉正在向上長，哪裡能用來治難產？……有了這種自然觀，就是蘋果天天砸到每個人的頭上，也不會有人去思考，這是為什麼，一句「葉落歸根，認祖歸宗」就足可以讓中國人解釋蘋果為什麼往下掉而不是向上「掉」了。

英語詞science（科學）本是naturalscience（自然科學）的簡稱，科學的出意就是指關於自然現象的有條理的知識。

科學的精神包括三個內容：一，對自然之法客觀存在的確信。二，將自然之法推進到自然規律的精神。這種精神是由實證、數學化、分析、重建、存疑、求真等精神共同組成的。三，同時代人文學者、文學家對這種關於自然的理性探索的稱頌，感性認識對這種理性探索的認同。

儒教的天人合一使中國人不能將自然做為一個獨立的客觀存在，從而從根本上否定了自然之法，因而也就談不上對自然規律的探索了。這當中如果偶爾冒出來個探索自然之人，那他也會被視為是在「炊沙成飯」而遭到文人們的嘲笑挖苦。

儒教的天人合一使得中國人的科學精神無從產生，或者說是將中國人的科學精神扼殺在了萌芽狀態。

和儒教的天人合一相對立的是古希臘、基督教的自然觀。在古希臘文化和基督教文化中，自然與人是異質的，兩者的關係是被異隔化的，而不是同質、同理、合一的。

在古希臘文化中，存在著一位至高神宙斯，宙斯又統領了很多個與自然事物相對應神靈如日、月、星辰等。希臘文化是多神文化，它的自然觀是神性自然觀。

「論自然」是古希臘哲人們普遍關心的問題，亞里斯多德宣稱物理學（physika）即是研究自然（physis），這裡自然成了一種獨立於人之外的研究實體。自然是可以理解的，因為希臘人認為至高神在造就自然的同時也把理性帶入自然，產生了各種具有理性的事物。這種自然理性使得自然之法得以確立。但同時自然又是與諸多神靈相對應的，它也具有神性。這種理性與神性在自然那裡合而為一成了古希臘文化的一大悖謬。這種自然理性與神性之間形成的難以克服的張力，使古希臘人在進一步認識自然的活動中陷入了兩難境地：我們要伐樹木、踏山、喝水、要解析研究它們，這不是對樹神、山神、水神的不恭嗎？

《聖經・創世紀》記載，上帝是唯一真神，是祂創造了自然萬物，然後又按自己的形象創造了人。《聖經》中的自然已不再具有神性，而是人具有了神性（部分），並被上帝授權管理自然。既然最能體現上帝創造力的人類被賦予了管理自然的使命，研究自然、探索自然便成了基督徒面對自然的基本態度。多神論給古希臘人帶來的困惑，最終讓上帝給解決了。

「自然之法」是上帝在太初時確定的、統治自然的法則，自然規律是上帝的被造之物，並且它是需要人類去探明的。這就促使基督徒運用科學手段去探索自然的奧秘，與自然進行平等對話。面對科學家的「一陣陣輕聲軟語」大自然「發出嫋嫋不斷的回音」白由落體定律、萬有引力定律、行星運行三定律、力學三定律……就「彷彿鳥兒向平原飛翔，迎接旖旎的春光，婉轉的歡暢」（義大利詩人誇西莫多的是《海濤》）飄然來到科學家的身旁。正是上帝的啟示，使人類完成了從「自然之法」到自然規律的理性過渡，塑造了近代科學精神。

是否能夠擺正神、人、自然之間的關係，正是一種宗教、文化能否孕育出科學的根本原因。

科學被淪為婢女

天是抽象的，「天子」是具體的，天人合一使的皇帝在人群中是獨尊的。

中國皇帝的獨尊是超出基督徒的想像的。在基督徒心中，「天子」，天的兒子就一位，那就是上帝的獨生子耶穌。世上的國王雖受萬民的擁戴，但他們和他的臣民一樣都是肉體凡胎，都要聽從主的戒命，並不是至高無上的。一個國王的權力再大，地位再高，它也高不過耶穌，更高不過上帝。

儒教的天人合一，使得中國的神權（天）與俗權（人）合而為一。中國的皇帝們不僅掌握了世俗的最高權力，並且他們還是「真龍天子」是「天」的兒子，是天意的直接體現和代言人。天人合一，使得天的神權完全要靠人的俗權來體現，其結果只能有一個，就是俗權獨尊，俗權中心主義。

世俗權力是中國社會價值觀念的唯一中心。他不僅為「中」，他並且為「和」，具有很強的包容性，能涵括中國社會中的一切。宗教、哲學、科學、文學、藝術等一切都是權力的附庸，都是為權力服務的摧眉折腰、奴顏婢膝的小妾婢女通房丫鬟。在中國，有了權力就等於有了一切，飲食、男女、安全、地位等等都是權力的內容。權力在中國是不受任何制約的，權力之外的所有東西都要向權力俯首稱臣，否則必遭權力的戕害。

在這種權力中心的社會中，科學是根本不可能獨立、自由地生存、發展的。

中國南北朝時期的南朝數學家祖沖之，精於曆法，他創建了大明曆，為了該曆的實施，曾和朝廷中另一位大臣戴法興展開了一場激烈的論戰。論戰最後以祖沖之完勝告終。在此辯論中，祖沖之也犯了一些錯誤，戴法興也有一些看法是正確的。如戴批評大明曆把上元積年的算法做得太複雜龐大了。上元積年本是一個虛數，在三國魏時，已經有人用較簡單的方法來處理它了，但祖沖之並沒有接受戴的批評。另外，戴在辯論中為維護十九年七潤的說法，提出「日有緩急」（太陽的運動不是勻速的）。祖沖之將此次為「未見其證」。……本來，兩個科學家在爭論時各有對錯是正常的事，但是在中國，學術爭論是和政治鬥爭緊密相連的，許多時候，學術爭論就是權力鬥爭的一種手段和表現方式。學術爭論成了權力鬥爭，爭論本身也就摻雜了更多的非理性的東西，其中有功利也有感情，一派的勝利就意味著另一派的觀點被全盤否定，甚至被遺忘。歷史上，從來沒有一切都對的科學家，戴壓制祖沖之是不利於天文學進步的，但後來祖沖之勝利了，戴的「日有緩急」的重要天文發現也就被拋棄了。

隋朝時，隋文帝楊堅稱帝後，當年說他有帝王之相的道士張賓，便成為寵幸。還有個叫劉暉的天文學家也因阿諛應奉張賓當上了太史令。張賓在南朝元嘉曆的基礎上，稍加修改做了個開皇曆。當時有兩個天文學家劉孝孫和劉焯上書指出開皇曆不夠科學，說開皇曆不懂歲差，也不會算定朔。但是身為官僚的張賓和劉暉就利用權力給劉孝孫扣了頂「非毀天曆，率意迂怪」的政治帽子，又罵劉焯「妄相扶證，惑亂時人」後找了個碴子，將二人趕出了京城。

宋朝宋太宗在九七八年下令「詔天下伎術有能名天文者試隸司天臺，匿不聞者，罪論死」第二年，各州就送了一批天文術士進京。國家通過考試選了一些人進司天臺，其餘的人則黥配海島。科學家不是官僚就是罪犯，不存在中間出路。

明代以前，只禁止民間私習天文，而未禁止私習曆法。明以後控制更嚴了。「習曆者遣戍，造曆者殊死」這使天文學在民間絕跡。到明孝宗時，因官僚機構中的天文官員也不會推算曆法，朝廷只好「徵山林隱逸能通曆學者以備選」結果是「卒無應者」。

在中國兩千多年的歷史中，天文曆算的政治化越演越烈，官方色彩越來越重。天文曆法不是越改越精、越準確，而是走兩步退一步，或乾脆原地踏步踏。中國的天文學、數學之不發達可想而知。而天文學、數學是原始科學的主要建構者，是近代科學的急先鋒，他們的受挫，直接阻礙了中國科學的發生、發展。

在神權高於俗權，神權、俗權二元對立的歐洲，科學有福了。

基督教教堂和修道院尤其是修道院是歐洲步入中世紀之初最早的學術研究園地。羅馬諾西亞的聖本篤（四八〇—五四四）青年時就離開了腐敗垂危的羅馬，後在羅馬與拿坡里之間的一座山頂上，建立了著名的蒙特西諾隱修院，開創了修道院的先河。本篤會的修士們是從四面八方湧來的追求聖潔生活的人。西元六世紀，他們就開始學習西克拉底與蓋倫的綱要，研究醫學了。這些本篤會修士是歐洲中世紀最早的知識分子，也是職業的知識分子。正是上帝給這些追求聖潔生活的人創造了塵世中的「世外桃源」，使他們能夠在這裡不受外界的任何干擾，獨立、自由地做學術研究。

聖本篤去世後的兩個世紀中，本篤會會規遍傳整個西方基督教世界，影響所及，西歐出現了無數個單獨、自發組成的遵循同一會規、同一生活方式的修道院。中世紀前期，本篤會的修道院培養了大量的歐洲知識分子，做為文化橋梁，他們抄錄並保存古代拉丁著作，他們帶頭到德國森林地帶，隨後又進入斯堪地那維亞、波蘭及匈牙利。他們還擔任國王們的法律專家和顧問，並躍居宗教事務高位。由於時代長期承受信徒們捐贈的土地，他們擁有並經營眾多的田莊，在修道士們理性的有條理的管理耕耘下，這些田莊成為了先進農業組織和技術革新的典範。最重要的是，在政治紛擾的海洋中，做為安全與知識的避風島，本篤會修道院成為了歐洲社會的精神中心和學術中心，成為了歐洲文明的基礎。

在中世紀，許多為自然科學的發展作出貢獻的人都出自修道院和教會，他們或為基督徒、或為神父、主教：

格羅斯代特是林肯教區的主教；鄧・司各脫是教士，尼古拉斯・奧里斯姆是里蘇的主教，古薩的尼古拉斯是蒂羅爾城布里克森的主教，哥白尼是弗勞恩大教堂的牧師……。

隨著人們知識的增長、理性的發展，修道院已經難以滿足不斷增長的教育需求。十一世紀，主教們為了教育其管轄區、內的教士，創辦了教會學校。一個世紀後，以教會學校為基礎的早期大學開始逐漸形成。十二世紀初，教會在巴黎成立了巴黎大學。巴黎大學為歐洲大學的建立提供了樣板，此後，許多大學陸續在歐洲建立：法國的蒙佩利爾大學、土魯斯大學、英國的牛津大學、劍橋大學、西班牙的波隆那大學、義大利的阿雷佐大學、帕多瓦大學、那不勒斯大學、葡萄牙的里斯本大學、奧地利的維也納大學、德國的海德堡大學、科隆大學、埃爾福特大學、萊比錫大學等等。

這些大學是修道院的延伸，他們成為了歐洲科學騰飛的基礎。

大學建制在二十世紀以前的中國是一片空白，二十世紀後，雖然中國也成立了許多大學，但直到今天，中國的大學管理權仍緊緊掌握在政府手中。中國人學到的只是大學的軀體，而沒有的學到歐洲中世紀大學的靈魂：學術獨立、自由。

權力中心思想導致科舉制度的誕生

天人合一造成的權力獨尊，不只是一種社會結構，他還是一種價值觀。這種價值觀在中國社會的集中體現就是官本位思想。

孔丘的學生子貢問孔丘：「有一塊美玉在這裡，使放在匣中儲藏呢？還是找一個好的商人賣了他呢？」孔丘說：「賣了他，賣了他，我就是等待商人的人啊。」

在中國，人才市場的買主只有一個那就是皇帝。「學成文武藝，賣於帝王家」「學而優則仕」。賣不出去，成不了仕，只能證明一件事，那就是你學而不優。當官不僅可以讓人得到金錢、美女、社會地位，他同時還是一個人的終極價值的唯一體現，一個人的價值是按他最終獲得的官職的大小、品級而非別的任何東西來衡量的。一個人的才學、道德，是和他的官職成正比的，官級高的人，就會被人們認為學問大且道德高尚，官級低，則會被認為學問小且道德相對差。一個人如終生不仕，他就是再有才華、品行，也是會受人們懷疑、否定的。天人合一的皇帝們不僅買斷了讀書人的肉體，也買斷了讀書人的靈魂。一個讀書人如果不被皇帝所買，他不僅得不到金錢美女等物質，就是他的靈魂也無處寄託。所以，中國古代許多才華橫溢之人因不符合皇帝的要求條件，賣不出去，或賣價太低，而終生耿耿於懷，以為懷才不遇，感慨人生如夢，或借酒澆愁，或眠花醉柳，頹廢痛苦一生。

做官如此重要，於是他便成了中國人的最高理想和追求。但是官，只能是人群中的少數，這就產生了競爭。為了收天下英雄盡入自己的彀中，為藉機向臣民灌輸儒家思想，精明的中國皇帝發明了科舉考試。

科舉考試是儒教「學而優則仕」思想的一個產物，反過來，他又強化了儒教，因為科舉考試的內容就是儒教的經典。

「萬般皆下品，唯有讀書高」。浩如煙海的儒教典籍霸占、消磨了中國一代又一代讀書人、「聰明人」的思想和精力。他們足不出戶，眼不離四書五經、詩賦文章，皓首窮經，以求登科取仕，光宗耀祖，成為人上之人。「朝為田舍郎，暮登天子堂」的夢想使他們一任「科舉絞肉機」的攪軋、消磨而無怨無悔。「今科雖失而來科可得，一科復一科，轉瞬之間其人已老」。[1]

1 馮桂芬，《校邠廬抗議・改科舉議》。

明初的宋濂曾評說「其所最切者，唯四子一經之箋是鑽是窺，余則滿不加省。與之交談，兩目瞠視，舌木強直不能對。」這樣的書呆子就是儒教科舉制度的作品，像這樣呆頭呆腦、思想僵化之人又怎麼會做科學研究、發明創造呢？

科舉是中國這個老道、成熟的專制社會的一個產物，反過來，他又加強了專制。科舉是中國專制社會正常運行的一個保障，是中國專制社會的一個不可缺少的組成部分。表面上，他已經同清王朝一起被埋進了歷史的墳墓，實際上，他仍然存在於今日的中國社會之中，只是改了頭換了面而已。

今天的高考就是科舉的延續，學生考上了大學就是國家幹部，考不上就回家種地當「田舍郎」。今日的高考中，人文部分和科舉是一樣的，只是將儒教經典換成了馬列主義。自然學科：數理化同樣逃不出科舉的魔爪。中國學校中的自然學科的教育同社會實際需要是脫節的，高中時的數理化教育就遠遠超出了實際生活、工作的需要，他們所以深奧，完全是為了高考的需要，數理化在這裡僅是一種智力遊戲、智力競賽而已。

數理化這些西方文明並沒能從本質上改變科舉，他們倒是給科舉增添了更加豐富的內容，有了他們，統治者們再也不會因學生們競爭力的日益增強而為提高考題的難度憂愁了，再也不用挖空心思去發明什麼八股文、駢文等「尖端」古怪的國粹了。開放的、不斷進步的數理化，足夠拉開學生們的差距，滿足「科舉」的需要了。

科舉是不限制年齡的，范進五十四歲仍然可以參加科舉考試，高考卻不行，他只局限應屆、往屆的高中畢業生中，這使得高考具有了一考定終生的特性。因此，許多因高考失敗或沒資格參加高考的人，年紀輕輕就發出了「我這輩子不行了，全指望下一代了」的沉暮感歎。中國穩定的金字塔形的專制結構，使這些當年高考失利而久居社會下層的人更加懊悔自己「少年不努力，老大徒傷悲」，痛定思痛，化傷悲為動力，自己的悲劇絕不能在孩子身上重演，自己青年時的夢想要在孩子身上實現，於是，現實的壓力、父母的期望、理想、懊悔等這些本不屬孩子的東西被父母的愛混合著一起壓向孩子們稚嫩的肩膀。

封閉、僵化、力求穩定、金字塔式結構的專制社會是不需要更多的技術人才的，有一小撮精英做核子武器，「盜版」海外先進國家的科技成果就足夠了，行政幹部、官員，其名額也是有限的。於是隨著中國家長們對「教育」的日益重視，中國學生們的競爭也愈演愈烈，這種競爭從高中向兩端蔓延，向上，從本科到研究生，從研究生到博士——今天中國的博士數量僅次於美國位居世界第二，但這並不代表中國的科技實力位居世界第二，這只能反映出中國學子們的競爭激烈程度和人才市場的行情；向下，這中競爭從高中擴展到初中，再從初中蔓延到小學，再從小學滲透到幼兒園——中國人真的好累！

中國的高考制度，其實是摧殘少年輕春的攪肉機，尤其是對那些天真爛漫的少女。

孫敬頭懸梁，蘇秦錐刺骨，車胤囊螢蟲，孫康映寒雪——中國的學子們歷代艱苦卓絕，但中國的科學從來也沒有發達過，為什麼？「道」走歪了，出力不出活，自己瞎折騰。

科舉是人治社會的一項最傑出的發明，在人治社會中，再也沒有比「考試」能更精確、更「科學」地檢測人們的能力的手段了。然而，人的能力是有限的，考試的內容再高級、智慧化，也不可能全面、客觀地測試出一個人的綜合能力。唯一能做到的，不是什麼考試，而是廣泛的平等的自由的社會競爭。真正能給人們一個真正與其能力相匹配的公正地位的，真正能使得人盡其才、物盡其用的不是什麼主考官，而是競爭規則——上帝。

在一個專制的、人治的社會中，應試教育是必然的，也是必需的。一個社會是一個有機整體，中國社會更是這樣。今天，在中國這個專制的社會中，回避政治體制而妄談素質教育，純屬扯蛋。

與儒教經典獨占學習內容的中國教育不同，歐洲中世紀的學術中心：修道院和大學則開放、理性得多。六世紀，本篤教會建立修道院之初，醫學由於可以滿足修士們救死扶傷的人到需要，就受到尊重，被修士們廣泛學習。自從法國博學的教育家、數學家蓋爾貝特與九九九年被選為教皇（改名為希爾威斯特二世）後，西歐的學術開始振興，這種振興的標誌之一就是十一世紀教會學校和十二世紀大學的建立。在這些中世紀的大學中（包括教會辦的大學）開設的課程有初等三科：文法、修辭、辯論，高等四科：音樂、算術、幾何學、天文學，在此基礎上，又開設神學、哲學和醫學。初等三科都與邏輯有關，高等四科都與數有關，從這些分科中，我們可以看出這些中世紀大學在培養學生時是以分析做為對學生的基本要求的。隨著大學的建立，試驗家、理論家紛紛雲集於此，將工匠、江湖術士隔離在校園之外，做為專門研究事業的科學便由此而生。

歧視科技、勞動、實踐

天人合一雖然是被董仲叔明確提出來的，但時期思想精髓是早已有之，只是比較模糊罷了。

早在春秋時代，孔丘就明確地表現出了對權力的崇拜和對科學技術、勞動實踐的歧視。

學而優則仕[1]

學習好了就應當從政；

君子不器[2]

---

1 《論語・子張》。

2 《論語・為政》。

專業技術人才不是君子。

子曰：攻乎異端，斯害也已。[1]

鑽研尖端，就是禍害；

吾少也賤，故多能鄙事。君子多乎哉？不多也（我小時候貧賤，所以才學會很多卑賤的技藝。真正的君子會有那麼多的技藝嗎？不會的呀）[2]

樊遲請學稼，子曰：「吾不如老農。」請學為圃，曰：「吾不如老圃。」樊遲出，子曰：「小人哉，樊須也！」[3]

有了老師的教導，學生們也不甘落後。

子夏曰：「雖小道，必有可觀者焉，致遠恐泥，是以君子不為也。」（即使是小技藝，也一定有可取

1 《論語・為政》。
2 《論語・子罕》。
3 《論語・子路》。

之處，但是這會妨礙遠大的事業，所以君子不做這些事）[1]

君子這也不做，那也不做，那君子到底該是什麼樣呢？

若有一臣，斷斷兮無他技，其心休休焉，其如有容焉。人之有技，若己有之；人之彥聖，其心好之，不啻若自其口出，寔能容之，亦能保我子孫黎民，尚亦有利哉！……（有這樣一位臣子，老實誠懇而無別的技藝，與世無爭，有容人的度量。人家有本事，就好像他自己的本事一樣，別人品德高尚，本領高強，不但口中稱道，而求內心確實也很喜歡。這種寬宏大量的人，是可以保全我的子孫和黎民的幸福的，是實在有利於國家的人。）[2]

原來儒生眼中的君子就是一個不懂專業技術，外行管內行的領導。

由於聖人們的教導，科學技術在中國人的眼中成了「奇技淫巧」，儒教經典《禮記》中甚至提出：「奇技奇器以疑眾，殺！」—正是儒教對科技的歧視，使得中國古代的科學技術處於被禁錮、被歧視的地位，從事科學研究的人不僅得不到政府的支持和民眾的理解，並且還要承擔很大的風險。孫中山先生曾說：在中國社會「創造新器，發明新學，人民以懼死刑，不敢從事。」

古希臘的科學發達主要表現在理論方面，在實驗、技術方面卻是裹足不前的，這是古希臘人鄙視手工勞動的

1《論語・子張》。
2《大學》。

思想所造成的。在古希臘，動手做實驗被認為是不光彩的，就像阿基米德這樣的實驗大師也都為自己製造儀器感到羞恥，柏拉圖甚至指責兩個希臘人製造裝置儀器來解決幾何問題是在「汙染思想」。學者和工匠之間的鴻溝是不可逾越的，科學是生長在奴隸主和自由民花園中的花朵，而技術則掌握在會說話的工具——奴隸手中，因此古希臘的學者們對勞動技術也是蔑視的。

古希臘人對手工勞工、實驗、技術的歧視，阻礙了其科學理論的進一步發展，也使得古希臘的科學思想無法演變成近代的科學技術。

古希臘人的缺陷，讓歐洲的基督徒給彌補了。在上帝面前人人平等的教義，填平了學者與工匠之間的鴻溝，並且基督徒將手工勞動視為閱讀上帝的著作、使自己更能接近上帝的精神生活的一部分。正如他們自己所說：「勞動就是祈禱。」這些中世紀「修道士是第一批人數很多的指甲下有汙垢的知識分子。」（小林恩・懷特語）正是這些靠勞動磨練自己意志、陶冶情操的修道士們最早將智慧和汗水結合起來，將科學理論和實踐結合起來，並最終使實驗成為科學的一個重要的、不可缺的組成部分，使得「中世紀西歐取得的技術進步，比整個古典希臘和羅馬歷史時期所取得的進步還要多。」[1]

中世紀西歐所取得的技術進步是如此巨大，以至於十五世紀時，便有東方人建議，派學生到西方學習「實用工藝」。紅衣主教貝薩里翁（東正教）因在羅馬住過多年，所以對義大利手工業的先進水平印象極深。一四四四年，他寫信給拜占庭自治省的統治者，建議他派四個或八個年輕人到義大利去，偷偷學習義大利的手工技藝，在信中他談到「木頭被自動鋸鋸斷，隨車輪轉的又快又勻稱」「熔煉和提煉金屬時使用皮風箱，這種風箱無需用手

1 斯塔夫里阿諾斯，《全球通史》。

推拉」……。[1]

在這種背景中，一個名叫羅傑‧培根的修道士在十三世紀就已預見到未來的許多技術成就，這並不偶然的。人們可製造機器，使用這種機器，最大的船隻只需要一個人駕駛，而且比那些乘滿水手的船跑的還快；人們能製造運貨車，他們無需牲畜牽引，而且速度驚人；人們能製造飛行器，一個人乘在飛行器上，可以用機械翅膀拍擊空氣，就像鳥一樣……人們還能製造使人能潛入河底的機器……。[2]

正是基督教，而非別的什麼，將科學理論、可控試驗、實用技術結合在了一起，並使這三者形成了一個良性互動的循環機制，創造出了近代科學的神話。

道教也是反科學的

道教的創始人李耳，認為學習和「道」是背道而馳的，並且學習會傷害「道」，「為學者日益，為道者日損」[3]。科學技術對於社會不僅無用，並且有害，「民多利器，國家滋昏」「人多技巧，奇物滋起」。因而他主張「絕聖棄之」「絕巧棄利」，奉勸統治者「常使人無知無欲」行「無為而治」[4]

道教的老二莊周更反對科技，他認為「道」只能通過「冥通」「冥合」來悟，而不能通過學習得到。因而他主張「墮肢體，黜聰明，離形去知，同於大通，此謂坐忘」。[5]

1 斯塔夫里阿諾斯，《全球通史》。
2 L‧懷特，《發電機和處女的重新考慮》、《美國學者》。
3 《老子‧四十八章》。
4 《老子》。
5 《莊子‧大宗師》。

在《莊子・天地篇》中，莊周講了一個故事：

子貢到南方的楚國遊歷，返歸晉國，在經過漢水之男時，看見一位長者在菜園裡勞動，向井邊挖水渠，抱著甕取水澆灌，用力很多而功效很小。子貢說：「有種器械，一天可以灌溉一百畝田，用力很少而功效很大，您不想使用嗎？」

老翁抬頭看看他說：「怎麼回事？」

子貢說：「用木頭鑿製機械，後重而前輕，提水如同抽引，快如沸湯上溢，這種機械名叫桔槔。」

老翁滿面怒容地冷笑說：「我聽我的老師說，有機械的必有機事，有機事的必定有機變之心。機變之心藏在胸中，就不具備純潔清白的品質；不具備純潔清白的品質，就會神情不定；神情不定，就不能載道。我不是不知道那種機械，而是恥於去用它。」

子貢滿面愧色，低頭不語。

可見，機械、機事、機心是和「道」相悖的，相對立的。

南海之帝為儵，北海之帝為忽，中央之帝為渾沌。儵與忽時相遇於渾沌之地，渾沌待之甚善。儵與忽謀報渾沌之德，曰：「人皆有七竅以視聽食息，此獨無有，嘗試鑿之。」日鑿一竅，七日而渾沌死。[1]

[1] 《莊子・應帝王》。

渾沌就是渾沌，一開竅，他就死了。

中國古人曾將純科學成為「屠龍之術」，現代人只是將之理解為無用之術，因為世上的龍太罕見了。其實，發明「屠龍之術」一詞的人應是位與中國龍文化靈犀相通之人。龍和道是統一的，理性、科學對道、龍的傷害都是致命的。

正是渾沌的道，使得中國人難得糊塗、缺乏認真、理性、邏輯思維能力。

認真的人也有，戰國時的楚國人屈原就對儒道教的宇宙觀提出了質疑，在《天問》中，他對宇宙的起源、人類的起源、日月星辰為何不墜、太陽運行的軌跡等問題一口氣提出了一百七十多個問題……最終，他投江自殺了。

認真，是被中國龍文化所排斥所扼殺的東西。

認真就是認識真理，而龍是抵擋人們認識真理的。

太極圖是「渾沌」「道」的肖像，是中國人靈魂的寫照。

敬畏耶和華是知識的開端

談到科學，人們常存在兩個誤區：

第一，中國古代的科技很發達，只是到近代才落後了。

第二，基督教是反科學的。

先說是一個誤區。

讓中國人認為自己祖先科技很發達的第一個東西就是所謂的中國古代「四大發明」。四大發明，本是西方人的說法。十六世紀，培根在《新工具》一書中，論及人類歷史上最偉大的三個發明是印刷術、火藥和指南針。馬克思繼承並發揚了「三大發明」。但是，他們並不清楚這三大發明來自何方，培根說：「它們來自何方，我們並不清楚，而且也很少有人言及其來源。」來來到中國的西方傳教士麥都思、艾約瑟、丁韙良等人認為它們起自中國。後來的所謂的科學史家英國人李約瑟於一九四六年又增加了一項造紙術，將它們定為中國的「四大發明」

讓中國人認為自己祖先科技發達的另一個東西是李約瑟所著的《中國科學技術史》（一九四五年出版）。在此書中，李約瑟論斷，無論是在以前的千餘年，還是近五百年，中國的科學技術「事實上一點沒有退步」，「一直在穩緩地前進」，而西方在經歷了「幾乎沒有任何科技上的建樹」的黑暗中世紀之後，「文藝復興來了，發生了科學大革命。」西方的科學才得以領先世界。

有了如此論斷，下面一個問題就接踵而來：「為什麼這種科學大振興或大革命，不在中國或印度發生，而是在西方發生？」[1]後來，李約瑟在一九六九年又重述了該難題：中國在十六世紀以前的科技發展在許多方面超過西方，何以現代科學卻起於歐洲而非中國？這就是科學史上著名的、讓中國人頗感幾分自豪的「李約瑟難題」。

李約瑟所以得出如此結論，是他將科技與技術混淆一談了。

現代科學包括科學理論、可控試驗（可以控制、重複的試驗）實用技術三個部分，只有實用技術而無科學理論和可控試驗，不能稱之為科技，只能稱之為技術。

在十六世紀以前，中國有些生活實用技術處於較為領先的水平，但這些實用技術的發明權並不能全部歸於中國人，其中有些要歸功於古中國西部位於絲綢之路上的小國家、小民族，因這些國家壽命短暫，影響力小，由他們傳入中國的技術時間久了也就自然成了中國的技術。將這個因素忽略，中國古代的技術發明也不是科學理論

---

[1] 胡菊人，《李約瑟與中國科學》。

和可控試驗的結果，而只是發明者將個人的經驗和相關個體經驗進行組合而創作的結果，這種技術發明是一種隨機現象，其概率取決於發明者個體的數目及與相關個體經驗得以關聯和融通的環境。大自然向人類展現的發明機會又是均等的，因此，哪個國家人多，哪個國家的發明就會多。這種實用技術發明是「碰巧」而成的，中國人口多，使得這些「碰巧」更多罷了。這種「碰巧」並不是科學理論的必然，也不具備科學精神，因此談不上「科技」發達。

再談第二個誤區。

只要一提到基督教統治的中世紀，人們首先想到的就是「黑暗」這個詞，尤其是在講科學的時候。「黑暗」是人們對中世紀普遍且根深蒂固的看法，因為這種看法有明確的、鐵的事實作依據，這事實就是宗教異端裁判所曾將幾個科學家活活燒死。

這種看法，是人類認識史上的一大誤區。

所有持中世紀黑暗傳統看法的西方科學史家無不面臨著這樣一個悖論，即中世紀與近代科學的完全間斷性無法面對中世紀到近代科學時代的迅速過渡這一歷史事實。為了解決這一困惑，編史家便一味頌揚文藝復興並從中搜索近代科學的雛形，來做唯一答案。這些科學史家們使人們至今仍在堅信，正是文藝復興揭開了中世紀的黑色帷幕，宣告了近代科學的降臨。

那為什麼文藝復興偏偏誕生在黑暗的中世紀歐洲，而不是別的什麼地方，比如接受古希臘科學知識更早的阿拉伯國家？這將會是傳統的編史家又要面臨的一個難以回答的問題。

說中世紀黑暗是有道理的，這是文藝復興時期人們對中世紀神權的專斷、教會的殘酷的一種正常的反應，這個「黑暗」是帶有感情色彩的。二十一世紀的今天，人們應該拋棄這種感情色彩，用理性的客觀的眼光重新審視中世紀，尤其是中國人更不能人云亦云。一個胖子說高脂肪高熱量的壞處，是可以理解的，但如果一個饑餓的浮腫病人跟著叫嚷，則是可笑的。

早在古羅馬時期，聖奧古斯丁就將古希臘哲學家中唯理論傾向最典型、視數學為真正科學的柏拉圖的思想用來論證基督教義，將神學與哲學結合起來。他也因此成了教父哲學的代表人物。到了十三世紀，聖・湯瑪斯・阿奎那又將古希臘中最博學的哲學家亞里斯多德的學說與基督教義相結合，並接受了托勒密的天文體系。他將神學看成科學或哲學，認為人類理性來之於上帝，理性與信仰並不矛盾，是統一的。他因此成為經院哲學的集大成者。除此之外，基督教還吸收了包括蓋倫醫學理論的更多的古希臘科學思想。聖・湯瑪斯・阿奎那細緻的工作，使得古希臘原始科學結構的「珍珠」被鑲入了一個更大的可以使其進一步成長的基督教文化的「珍珠貝」之中了。亞里斯多德學說，托勒密的天文體系及蓋倫的醫學成為基督教自然觀的一部分，哪裡有基督教，哪裡就會傳授、學習這些科學知識，本來科學是專業化的，是難懂的，但在歐洲卻成了人們必須接受和研究的教義。宗教吸收了科學成果，使宗教變得強大了，強大了的宗教也把科學的宗旨傳遍了他們所及的每一個角落。到了十三世紀，在基督教世界裡，亞里斯多德的各種著作已經家喻戶曉。

基督教能吸納並傳播外來的科學，而儒教卻將自己土產的科學也給排斥免疫掉了，這兩種截然不同的、對立的對待科學的態度說明了什麼？

科學理性在逐步成長，原來巨大的宗教「珍珠貝」開始變得狹小了，權威的亞里斯多德和托勒密越來越受到追求真理思想敏捷的基督徒的普遍懷疑。到了一五四三年，新科學與舊神學的矛盾終於爆發了，此年，哥白尼在臨終前發表他的《天體運行論》，這一年通常被人視為近代科學革命的開端。而哥白尼本人，這位向舊神學致命一擊的近代科學革命的開創者，卻是一位一輩子在修道院任職的牧師。此後出現的近代科學史上重要的人物如巴斯卡、波以耳、培根、伽利略、克卜勒、牛頓等科學巨匠們無不是虔誠的基督徒，他們都堅信自己的研究恰恰是修正了過去的一些不適當的看法，更好地維護了上帝的尊嚴，是對上帝為自然立法的最有力的證明。其中最偉大的科學家牛頓，在完成自己對科學的一系列重大發現之後，更為上帝所傾倒，完全醉心於神學，並寫下了大量的神學著作。他的科學手稿共一百萬字，而他的神學手稿則有一千萬字之巨……。

不是別人，正是基督教會自己逐漸將將科學之水煮沸的。當教會為了戰勝不再服從舊神學的科學，為了阻止科學之水沸騰而不惜動用火刑時，一切都為時已晚。

如果將中國儒道教和基督教做個對比，你就會看出，基督教好比是一位老實的火夫，他辛辛苦苦地將科學之水煮沸了，但對於突然到來水的沸騰、昇華感到害怕，於是便「張牙舞爪」地去揚湯止沸。儘管他最後因此落下了一個阻擋科學進步的壞名聲，但實際上，他實是科學進步的功臣。中國儒道教則是位狡猾的火夫，為了防止水的沸騰、昇華，他乾脆釜底抽薪，根本不把水加熱。就如真的專制不是向遊行隊伍投催淚彈，而是根本就不讓遊行的事件發生。

如果能對人類歷史做個深入的思考，你就會同意這樣的看法：眾多的，默默無聞的傳播福音的基督教傳教士們，才是人類社會進步的真正源泉和動力。傳教士是聖靈的「接收器」「感測器」，他們承蒙聖靈的感召，帶動大家一同向神的國度——天國前進。

歐洲中世紀一千年，不是黑暗的，而是理性的、禁欲的、高尚的一千年，這一千年是歐美文明大廈的根基，他之所以容易被人們誤解，那是因為根基奠定的艱苦工作是在地平面以下進行的，並且這些工作的作用又是潛在的、長遠的，都是不被人們的肉眼所見的。「文藝復興」之所以耀眼、眩目，被人津津樂道，那是因為他是為慶祝奠基工程結束、大廈工程露出地平面時而放的禮花、煙火。為這些禮花、煙火歡呼，是人之常情，但將大廈工程的崛起歸功於這些煙火，則是愚蠢的。

今天，歐美之外的人們看到人家文明大廈的輝煌，頓生羨慕，紛紛學習模仿，但總是不成，為何？——沒有千年的奠基，樓是蓋不高的。

人類始祖偷吃了智慧果，便犯下了原罪，失去了最早的樂園——伊甸園，但上帝愛人，並沒有拋棄有罪的人類，而是抱著極大的耐心和信心派先知啟示人，派獨生子與人重新立約，來拯救人類，引導人類用智慧走正路。這條正路就是人類通往新的伊甸園——天國之路，就是人類由罪人變成神，與耶穌一同作王之路。

魔鬼名叫撒旦，就是阻擋的意思，抵擋人類認識真理。

敬畏耶和華是知識的開端，
愚妄人藐視智慧和訓誨。（箴1：7）
心無知識的，乃為不善。（箴19：1）

要得智慧，要得聰明，不可忘記，也不可偏離我口中的言語。

不可離棄智慧，智慧就護衛你，
要愛她，她就保守你。

智慧為首，所以要得智慧，在你一切所的之內必得聰明。

高舉智慧，她就使你高升；
懷抱智慧，她就是你尊榮。
她必將華冠加在你頭上，
把榮冕交給你。（箴4：5—9）
敬畏耶和華，是智慧的訓誨。（箴15：1）

阿門。

八、儒教是中國經濟落後的根源

周朝的土地制度是「井田制」。井田制是這樣一種土地制度：將封建領主的土地每方裡按「井」字劃做九區，「井」字中間一區為公田，餘八區為私田。受封的諸侯、大夫等大小領主是土地的所有者，他們自己不耕種，而是將「私田」授予農奴們去耕種。做為交換，農奴們必須為領主服勞役，替領主耕種「公田」。這個土地的所有權是世襲的，土地領主是世襲的，農奴隸屬於土地，也是世襲的。土地領主封地的大小是固定的，因此土地領主、農奴每年收入基本上都是固定的。這樣，諸侯、大夫、士等大小不同的土地領主的財富便因擁有土地多少的不同而呈等級排列，並且是固定不變的，這就構成了周朝等級禮制的經濟基礎。

同為封建土地制，井田制和歐洲中世紀的莊園制就不相同。歐洲的莊園結構是以基督教堂為中心，農奴的房舍居其周圍，整個莊園被一個以教堂為中心的十字型道路劃分為四塊，領主的直領地與農奴使用的份地具呈條塊狀相互交織一起分散在四區之中，並無中央與周邊之分。這種莊園制是一種開放的、靈活的封建土地制。相比較，井田制是公田置中央，份地置周圍的「中央集權式」的格局，這是一種封閉的、僵化的、靜止型的土地制度，他是難以適應新土地開闢的。

隨著生產工具的進步，原來的沼澤、森林逐步被人開發為新的耕地，但是這些新的小面積不規則的耕地既不能被劃成新的井田，又不可能被歸之於舊的井田之中，於是新的土地制度便開始出現了。土地領主將土地全部交給農民耕種，自己則按畝收實物地租。這樣做不僅適應了土地變化的需要，增加了領主的實際收入，並且領主們不用再蓄養監工監督、強制農奴們在公田中勞動，對農民來說因可以多勞多得，也提高了勞動積極性。

這種新的土地制度正式登上歷史舞臺，明確見載於史書的，是春秋中葉的西元前五九四年，即魯宣公十五年的「初稅畝」。「初稅畝」就是「履畝而稅」、「非公之去公田而履畝」[1]。

這種土地制度得到全面推廣始於戰國時期秦國的商鞅變法。「及秦孝公用商君，壞井田，開阡陌，急耕戰之賞……」[2]土地制度改革是商鞅變法的主要內容，在變法中商鞅積極發展農業，廢除世襲井田，鼓勵墾荒，確立土地私有，允許土地買賣。

至此，中國經濟開始由封建領主制經濟轉變為地主——小農制經濟。

1 《穀梁傳・宣公十五年》。
2 《漢書・食貨志》。

這種土地制度的轉變是春秋戰國時期社會變化的一個主要內容。井田制雖然被歷史淘汰了，但是周朝的等級禮制，以及與等級禮制相配套的等級財富觀念卻沒有被歷史淘汰，而是頑強地生存下來，受到了儒生們的鼎力推崇，並最終得以發揚光大。

「不患寡而患不均，不患貧而患不安」，[1]這裡「患不均」的「均」是「均勻」的意思，即是財富按等級進行分配。

表面上，儒教的這種財富等級分配原則是合理的，然而，儒教的等級並不是按人為社會所作的貢獻的大小、按人的實際能力來劃分的，而是按人的宗族血緣、門第出身來劃分的，並且這種按血緣劃分出來的等級還是世襲、永世不得變動的。儒教的等級是一種不公正的、僵化的等級；儒教所追求的財富分配等級均勻，並不是動態的等級均勻，而是一種靜態的、僵化的等級均勻。

儒教所以將「患不均」「患不安」這種靜止的財富觀做為自己的理想，是因為它相信，安定、靜止是人內心真正的渴望，是人的終極追求。而人們追求變化、運動的欲望是外在的，是人受到外界的種種誘惑才產生的，並不是與生俱來的，不是內在的。儒教的這種靜止的財富觀是其人性本善哲學觀的一種延伸。

因此，為了使人們能過遵守儒教的財富觀念，孔丘便竭力勸導人們要能抵抗外界的誘惑，擯棄自己內心的欲望，以做到「不患寡」「不患窮」，固守自己的貧窮。

子曰：「飯疏食，飲水，曲弘而枕之，樂亦在其中矣。……」[2]（吃粗食，喝白水，彎起胳膊當枕

1 《論語・季氏》。
2 《論語・述而》。

頭，快樂也就在裡面了）

子曰：「賢哉，回也！一簞食，一瓢飲，在陋巷，人不堪其憂，回也不改其樂。賢哉，回也！」[1]

子曰：「回也，其庶乎，屢空。賜不受命，而貨殖焉，億則屢中。」（顏回呀，他的道德修養已經差不多了，可是他很貧窮。端木賜不聽天命，而去做生意，猜測市場行情，往往猜中。）[2]

子曰：「君子喻於義，小人喻於利。」[3]

子曰：「君子固窮，小人窮斯濫矣。」[4]（君子能固守貧窮，小人窮了就會亂來。）

在遏制人的內心欲望方面，李耳尚是孔丘的老師：

不尚賢，使民不爭；不貴難得之貨，使民不為盜；不見可欲，使民心不亂。[5]

絕聖棄智，民利百倍；絕仁棄義，民復孝慈；絕巧棄利，盜賊無有。[6]

天下多忌諱而民彌貧；民多利器，國家滋昏；人多技巧，奇物滋起；法令滋彰，盜賊多有。[7]

1 《論語・雍也》。
2 《論語・先進》。
3 《論語・里仁》。
4 《論語・衛靈公》。
5 《老子・第三章》。
6 《老子・第十九章》。
7 《老子・第五十七章》。

小國寡民。使有什佰之器而不用，使民重死而不遠徙。雖有舟輿，無所乘之；雖有甲兵，無所陳之；使人復結繩而用之。甘其食，美其父，安其居，樂其速。鄰國相望，雞犬之聲相聞，民之老死，不相往來。[1]

以儒治國，「敵至必削，不至必貧。」

在追求自己的財富觀時，孔丘、李耳關注的是人的內心修養，而孟軻比他老師更上一層樓，他關心的是社會制度。

孟軻對周朝的井田制一往情深，他將實行井田的周朝社會描繪成一個幾近完美的田園社會，而對商鞅坡壞井田制的變法恨之入骨。面對「禮崩樂壞」的事實，孟軻發現單單像孔丘一樣簡單地將追逐利益者罵做「小人」已無濟於事，阻擋不了人們對財物的追逐和社會的變化，於是他採取了現實的、以退為進的策略，奉勸、遊說統治者對被老百姓作戰術讓步，施行「仁政」。

統治者要想得到百姓們的擁護，使自己的統治更加穩固、天下無敵，就要施行「仁政」，減輕農民負擔，給老百姓一條活路，讓老百姓擁有「恆產」，因為「沒有固定的財產卻有堅定的道德，只有士才能做到，至於老百姓，沒有固定的產業也就沒有堅定的道德了。如果沒有了道德，就會為非作歹，違法亂紀，無所不為了……」[2]。那麼，孟軻所說的「恆產」的標準是什麼呢？「是故明君制民之產，必使仰足以事父母，俯足以畜妻子，樂歲終

1 《老子・八十章》。
2 《孟子・梁惠王上》。

身飽，凶年免於死亡，……」[1]。原來是「終身飽」「免於死」，也就是今天的「生活最低保障」而已。

面對固守舊制、反對變法的儒生們，法家也是針鋒相對的。對儒教這種固窮的財富觀，商鞅一針見血地指出，以儒治國，「敵至必削，不至必貧。」（敵人來了必定割地賠款，敵人不來必定貧窮。）[2]

孟軻的預言是錯的，商鞅的預言是對的，受孟軻蠱惑的六國沒能做到「仁者無敵」，反倒先後亡了國，實行商鞅變法的秦國倒是真的天下無敵，消滅了六國。雖然儒生們恢復周朝舊制的夢想破滅了，但是，他們的思想在漢代又得到了復興。由於專制者的推崇和灌輸，儒教的義利觀、財富觀也日漸深入人心，獨占了中國人的心靈。直到今天，大多數的中國人仍用儒教的眼光看待財富，用儒教的君子、小人觀來衡量周圍的人，「無奸不商」仍是人們信奉的教條，統治者施行的仍是孟軻所謂的「仁政」。因此，商鞅的預言：「敵至必削，不至必貧」也成了中國歷代王朝的宿命。

從西周到今天，中國歷經三千年了，在「地球村」是個老戶了，雖然「家」裡人丁興旺，但卻比許多人丁稀少的新戶貧窮的多，若按人均收入一算，就更是可憐，只能在「村」裡的二百多戶人家中排倒數二十位前後，與一些貧窮的非洲國家為伍。雖然如此，但中國人的自我感覺卻要比那些貧困弟兄們好得多，常常以小康自居。中國，一個自欺欺人、死要面子的老破落戶。

當中國人在西元前十一世紀建立封建制度時，歐洲還處在氏族社會。當歐洲在西元五世紀建立封建王國之時，比中國的西周晚了一千六百年，其封建制的崩潰是在十七世紀，要比中國的戰國末年晚二千餘年。這似乎很值得中國人自豪一番，但是，歐洲封建制崩潰後，產生了資本主義經濟，這使得歐洲國家迅速致富，後來居上；而中國的

1 《孟子．梁惠王》。

2 《商君書．農戰》。

封建制崩潰後，產生的卻是小農經濟，國民經濟因此一直在原地打圈，不能前進，這是為什麼？在「禮崩樂壞」的春秋戰國時期，中國的商人們能夠叱吒風雲，左右政局、影響國家前途，資本主義的「萌芽」是那樣的茁壯，資本主義經濟基礎是那樣的雄厚，資本主義偏偏就是沒有產生在中國，直到今天，仍沒有誕生，這又是為什麼？

周朝所建立的封建制和歐洲中世紀的封建制是不同的。取代羅馬帝國的法蘭克王國的查理大帝向諸侯分封土地的原則是軍事功績，而周人分封土地的原則是血緣，是所謂的「親親建國」，中國周朝受封的諸侯宗族是嚴格遵守周人制定的宗法制度的，因此中國周朝所建立的封建制，其實是宗法封建制。這是兩種封建制的本質差別。

西周的這種宗法封建制在建立之初，就埋下了潛在的矛盾：宗法制度與莊園經濟之間的矛盾。

宗法制度，這種以血緣原則建立的社會制度，其實踐的結果之一就是使家庭而非個人成為了社會的基本細胞。中國的家庭因宗法制度而變得自我封閉性很強，這種封閉性使得每個家庭對本家庭之外的公共勞動帶有強的抵觸情緒，並且使得家庭與家庭之間缺乏合作精神。而莊園經濟，恰恰需要農奴家庭之間的相互合作。這種矛盾抵觸的存在，使得周人的井田制得不到很好的貫徹，而在歷史中顯得面目模糊。這種模糊的井田制也只維持了四百年，便開始瓦解了。

這種矛盾性可以從西周的詩歌集《詩經》中體現出來。在其中有關勞動的詩篇中，基本上都是反映農夫們的嗟歎哀怨、憤憤不平的。《詩經》中的三百首詩還是孔丘從西周流傳下來的三千多首詩中嚴格挑選出來的，符合自己教義的詩，三百首之外更多的詩因不符合儒教教義而被孔丘無情地刪去了。在那些被刪去的詩中，可以想像得出，反映農夫們抱怨、反映階級矛盾和西周社會陰暗面的詩歌會更多。

土地私有化後，原來的土地領主與農奴的關係，就變為了地主與佃農的關係，這種關係是非世襲的、市場化的租佃契約關係。佃農只要向地主交納實物地租，就可以耕種地主的土地，並且這些土地可以自由買賣，佃農如能攢足夠的錢，可以購買土地，成為自耕農，甚至地主。這種新的土地制度給了農民們一個希望，讓他們可以抱著無限美好的憧憬為自己的小家庭辛勤耕作了。「福」「富」是中國人的追求，他們不過就是「一口田」而已。這樣，小農家庭變成了勞動的基本單位，地主的土地再多，他也是將土地租給一個個小農家庭去獨立耕作的，就是那些田連阡陌的大地主也不能離外。正是家庭成為了勞動的基本單位，使得中國形成了獨特的小農經濟。

與中國小農經濟相比較的是歐洲中世紀的封建莊園經濟。

與歐洲封建莊園一同建立的，是基督教信仰。這種信仰使得基督教堂成為了莊園地理和精神的中心。基督教和宗法制度最顯著的差別在於：宗法制度的原則是血緣，它使得血緣成為人與人之間的唯一紐帶，它使得家庭成為社會的基本細胞；基督教的原則是超血緣，它使得超血緣的上帝成為人與人之間的紐帶，它使得個人成為了社會的基本細胞。這樣，歐洲人便很容易衝破小家庭觀念的束縛，實現社會化合作。正是基督教為歐洲中世紀莊園所需要的合作勞動提供了價值基礎，這種價值基礎不僅使歐洲的封建制生存了近千年之久，並且使封建莊園經濟轉化為資本主義經濟成為可能，因為資本主義經濟，是這種超越家庭觀念、社會化合作的進一步發展。

讓我們來聽一聽，在歐洲中世紀莊園中的基督教堂裡，神父們都給莊園主和農奴們講了些什麼：

六日你要作工，第七日要安息，使牛、驢可以歇息，並使你婢女的兒子和寄居的都可以舒暢。（出23：12）

雇工人的工價，不可在你那裡過夜留到早晨。（利19：13）

若有外人在你們國中和你同居，就不可欺負他。和你同居的外人，你們要看他如本地人一樣，並要愛他如己。（利19：33）

你在田間收割莊稼，若忘記一捆，不可回去再取，要留給寄居的與孤兒寡婦。這樣，耶和華你神比在你手裡所辦的一切事上賜福與你。你打橄欖樹，枝上剩下的不可再打，要留給寄居的與孤兒寡婦。你摘葡萄園的葡萄，

所剩下的不可再摘，要留給寄居的與孤兒寡婦。（申24：19）

有施散的，反更增添；有吝惜過度的，反致貧乏。（箴11：24）

好施捨的，必得豐裕；滋潤人的，必得滋潤。（箴11：25）

欺壓貧寒的，是辱沒造他的主；憐憫窮乏的，乃是尊敬主。（箴14：31）

戲笑窮人的，是辱沒造他的主；幸災樂禍的，必不免受罰。（箴17：5）

貧窮人，你不可因他貧窮就搶奪他的物，也不可在城門口欺壓困苦人。（箴22：22）

周濟貧窮的，不至缺乏；佯為不見的，必多受咒詛。（箴28：27）

學習行善，尋求公平，解救受欺壓的，給孤兒伸冤，為寡婦辨屈。（以1：17）

那行不義蓋房，行不公造樓，白白使用人的手工，不給工價的，有禍了！（耶22：13）

在歐洲中世紀的莊園中，教堂不僅是傳播基督教義的中心，並且祂本身就是階級矛盾的緩衝器，是友愛和睦的紐帶，是愛的源泉。最近，在巴黎附近的一個修道院中發現了查理曼時代的莊園薄記，其中詳細記錄了農奴們每天的工作情況，並且生動具體地描寫了生活的各個方面。英國倫敦大學經濟史教授根據其中一部分記錄，以一個農奴的情況為例，用現代語言編譯了《農夫波多》一文。文中以相當多的篇幅描述了農奴們互相幫助，互相愛護，友好相處的具體細節。這和中國《詩經》中所反映的流離嗟怨的農奴生活形成了鮮明的對比。

奴性怯懦的中國人不敢捍衛自己的財富

中國封閉的地理環境最終阻擋了秦國戰車的車輪。當秦帝國開始築長城壘院牆時，曾經有利於開疆擴土的耕戰政策也開始悄悄地發生著變化。由於疆域的固定和人口的增長，使土地資源變得有限，在受限的土地面積上，人們增加財富的方式開始由「勤」轉向「儉」，人們對幸福的理解開始由奮鬥變為知足。這時，儒教靜止的財富觀又漸漸得到人們的認可，這就為儒教在漢代重興，打下了基礎。

儒生們的努力雖然沒能保得住井田制度，但是，其封閉、靜止的財富觀最終在一個更小的、也更牢固的單位——家庭中得到了實現。中國的歷史證明，儒家思想和小農家庭結合而形成的小農制經濟是很成功的。隨著漢代儒教獨尊，這種以宗法制度、儒家思想為依託，以小農家庭為勞動基本單位的小農制經濟也成熟定型，一直延續到今天。

小農制經濟其實是導致中國人民貧窮、多災多難，商業落後的一種經濟體制。

太極圖，大是個封閉圓圈，小還是個封閉的圓圈。中國社會同樣如此，整個國家就是一個大的封閉的圓圈，一個個小農家庭又是一個個小的封閉的圓圈。男耕女織，自給自足，封閉的小農家庭，正如一顆顆堅硬的沙粒，由於自身的封閉性，這些「沙粒」之間很難相互連接，相互合作，其數量雖多，但終是一盤散沙。小農制經濟是中國人不團結的經濟基礎。

小農們這種自掃門前雪、缺乏團結合作的狀態，正是專制政府所要求的。不能相互團結、一盤散沙的民眾使得專制權威幾乎受不到任何制約和挑戰，眾多小門小戶的小農們根本沒有資格與皇帝、官僚機構討價還價，他們對專制政府的唯一的選擇就是服從。在這種背景下，農民們的勞動所得是沒有保障的，他隨時都可能被皇帝派下來的苛捐雜稅搜刮殆盡。農民們的貧富從根本上講並不取決於自己的辛勤程度，而是取決於皇帝是否仁慈。不能團結的小農們除了像祈禱龍王降雨一樣祈禱皇帝仁慈之外別無選擇。中國的歷史告訴我們，皇帝們並不是聖人，他們同樣是有七情六欲的凡夫俗子，受不到任何制約的他們，總是窮奢亟欲的，於是貧窮也便成了中國百姓們的宿命。

中國的百姓雖然人數眾多，但力量卻很微小，這種微小的民間力量和強大的專制力量之間的懸殊，使得中國皇帝與百姓的關係最終成了魚翁與魚鷹（一種由人飼養，可以捕魚的飛禽）的關係：魚翁用根繩子將魚鷹的脖子繫住，讓魚鷹餓著肚子憑著本能捕魚。魚鷹捕到了魚，但因脖子上繫著繩子而無法下嚥，魚只好被漁翁掠去。這樣，魚鷹周而復始地，一條魚一條魚地為魚翁勞動著，直到漁翁心滿意足了，才會將牠們脖子上的繩子解開，讓牠們下嚥幾條魚來維持生命。其中，魚鷹可下嚥魚的數量與其勞動量是沒什麼關係的，牠完全取決於漁翁的心情、態度。會算計的魚翁並不仁慈，他允許魚鷹下嚥的魚是僅僅只夠牠們維持生命，因為他知道，湖裡的魚的數目是有限的，魚鷹多吃一條，他就將會少得一條。

中國的百姓們就像這些沒腦子的魚鷹，既不知道通過立法來限制政府，又不會組織工會來保護自己，只知道憑著動物似的本能去辛勤地「捕魚」。他們在捕魚的時候，總是認為「魚」會下肚，但最終「魚」總是被蹲在一旁的「魚翁」——專制政府掠走……這種鬧劇日復一日地演著，百姓們不管多麼勤勞，最終仍然是一貧如洗，但他們卻從不停下來思考一下，這是為什麼？今天，中國仍是滿大街的「駱駝祥子」們（註：老舍的小說，敘述窮人的不幸及永無止盡的窮忙生活，希望與絕望並存的時代），懷揣著對未來小日子的憧憬，在烈日下奔跑著……。

中國皇帝和權貴們的窮奢亟欲，迫使中國的百姓變得即勤又儉。這種被迫的，並不能真正給自己帶來財富的勤儉，是無知與怯懦的產物，很難稱之為美德，如果是，那也是奴才的美德，是別有用心的統治者所宣傳的美德。奴性十足的、怯懦的中國人，願意用一百滴汗水去換取財富，而不知、也不敢用半滴鮮血來保衛自己的勞動所得，直到今天仍是這樣。

中國是災荒之國

中國男耕女織的小農生活遠沒有人們所想像的牧歌式的田園生活那樣美好。社會是處於運動之中的，人口是不斷增長的，不斷增長的人口只能使人們更多地向自然索取，這必然就要打破自然原來的平衡。失去平衡的自然會通過自己的方式來報復人類，比如中國歷史中常見的水、旱、蟲、蝗等災害。

人類偷吃智慧果，被趕出了伊甸園，從此，人類就失去了與自然的和諧關係，不得不與自然處於緊張對立之中。逆水行舟，不進則退。在這種對立之中，不是人類戰勝自然，就是自然肆虐人類。在這種殘酷的現實面前，躲避是沒有用的。儒道教對那種甘食美服，安居樂俗，老死不相往來及「民知其父，不知其母，與麋鹿共處，耕而食，織而衣，無相害之心」[1]生活的憧憬嚮往，表面上好像是對伊甸園不合實際的留戀，實際上，這是魔鬼的伎倆，他故意隱瞞了人類偷吃智慧果的情節，使人一味地沉湎於對伊甸園的幻想，留戀過去，不肯面對人已經具有不可剝奪的智慧的現實，用靜止的、倒退的眼光來看待社會、自然；使人在與自然的對峙中，不去努力戰勝自然，讓自然為人類服務，而是讓人束手待斃，任憑自然的凶虐蹂躪。

小農經濟因普遍的貧窮以及其對社會勞動的排斥，使得散漫、無組織、個體主義的小農們在反覆無常的自然面前束手無策，小農們除了磕頭燒香祈求龍王之外，只能依賴政府。但是信奉儒教天人感應的官員們，並不積極地組織大家進行一些如修築大規模水利工程、防洪排澇、除蟲滅蝗、植樹造林等改造自然的活動，而總是將災害視為天相運行的結果，而無動於衷：「太歲之數在陽為旱，在陰為水。」[2]「歲在金，穰；水，毀；木，饑；

1 《莊子・盜蹠》。

2 《鹽鐵論・水旱》。

火，旱。」[1]或是將自然災害看成上天的譴責，將蟲、蝗等災害之物視為天物，不敢稍加毀滅，一任他們肆虐百姓，只知淨身焚香、固步自封、檢討自身品行的得失，以求以誠意感動上蒼收回懲罰。

中國因此成了一個多災多難的國家：「六歲穰，六歲旱，十二歲一大饑。」[2]「三歲而一饑，六歲而一衰，十二歲而一康（康：荒也）」[3]「六歲一饑，十二歲一荒」[4]……英國學者李約瑟（Joseph Needham）曾對此進行過統計：「中國每六年有一次農業失敗，每十二年有一次大饑荒。在過去的二千二百多年間，中國共計有一千六百多次大水災，一千三百多次大旱災，很多時候，旱災及水災在不同的地區同時出現。」[5]這裡指的都是災區廣闊，危害嚴重的大災荒，區域性的小災荒，尚不算在內。中國的「自然」災難之多，堪稱世界之最。歐美人稱中國為「Land of famine」（災荒之國）實不過分。

在中國這個「災荒之國」中，水、旱、蟲、蝗等所謂天災，其實皆為人禍，中國歷史上的災難是與政府行為密切相關的，每當一個王朝黑暗腐敗之時，「自然」災害就發生得格外頻繁，破壞力也格外強烈。

中國人尚是食人民族

絕對獨裁加小農平均是法家的理想，將財富等級分配是儒家的理想，二者在漢代合流的結果之一，是在官場中形成了一個不成文的按官職級別財富等級分配的暗規則，結果之二，是在土地上，形成了一個按占地多少而形

1 《史記・貨殖列傳》。
2 《史記・貨殖列傳》。
3 《淮南子・天文訓》。
4 《鹽鐵論・水旱》。
5 一九七四年五月二十九日香港《大公報》轉載他於四月二十五日在香港中文大學的講演。

成的財富等級。這種財富等級是通過土地兼併得以實現的。

隨著土地自由買賣制度的確立，土地兼併也就誕生了。經營不善破了產的農民不得不將土地賣給地主或其他有財力的自耕農，以維持生計，自己再租佃別人的土地耕種，淪為佃農。這種兼併是正常的，其過程地緩慢的。但是，由於外界大批資金的介入，土地兼併就開始變得猛烈起來。

隨著官場腐敗暗規則的形成，大小官僚們手中漸漸通過種種非法手段積累了大量的金錢，這些金錢的最終流向就是土地。在中國，由於沒有法律保障，個人手中擁有大量資金是很不安全的，尤其是官僚手中的不法收入。土地因具有不怕賊偷、刀槍、水火、蟲咬等優點，購買土地就成為了官僚及一些商人們投資、保存財富的最穩妥、最安全的途徑。

苛捐雜稅的盤剝，本來就使小農們常掙扎在生死存亡線上，這時如果碰上所謂的「自然」災害，小農們就會大批的破產，為了生計，他們不得不出賣自己的土地，這就為想購買土地的外部資金提供了大量的賣方。當這些仍滿足不了買方需要的時候，那些本來就和權力扭結在一起的資本就會利用權力，使出種種手段威逼利誘，迫使農民將土地賣給他們，甚至乾脆搶奪、霸占。這就加速了兼併的發展。

土地大量兼併的第一個結果，就是使農民絕對貧困。

土地兼併造就了一些大地主和更多的佃農，地主們對佃農的剝削要比封建莊園主對農奴的剝削更甚。由於中國的人口的過度增長，和土地的有限，地主的地租會一路攀升，越來越高。中國之租佃制度一開始，租率就從未低於百分之五十，在唐代，農民們豐年畝收不過一石五六鬥，而私租竟達一石，占全部收穫的七、八成。「今京畿之內，每田一畝，官稅五舍升，而私家收租，殆畝至異石者，是二十倍於官稅也；降至中等，租猶半之，是十倍於官稅也」[1]。在政府和地主的雙重壓迫下，農民們只能掙扎在生存的邊緣，生活陷入絕對貧困之中。情況好點的是「田輸兩稅，復攤丁徭，則一日而三徵，內外正供，取農十九，而官吏徵收，公私加費，往往及倍……故農民終歲勤動，幸不離於天災，而父母妻子已迫饑寒，又竭其財已給貪婪，出其身以快殘酷，歲率為常，何以堪此」[2]「幸而收成，公私之債，交爭互奪，谷未離場，帛未下機，已非已有。所食者，糠秕而不足；所衣者，綈褐而不完……」[3]。情況差的是：「父子低首，奴事富人，躬率妻子，為之服役，」仍不免「生有終生之勤，死有露骨之憂」如遇收成不好，則會「流離溝壑，嫁妻賣子」……。

土地大量兼併的第二個結果就是社會大動亂。

儒教所締造的官場中的財富等級分配的暗規則，之所以稱之為暗規則，是因為他是完全不受法律和皇權所控制的，他只受儒教等級禮制的道德支配、調節。但是官吏們並非孔孟所認為的性本善良的君子，在金錢面前，禮制道德的約束是蒼白的。在沒有法律約束的條件下，官吏們總是全力地追逐個人利益，這就會使那個等級暗規則失控，失控的結果就是貧富嚴重兩極分化。

和腐敗一樣，土地兼併也是暗規則的一個組成部分。失控的兼併會使得土地越來越集中到少數人手裡，大地主越來越富，農民們越來越窮，「富者田連阡陌，貧者亡立錐之地」[4]。這種貧富嚴重兩極分化的最終結果就是爆發戰爭、大動亂。

1 《陸宣公奏議全集‧均節賦稅恤百姓》。
2 包世臣《安吳四種》。
3 《宋史‧食貨志》。
4 《漢書‧食貨志》。

在歐洲，也有土地「兼併」。典型的是十五世紀英國的圈地運動。由於羊毛紡織工業的迅速發展，將耕地變成牧場養羊的利潤要遠高於耕種糧食，於是封建貴族們就通過退佃等手段將種地的農民趕走，將土地圈起來養羊。英國的圈地運動標誌著歐洲封建土地制開始崩潰，與中國不同的是，伴隨著英國封建土地制度崩潰的是資本主義經濟的誕生，而不是小農經濟的誕生。英國用大片土地來養羊，使得土地成為工業大規模生產的一部分，不養羊的土地，地主們也是將它們租給一個農業資本家，農業資本家再雇工人對土地進行更有效率的集體工業化的耕種，而不是將它們分租給許多個分散的小農家庭來獨立地進行原始耕作。這一點是英國和中國土地制度變遷的重要區別。

英國的圈地運動，不僅使資本集中到少數人中，完成了資本原始積累，並且也造就了資本主義所必需的無產階級——喪失土地的農民不得不進入城市工廠當起了工人。這個歷史性的轉變，對中國人來說似乎並不想教科書中所說的「羊吃人」那樣血腥恐怖。在中國的土地兼併後，許多喪失土地的農民也淪為了無產階級，但他們不是湧向城市當工人，而是「逃亡山林，轉為盜賊」[1]。

中國的富人們沒聽到過上帝的教訓，不知道**「好施捨的，必得豐裕；滋潤人的必得滋潤」（箴11：25）**此等福音的好處，也不知道**「貧窮人，你不可因他貧窮就搶奪他的物，也不可在城門口欺壓困苦人」（箴22：22）**此等教訓的意義，一個個都像餓死鬼追逐食物一樣，玩命地追逐財富，為富不仁，不肯給貧窮人一點憐憫。敬酒不吃吃罰酒。你們不肯為愛付出一個，那你們就會受到懲罰而失去十個——當越來越多的人轉為盜賊的時候，農民起義、戰爭、社會動亂就會爆發了。這時候，富人們就會成為農民吃大戶、強盜們搶劫、軍閥們勒索的對象，別

1 《漢書・食貨志》。

說財富，就是自家性命都毫無保障。

伴隨著社會週期性動亂、改朝換代的是社會經濟的週期性毀滅。戰爭，這個人禍，比水、旱、蟲、蝗等所謂的「天災」危害更烈，他對社會經濟的破壞是毀滅性的。戰爭一旦爆發，社會財富的多年積累，就會毀於一旦，原來熙熙攘攘的社會頓時會變成一個「城邑丘墟」「荊棘載途」「人煙斷絕」「白骨委積」「人向食啖」的人間地獄。

在中國漫長的歷史中，一直是太平時少，喪亂時多。中國歷史是一部充滿內部戰爭的歷史，這種戰爭是中國社會兩極嚴重分化的必然結果，同時也是中國社會解決這種嚴重兩極分化和人口過剩的唯一的惡性手段。戰爭一過，人煙稀少，地主或被殺，或逃亡，土地得以重新分配，新的經濟建設得以重新開始，但是時間一長，人口過剩，土地兼併等弊病有會捲土重來，直到下一次戰爭爆發……反覆建設，反覆破壞，一個貧窮的惡性循環。

人口增長過快，小農經濟，土地兼併，政府腐敗，這些無不是儒教的傑作，而他們正是中國週期性戰爭的根源。

孔孟的話，如同埃及法老那古老的咒語，如果人們不按他們所說的話行事，不肯安分守己，安貧樂道，而去追逐財利，那麼，當社會財富積累到一定程度時，（不管這些財富集中在誰的手中）孔孟的咒語便會發揮魔力，是戰爭動亂爆發將社會財富毀於一旦，強迫人們重新回到「一簞食，一瓢飲」「飯疏食，飲水，曲肱而枕之」一窮二白的生活，甚至回到「民知其母，不知其父，與麋鹿共處」的洪荒時代。

自從中國的國門在鴉片戰爭期間被西方列強強行打開後，中國社會財富的週期性毀滅也開始出現了變化，那些通過種種手段搜刮到大量財富的權貴們不用再費盡心機地將金銀財寶找地方埋藏了，也可以逃脫農民的報復和軍閥的訛詐了，因為他們這時有了一個更為安全的選擇：逃到國外去。他們的財富在那些文明法治的國家是安全的，不會受到民間或官方的明搶暗奪。在那裡，他們可以高枕無憂地享用在中國搜刮來的民脂民膏了。

今天，隨著全球經濟的一體化，中國社會財富的毀滅也「與時俱進」了，不用等到社會動盪的到來，貪官們、官倒們就開始未雨綢繆了：中國險惡的政治環境使他們通過子女留學、地下錢莊、商業回扣等手段將自己的不法收入、非法所得偷偷地轉移到國外，以給自己和自己的子女留條後路。一小部分商人也懼怕自己的財富被侵占、搶奪，而通過種種手段將財富轉移到國外——不用等到週期性動亂的到來，中國的財富已經開始悄悄地溜走了。

據《中國商報》報導：在中國政府大力引進外資的同時，國內資本在大量外逃。國家外匯局對此作了一項專題調查，估計從一九九七至一九九九年累積資金外逃五百三十億美元，平均每年外逃額占國民生產總值的百分之二。國民經濟研究所的樊綱教授認為二〇〇〇年中國資本外逃已達四百八十億美元，超過了當年外商對華投資的四百零七億美元！

引進的外資，錢還是人家的，可逃出去的資本，卻是「壯士一去兮不復還」了。

中國外逃資本，並不是滿世界亂飛，而是和嫌貧愛富的人一樣，只往富裕法制的國家跑。

耶穌基督如是說：**因為凡有的，還要加給他，叫他有餘；沒有的，連他所有的也要奪過來。（馬太25：29）**

阿門。

中國的內戰，毀滅的不僅僅只是財富，他毀滅的還有人性。

楚漢戰爭後：

漢興，接秦之敝，諸侯並起，民失作業，而大饑饉，凡米石五千，人相食，死者過半。[1]

王莽之亂：

（西元十四年）緣邊大饑，人相食。

（西元二二年）關東人相食。[2]

（西元二六年）三輔大饑，人相食，城廓皆空，白骨蔽野。

（西元二七年）百姓饑、餓，人相食，黃金一斤，易豆五升……[3]

戰鬥死亡，緣邊四夷所繫虜，陷罪，饑疫，人相食，及莽未誅，而天下戶口減半亦。[4]

黃巾起義，三國之亂：

旱蝗少谷，百姓相食。[5]

1《漢書・食貨志》。
2《漢書・王莽傳》。
3《後漢書・劉盆子傳》。
4《漢書・食貨志》。
5《後漢書・呂布傳》。

（西元一九四年）是時穀一斛五十萬，豆麥一斛二十萬，人相食啖，白骨委積。[1]
自遭慌亂，率乏糧穀。……袁紹之在河北，軍人仰食桑椹。袁術在江、淮，取給蒲贏。民人向食，州呈蕭條。[2]

天旱歲荒，土民凍餒，江淮間相食殆盡。[3]

兩晉、南北朝：

（西元三〇五年）賊盜蜂起，司冀大饑，人相食。[4]

（西元三〇七年）至於永嘉，喪亂彌、甚，雍州以東，人多饑乏，更相鬻賣，……又大饑疫，兼以饑饉，百姓又為寇盜所殺，流屍滿河，白骨蔽野。……人多相食，饑疫總至，百官流亡者十八九。[5]

懷帝為劉曜所困，王師暴敗，府帑已竭，百官饑甚，比屋不見火煙，饑人之相啖食。[6]

（西元四〇一年）其後（桓）玄遂篡位，亂京都，大饑，人相食，百姓流亡……。[7]

1 《後漢書・獻帝記》。
2 《三國志・武帝紀》。
3 《後漢書・袁術傳》。
4 《晉書・石季龍載記附冉閔載記》。
5 《晉書・食貨志》。
6 《晉書・食貨志》。
7 《晉書・天文志》。

唐朝安史之亂：

圍攻既久，城中糧盡，易子而食，折骸為爨，人心唯恐，慮將有變。巡乃出其妾，對三軍殺之，以饗軍士，……將士皆泣而下，不忍食，巡強令食之。乃括城中婦人，既盡，以男夫老小繼之，所食人二三萬，人心終不離變。[1]

唐朝黃巢起義：

五六年間，民無耕織，千室之邑，不存一二，歲既凶荒，皆膾人而食……。[2]

宋朝：

金人亂華，六七年間，山東、京西、淮南等路，荊榛千里，斗米至數十千，且不可得。盜賊、官民、以至居民，更互相食……。[3]

金貞佑主南渡，而元軍北還。是時河朔為墟，蕩然無統。強焉弱陵，眾焉寡暴，孰得而控制之。故其

1 《舊唐書・卷一百三十七》。
2 《舊唐書・昭宗本紀》。
3 莊季裕，《雞肋篇》。

遺民，自相呑噬殆盡。[1]

這種「人相食」的地獄慘劇，一直延續至共產黨中國的大躍進時期。「食人」對中國人來說早已不是什麼稀罕事，以至於人肉竟被中國人用來治病。在中國的權威藥典《本草綱目》中，除了水部、土部、石部、草部、果部、蟲部、禽部、獸部之外，還有人部：人骨主治骨病、接骨、臁瘡；人勢（陰莖）主治創口不合；人膽主治鬼氣、伏連、久瘧、噎食、金瘡；人血主治皮肉乾燥、身上麩皮起、狂犬咬、寒熱欲發；人肉主治瘵疾……。

中國何止只是個「災難之國」簡直就是個「食人之國」。

魯迅先生說：「中國人尚是食人民族。」。[2]豈是戲語?!

魯迅先生說儒教乃是吃人的禮教，何止只是個比喻?!

小農經濟從根源上扼殺了工商業

自從世上有了物品交換之後，就出現了物品製作的分工。隨著規模的擴大，交換就成了商業，製作就成了工業。商業和工業是一對互為因果，相輔相成的孿生姊妹。工商生存和發展的基礎是分工和交換。

中國小農經濟的基本單位——小農家庭，就像一個個細胞，雖然個體很小，但功能卻很齊全，他不僅有自己的小農業，還有自己的家庭手工業和家庭飼養業。農民們不但可以生產自己需要的農產品，並且可以生產自己需

[1] 劉因，《靜修先生文集》。

[2] 魯迅，一九一八年八月二十日致許壽堂信。

要的大部分手工業品。除了極少數的物品（如鹽、鐵）之外，簡直是萬事不求人，正像孟軻所言：「萬物皆備於我。」[1]。一個小農家庭內，男女老幼在宗法關係的規定下，按自然分工，各有所適，男耕女織，農忙下田，農閒做副業。他們不但農副產品不依賴市場，甚至對手工業者生產上市的品質較好的一些工具也不屑一顧。因此在中國古代廣大農村是不存在固定交易市場的，在一年中，有幾天傳統的臨時集市就可以滿足農民們的生產生活的需要了。

中國這種男耕女織，自給自足，封閉的小農經濟，使得社會分工和交換都成了多餘，這從根源上扼殺了社會工業和商業發展的動力。

小農經濟是中國商業落後的一個重要原因。

小農制經濟是與儒道教價值觀完全配套的一種低成本、低消耗「廉價」的經濟體制。直到今天，中國的工業產品在國際市場的競爭優勢，也全在於廉價的勞動力和原材料，除此之外，中國商業在國際市場中，幾無立錐之地。一個靠「廉價」得以商業生存的國家，一個將「廉價」做為吸引外資、發展經濟砝碼的國家，怎麼可能讓人民過上富裕的生活呢？

近代，為了生存，中國也模仿歐美建立了自己的大工廠和大商業，但是與之相配套的平等、協作的精神價值觀卻不知道學習，也學習不到。中國人的人腦仍被小農思想占領著，他們不得不用傳統的小農思想管理著西方現代化企業。進步也是有的，但那只是量上的變化，比如「小而全」變成了「大而全」，家庭作業變成了家族式管理等等。

---

1 《孟子・盡心上》。

小農思想也並非一無是處，就像群居、世襲等廉價的生存、生活方式一樣，在一定的歷史時期內，「廉價」的小農思想也具有「初發優勢」。靠親情團結在一起的家族，在工商創業初期，往往比超越家庭的社會化合作成本更低、效率更高、更具凝聚力和團隊精神，這些再加上中國人的勤奮，會使這種「初發優勢」表現得很充分、很顯眼，以至於很容易誘導人產生一個錯誤的印象：儒家思想有利於商業發展，家族管理是一種優秀的管理方式。

小農思想、家族式管理的優勢是有條件的，他是在東西方經濟巨大落差下的背景下，藉著「後工業化優勢」的東風，才得以一顯身手的，如果東西方的經濟差距縮小了，「後工業優勢」減弱了，那家族式管理所謂的優勢也就到頭了。

中國傳統商業的虛假繁榮只是社會週期崩潰的催化劑

小農思想是儒家思想的一個產物，在遏制中國工商業健康發展方面，小農思想和整套的儒家思想相比，就小巫見大巫了。

商業的行業實質是流通，商業的精神實質是平等，而流通和平等正是儒教靜止的財富觀和等級禮制的天敵，因此，儒教對商業和商人有著先天的、刻骨的敵視和仇恨，商人在儒生眼中是百分之百「喻於利」的小人、奸人；商業在儒教的眼中則是百分之百的末業、賤業。儒教是戕害中國商業的真正的罪魁禍首。

儒教對商業的仇視，在《鹽鐵論》中，表現得很充分。

西元前八一年，霍光在全國召集挑選了儒生六十多人，用馬車拉到首都長安，召開鹽鐵會議，和執行武帝政策的御史大夫桑弘羊進行論戰，辯論鹽鐵專賣政策的對與錯。

在鹽鐵會議上，儒生們和桑弘羊辯論的內容並不局限於鹽、鐵，而是涉及到經濟、軍事、政治、文化等諸多方面，這是一場儒家思想和法家思想的全面碰撞。論戰的內容後被漢宣帝時的桓寬根據會議記錄整理成書，這就是《鹽鐵論》。

在《鹽鐵論》中，儒生們明確表示了從本抑末（商）、歧視商業的思想。

> 「治理人民的方法，應該是防止產生享樂縱欲的根源，發揚人們固有的道德因素，抑制工商業，推廣仁義，不要引導他們追求財利，這樣教化才能振興，風俗才能改變。現在，全國各地都在推行鹽鐵官營、酒類專賣和均輸等政策，與民爭利，破壞了忠厚樸實的風氣，形成了貪得無厭的習氣。因此老百姓從事農業的變少了，熱衷工商業的變多了。外表華麗，就使本質衰敗；工商業興盛，就會使農業衰落。工商業發展，則人民貪圖財力；農業發展，則人民誠實簡樸。人民誠樸，生活就會富足，人民奢侈，饑餓就會產生。希望廢除鹽鐵官應、酒類專賣和均輸等政策，以便促使農業。限制工商業，有利於農業發展，這才安全。」
>
> 「用道德教導百姓，老百姓就會變醇厚；用財力來引誘他們，風俗就會變得輕薄。風俗輕薄，就會使人背棄仁義而熱衷財力，熱衷財力，老百姓就會為財力往來奔走於商場上。《老子》上說：『貧窮的國家好像財富有餘，其實，並不是財富真的多，而是因為百姓的欲望多，急於求利罷了。』（「貧國若有餘。非多財也，嗜欲眾而民躁也。」今本《老子》無此語。）因此，高明的統治者重視農業，限制工商業，用仁義防止老百姓的貪欲，以增長糧食和財貨。[1]

1 《鹽鐵論・錯幣》。

儒生們在會議上攻擊法家時，也許他們忘記了，商鞅是中國歷史上第一個正式提出「事本（農）而禁末（商）」的人，是中國專制社會「重本禁末」傳統的開創者。

當儒生們還只是在道德上歧視商人，在口頭上詛咒「無奸不商」「義不掌財」時，法家早就開始動手運用皇權來打擊商人了。儒和法在對待商人、商業上本是一丘之貉，它們之間的爭論只是五十步與百步、形而上與形而下之爭而已，屬「貉狸兄弟內部」矛盾。

難道，在漢武帝時期，皇帝、法家對待商人、商業的態度，真的來了個一百八十度的大轉變嗎？不是的，桑弘羊對商業、商人的褒揚，僅僅只是為了證明官營鹽鐵、政府經商的正確性、合理性和反駁儒生們對政府經商的詆毀，並不是對真正自由商人的讚揚。事實上，在漢武帝時期，有桑弘羊實行的鹽鐵官營、酒榷、均輸、平準等「計劃經濟」措施，是對民間商業的一次致命打擊。

人是有欲望的，社會是離不開商業的。儘管有先秦法家的權力賤商和儒家的道德賤商，但是，隨著社會的發展，商人們總是悄悄地富裕起來。就如漢代晁錯所言：「今法律賤商，而商人已富貴矣」。[1]正是面對這種現實，法家們不單單在法律上遏制商人，並且還從政策上入手，採取鹽鐵官營均輸、平準等經濟手段，釜底抽薪，敲了許多個體商人的飯碗。

漢朝的這些對工商業進行政府壟斷的經濟政策，後被中國歷代專制政府不同程度的繼承和發展。在不同的朝代裡，幾乎所有的厚利產業、商業都被專制政府所壟斷，只有那些小的、分散的、服務性質的、利潤小的、政府管不了的、也不想管的行業，才對廣大老百姓開放。這些個體工商業和官營工商業相比，所占的經濟比例很小，

---

1 《史記・貨殖列傳》。

但是從業人數卻有極多。眾多的個體商人在一個狹小的空間裡為了生存而進行的長期的相互拼殺、磨練、培養了中國商人超強的營利欲和生存能力。

中國的「公有制」和「計劃經濟」歷史悠久，這也是中國社會容易接納馬克思主義的一個原因。中國傳統的「公有制」「計劃經濟」只抓大、不抓小，並不像馬克思主義那樣過分。農民養頭豬、種棵樹都被馬克思主義者視為資本主義尾巴而殘忍地割去，其實他們哪裡是在割資本主義的尾巴，他們是在割人性的尾巴，所以馬克思主義的失敗也就在所難免了。不過，走錯了路、拜錯了神，對中國專制政府來講並沒有什麼大不了的，政府只要略施小計，通過一「抓大放小」，就能將社會主義計劃經濟就能平安無事的「軟著陸」到傳統經濟的平臺上。

那麼，是不是反對政府經商的儒家思想就有利於商業的發展呢？的確，儒教這種對商業單純的道德藐視而在政策上放任自由的做法，與法家的做法相比，在客觀上是有利於民營個體商業發展的。這就是為什麼中國商業的繁榮總是與儒教的興盛合拍的原因，比如南宋時期，比如國民黨統治大陸時期，中共改革開放時期等。

但是，我們並不能因此得出這樣一個結論：即儒教有利於商業發展。

鹽鐵會議召開時，儒生們就是打著「為民請命」的招牌參加會議的。在會中，他們指責桑弘羊的政府經商行為是「與民爭利」，要求「罷鹽鐵，退權利」。其實儒生們所講的「民」並不是一般的老百姓，而是曾經擁有煮鹽、冶鐵、鑄錢等權利的大小貴族們。

儒教的財富理想是財富等級分配，正像儒生們在鹽鐵會議上所言：

古時候制定的官爵俸祿制度，卿大夫的俸祿足夠在家裡供養厚待一批賢士，士的俸祿足可以使得自己及全家族的人生活優裕，在官吏家當差的百姓所得的報酬也足以代替它耕種所得的收入。今天，小吏的俸祿微薄，地方上出徭役遠到京城附近，穀米又貴，收入不能滿足需要。平時生活就缺吃少穿，一旦有什麼事情，就要變賣家畜產業。不僅如此，還有徭吏經常派徭役，官府經常催逼賦稅，地方上的小官吏只好行賄賂乞求寬免，大官則從中漁利。上一級官府向縣裡要，縣裡又向鄉裡要。鄉裡又向哪裡去要呢？俗話說：賄賂的風氣下傳，好像江河奔騰而下，水源不枯水流不止。今天大江大河流入大海，大海都接受了，卻要小溪不接受地面上那點積水；想要百官都廉潔，是不可能的。[1]

儒教的等級財富觀念和法家的平均主義相結合，最終形成了獨一無二的腐敗暗規則，而商業則是這個暗規則生成過程中不可缺少的催化劑和潤滑劑。在中國，商業最終成了儒教實現自己等級財富理想不可缺少的工具。

正因為如此，歧視商業、和商業是天生對頭的儒教在平均主義的中央面前，反而自覺不自覺地和商業站在了一起，官僚們也總是和商人們勾結在一處。就如當年在毛澤東這個集權的、平均主義的「帝王」面前，周恩來這個「當代周公」總是自覺不自覺地和劉少奇這個「走資派」站在一起；就如今天有關近代大儒曾國藩和有關近代官商胡雪巖的書本同時相伴出現在中國的書市上，並且在社會中有了「當官必讀曾國藩，經商必讀胡雪巖。」的流行語；就如今天一位名叫李真、受賄一千多萬的某省國稅局局長對一位老闆所說的肺腑之言：「你在商界需要權力支持，我在官場也需要經濟支持；我支持你賺錢，你支持我從政；我官越做越大，你錢越賺越多」。[2]

中國這種與儒教同呼吸共命運、相互糾纏不清的傳統商業，並不是我們今天所認識的西方資本主義國家的那種健康的商業。由於沒有相應的法律保護及道德上的支持，中國傳統商業只是一種無獨立人格的、病態的商業。

1 《鹽鐵論・疾貪》。

2 《讀者》，二〇〇二，頁四七。

這種商業永遠是專制權力的一個奴顏婢膝的通房丫頭，永遠是中國官場腐敗的一個有機組成部分。這種病態的商業永遠也誕生不了資本主義，對權力恐懼、依賴成型的軟弱商人們永遠也成為不了一個獨立的資產階級——不論他們人數有多少，財力有多麼雄厚。

馬克思主義的計劃經濟對商業太苛刻，因此它是短命的，中國法家只抓大，不抓小，因而它的壽命就長許多，儒教對商業的歧視性放縱使得中國傳統商業成了儒教這個病毒生存繁衍的一個永遠的肥厚的「培養基」。正因為有儒教這個病毒的寄生，使得中國傳統商業無論發展多長時間，也誕生不了資產階級革命；使得中國傳統商業無論有多麼繁榮也不可能使中國真正富強。這種病態商業的繁榮只是它所依存的社會有機體死亡的先兆，是亡國之兆。比如南宋的經濟繁榮只是中國漢人亡國的先兆；國民黨時期的經濟繁榮只是國民黨亡國的先兆。短暫的繁榮之後，很快面臨的就是經濟的崩潰和一窮二白。傳統商業不僅沒有使中國富強起來，反而在不自覺之中成了中國經濟週期性崩潰的催化劑。

無信仰的中國人必世代貧窮

和中國財富週期性毀滅形成鮮明對比的是歐洲國家財富的穩定積累和增長。

大凡到過歐洲的中國人都會被歐洲那濃郁的文化氣息所感染，對於一個初來乍到的遊客來說，歐洲文明中對人感染力最強、也是最直觀的就是歐洲的那些古老的建築：教堂、城堡、宮殿、博物館、古建築遺址等。這些動輒幾百年、甚至上千年的古老建築，就如一本本古老書籍，也如一個個古老的化石，向人們訴說著歷史，展現著昔日的輝煌。中國的歷史比歐洲要悠久的多，但是很遺憾，中國保存下來的古代建築，卻少得可憐，除了故宮之外，其他的大型古代建築僅僅只存在於古書之中，真實的他們早就和他們的主人一起隨風而去，消失在歷史的紅塵之中了。

造成這種差別的最直接的原因就是歐洲和中國的古代建築所使用的材料不同。歐洲的古代建築所使用材料是石頭，中國建築所使用的材料是木頭，兩者相比，石頭具有防火、防水、防蛀、防腐等優點，這使得石頭建築得以長久保存。而木頭建築不僅自身壽命短，並且極易受到人為的破壞，綿延三百里的阿房宮，只要一把火，也就灰飛煙滅了。難道中國沒有石頭嗎？難道中國人就不知道石頭比木頭更持久嗎？都不是，中國人最終選擇了木頭而不是石頭來做為建築材料，是因為木頭建築的施工工期短，並且中國人並不要求建築壽命更長久。這是儒道教使中國人不追求來世只追求現世享受的必然結果。統治者大興土木，其目的很簡單，就是自己的肉體享受，其中超出肉體享受範圍的精神追求是根本不存在的，如果選擇石頭做材料，其漫長的工期將會超出自己的壽命範圍，這樣的建築對自己就完全失去了意義。

歐洲由基督教國家組成的，基督教教義使得歐洲基督徒仇視否定塵世而嚮往追求天國，歐洲人對天國的嚮往在歐洲那高聳入雲的哥德式尖頂教堂上表現得淋漓盡致，一如中國祭天的宗教建築——天壇那沒有屋頂的「圓丘」表達了天人合一的中國對塵世的留戀、對來世的否定。歐洲基督徒對天國的嚮往，使得歐洲人具有了超越肉體的精神追求，精神追求和肉體追求相比具有理性、穩定性和連續性的優點，一如石頭之比木頭。

歐洲基督徒的那種超越肉體、超越時空的永恆的精神追求，不僅使歐洲擁有了工期動輒上百年、甚至幾百年的牢固的建築，並且使得歐洲社會具有了穩定和延續性，伴隨著歐洲巨大、堅固建築一起崛起的還有歐洲的政治和經濟。中國人沒有彼岸的理想追求，只有現世肉體的及時行樂，這不僅使中國沒有堅固的建築，並且使得中國社會缺乏理性、穩定性和連續性。伴隨著中國建築週期性毀滅的是中國社會政治、經濟的週期性毀滅。中國歲數比歐洲國家大得多，但中國一家具有百年歷史的商業公司也沒有，而在歐美國家，上百年歷史的公司卻有很多。

今天，中國人的及時行樂、追求短期效應的思想仍是根深蒂固，這在中國的市政建設上表現得很充分：古代皇帝大興土木是以自己的壽命為建設週期的，該建築能被自己享受是建設的最終原則；今天的官僚們做城市建設是以自己的任期為建設週期的，建設目標成為自己的政績、能給自己帶來經濟實惠是最終原則。在中國，一個官員為城市著想，真的以百年為大計，那麼自己的勤苦工作不僅不能給自己帶來政治和經濟實惠，並且很容易因此背上勞民傷財、好大喜功等罪名，最終自己努力的惡果都被自己吃了，自己工作的成績卻被他的後任者享有了，並且對他還不領情，這種前人栽樹後人乘涼的行為在中國官場是愚蠢的行為，是失敗者的行為。因此為了生存，為了實惠，中國官僚們都在想盡辦法乘別人的「涼」，同時又盡力避免自己被別人所乘，結果就人人都搞短期效應，競爭的最終結果就是為了自己的形象工程而不惜採取焚林而獵、涸澤而漁的極端措施，自己政績卓著了，升官了，留下了的爛攤子丟給下一任官員來收拾。這種做法叫作「前人吃肉，後人付錢」。他的下一任也不是傻子，他同樣會如法炮製，從而就漸漸形成了積重難返惡性循環，直到一個王朝因此毀滅。這種惡性循環不僅加重了人民的經濟負擔，並且對整個社會的財富是一種極大的浪費和毀壞。表面上中國人天天在修路，天天在挖溝，天天在抗旱，天天在防澇，個個滿臉的灰塵，一身的泥漿，一幅勤勞的模樣。其實這種勤勞的背後是官僚的腐敗和整個民族的愚蠢。這種勤勞又有什麼值得謳歌的呢？

不信上帝的中國人，沒有理想追求的中國人，只追求肉體享樂、得過且過的中國人，世代與貧窮為伍、混跡於塵土之中、「曳尾於塗中」（在泥中擺尾巴）是你們唯一的、最終的結局。

基督新教改革誕生了資本主義精神

和中國商人的依賴成性形成鮮明對比的是歐洲商人的獨立性。

歐洲中世紀的城市是人們為了滿足工商業的需要自發形成的，而不是政府為了政治軍事的需要建立的。這些城市處於封建主的領地，因此最早的城市居民要受到封建主的司法和行政的管轄，由於封建主的管轄最後阻礙了商業的進一步發展，於是市民們便起來進行鬥爭，或用金錢向領主購買自治權，或依靠武裝鬥爭來獲得獨立與自治。自治後的城市擁有自己的市議會和法院，商人和工匠們組織了行會，用以自衛、互助。市民們在城市中不再受封建法律的制約。城市的這種自治權利受到了皇家的認可，並通常會獲得國王的特許狀，這使得城市成為了歐洲中世紀「封建沙漠」之中的點點「資本主義綠洲」。——這和中國城市恰恰是專制帝國的行政、軍事中心的情況正好相反。

這些歐洲中世紀的點點「綠洲」並不是孤立的，他們會聯合起來組成了一個強有力的政治、經濟統一體——聯盟，來進行自衛和爭取更大的權益。

歐洲中世紀商人的獨立和地位之高，在世界上是獨一無二的。這些商人不僅有錢，並且還有社會地位及政治權力，他們可以成為倫敦的市長、德意志帝國自由市的參議員、荷蘭的州長……這樣的社會地位和政治關係意味著國家更加重視、更加始終如一地支持商人的利益，以及後來的海外冒險事業。正是這些有實力的資產階級後來埋葬了封建制度，建立了資本主義制度。

在中國的春秋戰國時期，也就是孔丘認為是「禮崩樂壞」的時期，是中國商業最活躍，中國商人地位最高、影響力最大的時期。范蠡（陶朱公）、白圭、猗頓、郭縱、烏氏倮等都是春秋戰國時期名載史冊的富比王侯的大商人。「子貢結駟連騎，束帛之幣以聘享諸侯，所致，國君無不分庭與之抗禮」。[1]他們對政治的影響力也是巨

1 《史記・貨殖列傳》。

大的：鄭國的商人弦高、奚施在行商的途中遭遇秦國偷襲鄭國的軍隊，兩位商人便假冒鄭國的使者，上前迎接，用珠寶、牛羊犒勞秦國的軍隊，使得秦國打消了偷襲鄭國的念頭。兩位商人用自己的智慧和財力成功地阻擋了敵軍對自己國家的侵犯；陽翟的大商人呂不韋，在邯鄲經商時遇見了被趙國扣押為人質的秦王的孫子子楚，以為奇貨可居，於是便於用自己的財力和智慧，使子楚成功地返回秦國並當了國君，他自己也因此當上了秦國的相國。[1]

為什麼中國春秋戰國時代的商人們沒能像歐洲的商人那樣搞城市自治，拿起武器來保衛自己的權利呢？一是因為中國的商人們缺乏團結，二是因為中國的商人們缺乏基層民眾的支持。

「生意好做，夥計難閣」是今天仍流行的俗語，在中國宗法儒教的背景下，家族之外的人「閣夥計」（合夥經商）就是一件困難的事，更別提相互團結一致對外，為一個長遠的利益而奮鬥了。中國商人的生意做得再大，也難跳出家族的圈圈，就是為了互助，團結了起來，那也是地緣性質、鄉親關係的，比如在中國近代出現的太原會館、紹興會館等地方會館。要跳出家族血緣、鄉土地緣的圈圈，以行業為紐帶團結在一起，形成像中世紀歐洲那樣的行會、商會，是辦不到的，更不用說一個城市上下同心，幾個城市結成聯盟了。歐洲中世紀的商人之所以能夠做到這些，是因為基督超血緣、跨地域的愛的薰陶，使得他們相互團結、信任變得自然而然、水到渠成。

由於儒教的毒害，中國手工業則往往將商人視為剝削者，下層民眾更是認為「無奸不商」「為富不仁」。這種道德背景使得中國商人們永遠處於被孤立的處境，永遠都缺乏群眾的支持。被孤立的商人們除了依附權勢之外別無選擇，拿起武器搞自治，對他們來說無疑是自殺。

---

1 《史記》。

歐洲的商人是有福的，歐洲的民眾對財富的看法與中國人迥異，因為上帝是厭惡貧窮的：

再睡片時，打盹片時，抱著手躺臥片時，
你的貧窮就比如強盜速來，
你的缺乏彷彿拿兵器的人來到。（箴6：9）
手懶的，要受貧窮；手勤的，卻要富足。（箴10：3）
富戶的財物是他的堅城，窮人的貧乏是他的敗壞。（箴10：15）
懶惰人羨慕，卻無所得，殷勤人必得豐裕。（箴13：4）
不勞而得資財必然消耗；勤勞積蓄的必見加增。（箴13：11）
貧窮人連他的鄰居也恨他，富足人朋友最多。（箴14：20）
殷勤籌劃的，足致豐裕；行事急躁的，都必缺乏。（箴21：5）
門在樞紐轉動，懶惰人在床上也是如此。（箴26：14）
誠實的人必多得福，想要急速發財的，不免受罰。（箴28：20）

儘管上帝厭惡貧窮，鼓勵人們勤勞致富，但中世紀的基督徒們認為，財富畢竟是屬肉體的，他只是現世生的存不可缺少條件而已，財富「總非上帝所悅」的思想被納入教會法規，聖・湯瑪斯則把營利欲稱為「卑賤」，這些使得中世紀基督徒將營利視為一種不光彩、最起碼是不神聖的行為。

然而到了十六世紀宗教改革時，這些傳統的觀念發生了變革。

宗教改革的發起人馬丁・路德「認為上帝所接受的唯一生活方式，不是用修道禁欲主義超越塵世道德，而是完成每個人在塵世上的地位所賦予他的義務，這就是他的天職」。「天職」的教義要求信徒們勤勉不懈地投身於世俗的工作中，勤勉於自己的職業，完成上帝賦予他們在世俗世界的責任，以增加上帝的榮耀。

新教這種通過世俗的行為來證明上帝的教義，使得財富成為從事一項職業勞動的果實，象徵著上帝的賜福；使得「財富不僅在道德上是允許的，而且在實際上是必行的」。「希望貧窮無異於希望不健康，貧窮並不能為善行增添光彩，它是對上的榮耀的貶損。」「只有財富誘使人們遊手好閒，貪圖享受時，它才是一種不良之物；只有當取得財富的目的是為了以後生活愜意、無憂無慮時，它才是一件壞事」。追求財富的經營活動同樣被視為榮耀上帝的勞動和天職，但是如果為了財富本身而去追求財富，或者為滿足衝動地獲取欲而追求財富則被視為貪婪、拜金主義。

有了如此的「資本主義精神」，歐洲的資產階級不僅掙錢掙得理直氣壯，並且還最終革了封建制度的命。開歐洲資產階級革命先河的英國資產階級革命，就是由信奉加爾文教的英國清教徒們完成的。

有了十六世紀初的宗教改革，就有了十七世紀的英國資產階級革命，然後又有了十八世紀歐洲大陸的資產階級革命。歐洲由封建社會轉變為資本主義社會，其實是歐洲基督教自身發展進步的結果。拿這個社會進步模式去衡量、裁定其他宗教背景下國家的社會發展狀況是驢唇不對馬嘴的。

具有資本主義精神的新教徒們不僅完成了資產階級革命，他們還是資本主義社會的中堅。隨著社會財富的雪球在資本主義精神的推動下越滾越大，新教徒們的宗教信仰在商業中除了表現為拼命掙錢、謹慎存錢之外，又多出了一項：社會捐獻。

社會捐獻是基督徒商人是對自己工作掙錢動機純正，商業也是天職唯一的證明。歐美新教國家，社會捐獻已成為一種文化，一種風氣。數額巨大的捐獻通過對文化、藝術、教育、醫療等公益事業的贊助又轉化為社會性生產資本，尤其是人力資本，從而使巨大的社會資金形成了一種良性的循環，為歐美等新教國家經濟的強大打下了堅實的基礎。

一個將辛勤工作、努力掙錢、謹慎攢錢視為天職並積極回報社會的民族，不富裕才怪；一個有了點錢就納妾、生孩子、縱欲、大吃大喝、貪得無厭的民族，不貧窮才怪。

一個人對待生活的態度決定了一個人的命運；一個民族的信仰決定了一個民族的命運。一個民族是走向天國，還是走向地獄，完全取決於他的信仰。

財富的實質是需要，人類社會財富的增長，是人類欲望和能力發展的結果。

人類社會是處於運動之中的，不是靜止不變的。人類自從被逐出了伊甸園之後，就不得不開始了艱辛的征程。理性是人類征途中披荊斬棘的寶劍，而財富則是人類前進的車輪。人類正是靠著理性和財富一步步走向自己未來真正的歸宿——天國。

耶穌就是生命的糧

談到財富，中國人常存在這樣一個誤區，就是「我們先前——比你闊多啦！你算什麼東西！」提到先前，讓我們自豪的就是強漢盛唐及宋朝了。中國古代的富有，其實是眾多的人口和高度集中的權力而給人的一種財富假象而已，和今天一樣，國富民窮，和老百姓的生活沒有一點關係。基督教將勤勞和節儉合而為一，造就了廣大的擁有潔淨穩固的、家庭安逸的中產階級。而中國龍文化與之正相反。法家主張人性惡，儒家主張人性善，二者的合流造就了中國人特有的極端虛偽和人格兩極分裂；法家主張縱欲，儒家主張節欲，二者的合流造就了中國特有的統治者窮奢亟欲與廣大民眾極端貧困的財富兩極分化。沒有中產階級的中國社會，不是「過」，就是「不及」。中國權貴們的奢侈淫逸在中國的一些古典小說如《紅樓夢》中有具體詳細的描述，但他們的奢侈並不能證明古代中國人民的生活富裕，相反，他們的奢侈恰恰是建立在廣大民眾的貧窮與節儉之上的。

中國的商業也曾經輝煌過，比如南宋時期的商業繁榮的確實存在的。這種繁榮之是和南宋時貿易貨物的數量龐大直接相關的，這一點是得益於南中國眾多、密集的人口優勢。據日本電視片《中華文明五千年》中披露，南宋朝廷每年的國庫收入達兩百萬擔白銀，其中相當於一百五十萬擔的白銀、絲綢需要朝貢給金國。這等於是說，南宋的商業繁榮起碼有四分之三的水分，是「虛假」的繁榮，和南宋人民的生活、福利毫無關係。

中國人口的眾多，財富的高度集中，商業的虛假繁榮，一小撮權貴的奢侈，的確能給外人一個富有的印象。不僅古代，就是在今天也是如此。一位美國大使館的中國通，對一位中國朋友堅持說中國是發達國家，理由是他們總統在這裡享受的待遇和發達國家一樣，而發展中國家根本沒有這個實力。他的中國朋友解釋道：這是打腫臉充胖子。其實這哪裡是在充胖子，別說一個龐大的專制國家了，就是中國的少數權貴們的奢侈也絲毫不遜於發達國家的富豪們，他們的奢侈是超越中國普通百姓的想像力和心理承受力的，單憑這一點，新聞封鎖對中國專制政府來講就十分的必要。

美國經濟學家、歷史學教授湯瑪斯·羅斯基通過對中國二〇〇〇年度經濟數據的分析，得出一個結論：中國百分之七、八的經濟增長率是偽造的。其後，美國《中國經濟》的主編斯塔德威爾將中國經濟比喻為「一座建立在沙灘之上的大廈」，《時代週刊》也刊登了一篇《中國為什麼造假帳！》的文章，指出中國「已被虛浮的數字淹沒」，再後，美籍華人律師章家敦在《中國即將崩潰》一書中得出一個結論：中國經濟正在崩潰。——這就是二〇〇二年流行一時的中國經濟崩潰論。

中國政府造假，這不稀奇，造假是一個專制政府長治久安的一大法寶。但這並不一定就會導致經濟崩潰，因為中國有著一個數目龐大的，承受能力超人想像的基層民眾群體。中國歷代的磨難和儒教「餓死事小，失節事大」的教導，早已經將中國民眾磨練成了世界上生存能力、抗壓迫能力最強的群體。有了這樣一個群體，中國政府可以將種種經濟把戲帶來的經濟黑洞、赤字，層層轉嫁到基層群眾身上，並且還能神不知鬼不覺。這個龐大的、耐高壓的群體，猶如一個巨大的保險網，它使得專制政府這個經濟小丑，不管把戲的技術多麼低劣、多麼醜陋，都不會有一失足造成千古恨的危險。

超強的奴性，超限的低賤，才是中國的第一生產力。

按照中國歷史的眼光看，今天的鄧江時代也算得上文景之治、康乾盛世了，但是，人民群眾的生活又如何呢？有多少人在靠最低生活保障金艱難度日呢？又有多少人連最低生活保障也得不到呢？學者們不知道，但人民群眾自己知道！

峰巒如聚，
波濤如怒，
山河表裡潼關路。
望西都，
意躕躕，
傷心秦漢經行出。
宮闕萬間都做了土，
興，百姓苦，

亡，百姓苦。[1]

耶穌說：「我就是生命的糧，到我這裡來的，必定不餓，信我的，永遠不渴。」（約翰6：35）

耶穌又對他們說：「我實實在在的告訴你們：我就是羊的門。……我就是門，凡從我進來的，必然得救，並且出入得草吃。盜賊來，無非要偷竊、殺害、毀壞；我來了，是要叫羊（或作「人」）得生命，並且得的更豐盛。」（約翰10：7）

阿門。

九、儒教是亡國之術

西元前八一年，中國漢代昭帝時期，朝廷舉行了鹽鐵會議。在會議中，御史大夫桑弘羊同儒生們展開了廣泛的辯論。其中包括對西北匈奴是戰還是和的辯論。

桑弘羊說：「過去，四方的民族都很強，他們一起危害我們的邊境。……現在東、南、西三面邊境已經平定，只有北方還不安寧。只要匈奴一出動，我們內外就會感到震驚，現在放棄戰備怎麼能行呢？」

儒生說：「古時候，聖明的君主推行仁政，提倡仁義，以此來安撫百姓，所以近處的人變得更好，遠

1 張養浩，《潼關懷古》。

處的人部來歸順。……所以，只要施行德政，不僅可以擊敗敵人，避免他們的侵害，而且還能夠獲得原來並不想得到的成果。」[1]

桑弘羊說：「漢朝建國以來，就對匈奴講友好，搞和親，派使者給單于送去很多禮物。然而他並不因為得到重要的人質和優厚的禮物而改變侵略的本性，反而越來越厲害地殘暴騷擾漢朝邊境。武帝看到對匈奴只能用武力打敗而不能以『仁德』去感化，所以廣用將帥，招募勇士，以便討伐匈奴的罪惡。武帝的功勳燦爛解蝗，名揚四海，載入史冊。苟且偷安會有危險的後果，眼光短淺必有災禍來臨。」

儒生說：「以前，與匈奴搞和親，周圍的少數民族都向漢朝繳納貢品，君臣之間，內地和外族之間互相信任，沒有胡、越騷擾的憂息。從這以後，廢除了仁義，使用武力，讓軍隊和百姓倍受勞苦，去掠奪毫無用處的亡地。把郡縣設立在沙漠亂石之中，邊民不能自衛，於是屯田戍邊，運送大量物資供應邊防。我們只看到抗擊匈奴政策的失敗，而沒有看到它的成功。」

桑弘本說：「匈奴像狼那樣貪得無厭，等待時機發動進攻，像狂風閃電般的襲擊。而你們卻想用誠信之心，用金銀綢緞去安撫，相信他們毫無信義的詐騙，就好像親近跖、蹻那樣的強盜，扶助吃人的猛虎一樣啊。」

儒生說：「《春秋》上說過：『實行王道的人是無敵的，就是說他的仁義深厚，道德純美，天下人都服從，沒有人敢和他較量交鋒。……雖有軍隊也用不著它，武器收藏起來不使用。」

桑弘羊說：「……現在，匈奴心懷叵測，陰險詭詐，他們見利就想上前掠奪，抓住方便機會就發動進

1 《鹽鐵論·備胡》。

攻，經常偷偷地到我們邊界窺測，偷襲我們沒有防備的地方。如果聽信你們的話而毫無設防，那就像把寶貴的東西放在路旁而不去看守一樣，想要它不丟失，那怎麼可能呢？」

儒生說：「如果至誠的信義著稱天下，純樸的德行傳佈四海，那麼近處的人就會用歌曲來頌揚他，遠處的人就會帶來珍禽寶物來朝拜他。……那個時候，人們不稀罕財物而崇尚道德，重視仁義而輕視財利，獎賞他東西他都不要，還有什麼寶物需要看守的呢？」[1]

桑弘羊說：「有防備就能制服敵人，沒有防備就被敵人所制服。如今不加強邊防，要想安定國內，就如同住家人沒有修好院牆一樣，夜間一有事被狗叫驚醒，必然糊里糊塗地不知所措。」

儒生說：「……防備敵人關鍵在於施行仁德，而不在於邊塞的堅固。如果真正把實行仁義做為險阻，以道德為要塞，賢人為兵力，由聖人來防守，就沒有人能夠攻破。這樣，內地就不會有狗叫的驚擾，邊境也不會有驚慌不安的憂慮了。那麼，人們還會手忙腳亂幹什麼呢？」[2]

儒生們真是假得可愛。

顯而易見，法家與儒家戰爭觀的衝突，其實是人性惡與人性善的觀念衝突的延伸。

儒生們對戰爭的態度是和他們的祖師爺孔丘一脈相承的。

子貢問政，子曰：「足食、足兵、民信之矣」。子貢曰：「必不得已而去，於斯三者，何也？」（必不得已

1 《鹽鐵論・世務》。
2 《鹽鐵論・險固》。

去掉一個，三個當中首先是哪個呢？）曰：「去兵」。[1]

衛靈公問孔丘排兵佈陣的事，孔丘回答說：「關於禮儀、祭奠方面的事，我尚有所聞；至於行軍打仗方面的事，那是沒有學過的。」第二天，他就離開衛國走了。[2]

孔丘給人的印象是整日四處奔波，一生抑鬱不得志。其實，他也曾得過志，就在他認為已知天命的五十歲時，魯定公任命孔丘孔子作了中都宰的官，後又升遷為大司寇，代理宰相職務。孔丘一上任就幹了幾件事：第一件是撕下仁愛面紗，殺了「持不同政見者」少正卯；第二件就是讓男女走路分開，大路朝天，各走半邊；還有一件就是魯國連著打了三次敗仗，孔丘問一個士兵打仗時逃跑的原因，士兵說：「我有老父，我如果戰死，就沒人養活我父親了。」孔丘認為他很孝順，不但不責備他，反而提拔他做了官。「仲尼賞而魯民易降北」……。[3]（孔丘獎賞了逃兵，魯國人就更容易打敗仗了）。

難怪韓非說儒術乃「亡國之言」，商鞅說以儒治國「敵至必削」「必削至亡」。

法家一針見血的預言，很快就被歷史所證實：被孔丘所周遊過的，受儒家思想不同程度感染的六國，並沒有像孟軻這個江湖術士向六國國王所許諾的「仁者無敵」，而是先後亡了國。「孔子西行不到秦」[4]，沒有受到儒家思想毒害、信奉法家思想的秦國，最終憑著自己的軍事實力，擊敗、吞併了六國，創建了東至大海，西至甘青高原，北至河套、遼東，南至嶺南，遼闊的大一統帝國。

1 《論語・顏淵》。
2 《論語・衛靈公》。
3 《韓非子・五蠹》。
4 韓愈，《石鼓歌》。

繼承秦制的漢帝國，軍事更加強悍，疆土更加遼闊。漢武帝期間，漢人對西北的匈奴進行了大規模的軍事進攻，給了匈奴人以致命的打擊。然而，就在漢人的軍事鼎盛時期，儒教又重被尊崇，從此埋下了漢人亡國的禍根。漢人亡國的徵兆，在漢朝之後的晉朝既已顯現。

西晉惠帝時，爆發了「八王之亂」，這時，在漢朝時投降漢人的南匈奴們認為反叛漢人、復興祖業的時機到了，於是五萬多匈奴人公推劉淵（因漢高祖劉邦曾與匈奴先祖冒頓相約為兄弟，南匈奴降漢後，匈奴貴族皆改姓劉）為大單于，公開反晉。西元三一一年，匈奴人攻陷西晉都曾洛陽，俘獲晉懷帝司馬熾。西元三一六年，匈奴人又攻陷西晉臨時都城長安，俘獲晉愍帝司馬鄴，西晉滅亡。

從此以後，在長達二六五年的時間裡，中國的政治、文化、軍事中心——中原黃河流域，一直被匈奴、鮮卑、羯、氐、羌等五胡所占領。

繼承鮮卑人北周政權的隋朝統一了全國，結束了五胡亂華、南北朝的分裂局面。隋是個短命的王朝，興起於山西太原的唐很快就取代了他。唐的開國皇帝李淵，自稱是漢代名將李廣之後，並將老子李耳當成自己的先祖，並為此對道教備加推崇。經學者陳寅恪考證，李淵實際上是鮮卑人，是西魏弘農太守、鮮卑大野氏人李初古拔的後代。宋代大儒朱熹也說：「唐源流出於夷狄，故閨門失禮之事不以為異」。[1]因此，唐代宗李世民一邊是漢人的皇帝，另一邊還是胡人的「天可汗」；因此，唐代胡氣氤氳，胸襟開放。

唐之後，在中國的中原先後建立了五個王朝，同時其周邊地區先後存在著十個割據政權，史學家將這一時期稱為五代十國。在五代中，後唐、後晉、後漢三個王朝皆由沙陀族人所建。

---

1 《陳寅恪文集・唐代政治史述論稿》。

五三年的五代十國被宋朝終結。宋朝是一個漢人建立的統一的王朝。漢人建立的宋朝，是儒家思想最為鼎盛的一個朝代。官僚機構臃腫，政治腐敗，軍事衰弱等也最明顯。

宋朝是中國歷史上軍事最為軟弱的一個朝代。他先敗於北方的契丹人遼國，再敗於西邊的黨項人西夏，後被北方的女真人金國攻破都城開封，皇帝被女真人掠走。龜縮於江南的南宋，最後再敗於蒙古人，最終連半壁江山也失去了。西元一二七九年二月，南宋的最後一個據點崖山（廣東新會縣南海中）被元軍攻破，大臣陸秀夫抱著南宋最後一個皇帝趙昺投海而死，南宋滅亡。漢人全面亡國。

十年樹木，百年樹人，千年為一個宗教單元。雖然有法家思想在支撐門面，但終不抵亡國儒教的蔓延浸潤，漢人從漢代尊儒到南宋亡國，也就一千餘年的時間。

蒙古人的元帝國滅亡後，漢人建立明帝國。經過近百年胡人的血腥統治，漢人也沾染了許多驃悍之氣，明的統治者將法家思想極度發揮，中央集權專制達到前所未有的高度，軍事也較強硬。但是，這並不能阻止儒教的浸潤，最終明朝由於土地兼併劇烈、貧富分化嚴重、吏治腐敗、人民負擔過重而爆發了窩裡鬥，沒有生計的農民揭竿而起，攻陷了明的都城北京。鷸蚌相爭，魚翁得利，東北的女真人趁虛而入，漢人再度亡國。

女真人對漢人的統治很成功，然而時運不濟，西來的歐洲人將大清國重創，接受了一些西方思想的漢人趁勢打倒了清帝國，建立了漢人國家——中華民國。時間不久，國共兩黨窩裡鬥，使得日本人效仿女真人趁機漁利，並將東半部中國占為己有。女真人亡明的歷史似乎又要重演，但是，時代不同了，地球變小了，日本人的侵略行徑冒犯了美、蘇兩個大國的價值觀和國家利益，在他們的打擊下，日本人滅亡中國的野心未能得逞。

日本投降後，中國大陸的統治者，國民黨政府因一貫尊儒而導致了政治腐敗、軍事衰弱，其軍隊人數雖多，裝備雖精，但終因內部缺乏團結、相互掣肘而最終被反儒的共產黨軍隊擊潰。

反儒的共產黨建立的「人民共和國」軍事上是強硬的，建國伊始，便與世界第一號強國美國在朝鮮半島大打一仗。文革期間，又因珍寶島一個彈丸之地與世界上第二號強國蘇聯大打出手。共產黨中國是自秦漢之後，近兩千年來，漢人建立的軍事上最強硬的國家，共產黨確確實實讓漢人一掃一千多年來的晦氣。但是，「好景」不長，毛澤東死後不到三十年，第三代共產黨人再度尊儒，中國的軍事衰弱又開始了。

中國人能將被殺戮的苦痛意淫成同化的快感

生物學上有個概念，叫宿主。它的定義是這樣的：宿主（host），是指為寄生生物包括寄生蟲、病毒等提供生存環境的生物。寄生生物通過寄居在宿主的體內或體表，從而獲得營養，寄生生物往往損害宿主，使宿主生病甚至死亡。

儒教誘惑著每一個政權來尊奉他，之後儒教又讓他們一個個都亡了國。中國歷代的政權最終都成了儒教的犧牲品。尊儒舊王朝覆滅一次，儒教的勢力範圍就擴大一次，因為新興的王朝開疆擴土，終將儒教帶到更廣闊的地域。儒教勢力就是這麼擴展的，一如病毒的傳播。病毒的傳播，是以犧牲宿主為前提的。

漢族，這個儒教的宿主，他的命運如何呢？

漢族名稱，來自漢朝。東漢末至三國時期，由於內亂，原本富庶的漢族居住地中原出現了「白骨露於野，千里無雞鳴」的破敗景象，十室九空，漢族居民大量死亡，人口急劇減少。東漢全盛時，國家戶籍上登記的人口有四千九百一十五萬，而西晉統一後，包括內遷的少數民族在內，人口只有兩千多萬。

漢末、三國時，中原的荒蕪人煙，使得西、北的少數民族紛紛內遷。曹操遠征遼東，將聚居於今遼寧一帶的烏桓族人遷到中原，並將它們組成一支精銳的騎兵。平定關隴後，又將大量的氐族人遷到關中各郡。而原居於今青海、甘肅及四川西北部地區的羌族人也遷居到當時稱為關中的今陝西渭河平原上。氐、羌內遷的人口多達四十二、三萬之多，當時關中地區漢人和外族人各占一半。西漢時降漢的匈奴人也逐漸南遷至今山西汾河河谷及秦長城以南地區。從魏至晉，相繼內遷的匈奴人達三十五萬以上。其中有一個叫「羯」的民族雜處於匈奴之中，他們自稱是匈奴人的一枝，但他們的相貌於蒙古人種明顯不同：高鼻子、深眼窩、滿臉鬍鬚，學者認為他們來自中亞，或者是希臘馬其頓王亞歷山大遠征軍的後代。興起於大興安嶺的鮮卑人也逐漸南移至遼東、遼西、陝西、甘肅、青海等的，鮮卑人內遷的人口有五十餘萬。這一時期內遷的少數民族總數超過二百萬。

正是這些內遷的少數民族，在西晉「八王之亂」時，將漢族政權逐出中原，並對漢人大肆屠殺。

匈奴人劉曜率匈奴軍攻破西晉都城洛陽後，殺晉王公貴族三萬餘人，將捕獲的西晉官員盡加殺戮，並將洛陽焚為灰燼。

羯族人石勒率軍在今河南鄲城縣東將西晉逃竄的十多萬官員及士兵團團圍住，全部射殺，死屍堆積如山。

繼石勒之後統治後趙政權的羯族人石虎，每攻下一個漢人據守的城池、堡壘，便將其中的人全部殺死。但石虎對漢族的女人並不忌諱，他掠奪中原地區年齡在十三至二十歲的漢族美貌女子三萬多人充實自己的後宮，其他羯族貴族各自奪取的又有近萬人，就連結過婚的、老百姓的妻子也不放過。

西晉滅亡後，胡人相繼在黃河流域建立了近二十個民族政權，激烈的民族衝突，使得漢人不得不拋棄自己的家園向東、向南逃亡，江淮地區是漢人逃亡前夕的主要方向，隨著時間的推移，遷移逐漸南移。江蘇、安徽南部、湖北東部、浙江、江西、福建、廣東都有大批漢族流民移居。就統計，魏晉南北朝時期，從黃河流域向江淮流亡的漢族人口在一百萬至兩百萬之間，這是漢人第一次大規模南遷，也是規模最大，時間最長的一次南遷。

結束南北朝胡漢分江而治局面的隋朝的統治者楊堅，是鮮卑人政權北周皇室的外戚，其民族身分模糊。他廢除了自己的外孫北周皇帝宇文闡，篡奪了北周的政權，改國號為隋。後，通過武力征服了漢人的南朝，一統天下。二十九年後又被唐朝所取代。

唐是一個民族的大熔爐。在這個朝代中，匈奴、鮮卑、羯、氐、羌、烏桓、敕勒等居住在黃河流域的少數民族都變成了漢人；南方長江流域的諸蠻、珠江流域的諸俚，也變成了漢人；甚至許多來唐經商、避難的波斯人也變成了漢人。唐朝時的漢族已經逐漸失去種族血緣意義，僅僅具有文化意義了。

唐朝中期的安史之亂及唐末的黃巢起義，使得中原人再度南遷，中原再次出現「人煙斷絕，千里蕭條」的景象。

北宋末年，女真人攻陷宋都汴梁（今開封），掠走徽欽二帝，宋王室南遷，中原人為了躲避戰禍，再度南遷，從北宋被女真人所滅，到南宋被蒙古人所滅的一百餘年中，形成了中原人的第二次大規模南遷。

蒙古人比契丹、女真人更野蠻，「城拔必屠」史稱「兩河山東數千里，人民殺戮幾盡」，關中在兵火之餘，八十二縣「戶不滿萬」。許多蒙古貴族主張殺盡漢人，如別迭就提出：「雖得漢人，亦無所用，不若盡去之，使草木暢茂，以為牧地。」最終是更適合農耕、不適合放牧的地理環境救了漢人一命，忽必烈保留了漢人，為其耕種土地。

南宋滅亡後，當了亡國奴的漢人，受到了蒙古人的種族壓迫和種族歧視。蒙古人將國內的人分為四等：依次是蒙古人、色目人、漢人、南人。色目人，就是有色眼睛的人，指的是從西域、中亞、西亞、歐洲而來的三十多個民族，他們是蒙古統治者的助手，充當元帝國的重要官吏。漢人指的是北方、中原的契丹、女真其一部分漢人。南人指的是南方的漢人。漢人是蒙古元朝中地位最低下的人，蒙古人打漢人，漢人不得還手，蒙古人打死漢人，也不判死罪，只要交上一些罰款便可，漢人傷及蒙古人卻要判死罪。漢人不能從政，不准攜帶武器等等。

那些不願當亡國奴的漢人逃離大陸，避難南洋，成為第一批出洋的中國人。

元是中國的又一個民族大熔爐，元滅明興後，活動在中國大陸的諸多少數民族，幾乎都成了清一色的漢人。漢人建立的明朝被滿人消滅後，漢人的悲劇再度上演。也許是有了蒙古人的前車之鑒，滿人入關後，並不像蒙古人那樣殘酷，也沒有想要將大陸變成牧場。統兵的多爾衮接受了投降的漢人范文程、洪承疇等人的建議：「不屠人民，不焚廬舍，不掠財物，期開門歸降，及為內應立大功者，破格封賞。」漢奸們「善良」的建議使得清軍勢如破竹，很快就征服了漢人。

宋朝滅亡，表面上還只是力不如人，明朝滅亡，漢人的主動迎合之姿就盡現了。

不願當亡國奴的漢人無路可逃，只得再度逃亡海外，或避難臺灣，或流亡南洋，這是中國人第二次海外逃亡。也許是滿人認為這樣溫柔地對待漢人，是太便宜他們了。滿人在軍事上完全取得勝利後，便開始實施一個苛刻的，旨在征服漢族人心鬥志的種族政策：剃頭、易服。「留頭不留髮，留髮不留頭」。

「殺頭事小，剃髮事大」，為了捍衛自己的傳統，為了維護民族的尊嚴，江南的漢人紛紛組織起來進行反剃髮鬥爭。江陰漢人聚眾拒絕剃髮，並將城池占據，抵抗清兵。結果全城十七萬漢人全部被屠，無一人生還。位於江陰東南的嘉定漢人也組織起來抵抗剃髮，遭到了清兵的三次屠殺。這就是歷史上有名的「江陰之難」「嘉定三屠」。這個滴著漢人的鮮血，用屠刀剃成的頭，時間久了，竟成了一種美。那根象徵著漢人亡國，標誌著民族恥辱的辮子，到了清末，漢人竟像保護命根子一樣，不肯剪去。

今天的清宮戲更是熱火朝天，漢人們爭相仿模著欣賞著琢磨著把玩著滿族統治者的髮型、服飾以及阿瑪、阿哥、格格等鳥語，早就將祖先的亡國之痛忘得一乾二淨了。

中國人真是一群最沒記性，最沒心肝的人。

滿人是一夥精明的、勵精圖治的統治者，他們不像蒙古人那樣一味地壓迫漢人，而是以漢制漢，允許漢人參與政治，將半數的官職讓漢人擔任。滿人很會揣摩漢人的心思，更明白儒教對於自己統治的作用。他們攻進北京後，先是禮葬了明崇禎皇帝，後即「遣官祭先師孔子」，再後來又抬高國子監的孔子神位為「大成至聖文宣王孔子」……尊孔重儒是滿人歷代皇帝都嚴格遵守的政策，他們極力將自己扮演成為道統的繼承者，孔「聖人」的好學生。但是他們內心裡卻對儒教心存疑忌、警惕，堅持保留自己滿族的姓氏，以及遊獵尚武的民族傳統，並且從內心裡歧視漢人，不允許滿人和漢人通婚，就連漢族中漂亮的女人也不染指，竭力保護自己民族血統的純正。

滿人所做的一切，其實都是漢人所需要的，奴性十足的漢人在靈魂深處所真正需要的就是一個慈祥的、能尊重自己的傳統文化，同時又是嚴厲的、並在血緣上與自己存在著不可逾越鴻溝的統治者。

中國對外戰爭史就是倩娜性關係史（倩娜，china諧音）。

儒教何止只是亡國之術，說它是亡種之術也不過分。

儒教宗法最講究血統，但實際上，中國人的血統最混亂。儒道教中國就像一個巨大的混沌「乾坤袋」，什麼東西都能被裝進去，並被消化掉，最終成為混沌的一部分。由國外進入中國的具有純正血統的動物，過不了三代，其血統就會被雜交欲望特強的中國人將雜交掉。同樣，由國外進入中國的人，也不例外。猶太民族是一個超強生存能力的民族。但到了中國以後，很快就消失得無影無蹤，淹沒在中國人的汪洋大海之中了。

自唐代始，所謂的漢族就只具有文化意義，已經失去了血統含義，自己被別人征服了，還恬不知恥地說同化了別人，所謂的漢族，真正的稱呼應為「儒族」、「龍族」。中國人自己編的家譜動輒上溯到周公時代，並且還都是周公的親戚，這哪裡是什麼「家譜」，簡直就是「儒譜」、「龍譜」。中國人妄稱自己是什麼炎黃子孫，搞什麼祖先崇拜，其實中國人知道自己的祖先是誰嗎？你們拜的並不是什麼祖先，而是——龍。

在中國歷史中，伴隨著非儒異族入侵的是儒教中國疆域的擴大：秦的疆土比周朝幾乎大一倍，那是非儒的秦人入侵的功勞；唐朝比漢人漢朝的疆域大近六分之一，那是胡人的功勞；元朝的疆域最大，西藏、臺灣第一次被劃入中國版圖，至少是宋朝的五倍，但那是蒙古人入侵的功勞；清朝的版圖再度擴大，鞏固了蒙古元朝的疆域，比明朝的疆土大一倍，那是滿人入侵的功勞……

每次疆土的擴大，即是儒教勢力範圍的擴大。伴隨著中國歷代王朝覆滅和民族恥辱的是儒教的節節勝利。有誰是靠著自己肉體被攻陷的手段來達到征服別人的目的的呢？那就是女人。

在鹽鐵會議上，桑弘羊曾指責儒生說：「軍隊和裝備是國家有用的力量，城池和堡壘是安全的保障；現在你們卻想把這些統統取消，這是撤銷邊防，暴露內地，就像把心臟和腹腸呈現在匈奴面前。」[1]裸露的哪是什麼心腹呀，她裸露的是外生殖器。

還是道教坦白：眾人皆有以，而我獨頑似鄙。我獨異於人，而貴食母。[2]（眾人都有用，只有我冥頑無能，我所以和大家不同，是因為我以女性的方式生存。）

埏埴以為器，當其無，有器之用；鑿戶牖以為室，當其無，有室之用。故有之以為利，無之以為用。[3]（摶黏土製造器皿，正是因為有了空洞，才有了器皿的作用；開鑿門窗修建房屋，正是由於有了空

1 《鹽鐵論・和親》。
2 《老子・二十章》。
3 《老子・十一章》。

間，才有了房屋的作用。所以說器物給人帶來的便利，全在於因為它具有空間。）

谷神不死，是謂玄牝。玄牝之門，是謂天地根。綿綿若存，用之不勤。[1]（空間的作用，永遠不死，因為他是一個玄妙的母體。而這個母體的生殖器官，就是萬物的根源。它永遠存在著，用之不盡。）

知其雄，守其雌，為天下溪。[2]（《老子‧二十八章》）

（知道什麼是雄性，但卻固守雌性，甘做天下的溝溪。）

大國者下流，天下之交，天下之牝。牝常以靜勝牡，以靜為下。故大國以下小國，則取小國；小國以下大國，則取大國。故或下以取，或下而取。大國不過欲兼畜人，小國不過欲入事人。如兩者各得其欲。大者宜為下。[3]

這個，實在羞於翻譯了。幾千年了，怎麼沒人告《道德經》散播黃毒?!

整個一部中國對外戰爭史，就是倩娜的性關係史（倩娜，china諧音）：與野男人眉來眼去，勾引挑逗，半推半就，最後是一瀉到底「兩者各得其欲」……。

內鬥，是中國人的宗教戰爭

勾引挑逗的具體表現，就是窩裡鬥！

1《老子‧六章》。
2《老子‧二十八章》。
3《老子‧六十一章》。

中國龍文化是一種內鬥文化，道教的陰陽、五行是內鬥文化的根源。

陰陽是中國文化的根源，也是「矛盾論」「辯證法」的祖宗。陰（— —）陽（—）是八卦的基本構成要素，也是中國人思維的基本元素。「一陰一陽為之道」[1]。五行：金木水火土，被中國人認為是構成萬物的五個基本元素。五行之間是相生相剋，循環往復的。五行有分別代表五個不同的方位：土居中央、木居東、火居南、水居北、金居西，五個不同的方位組成了一個封閉的圓。五行是一個封閉的專門研究內部關係的理論。陰陽、五行，再佐以天干地支，就構成了中國算命術。

五行是一個封閉的圈子，這就使得中國的算命術其實成了「內部關係發生預測術」，或者叫做「內部關係鬥爭預測術」。這種算命術除了推算一個人的流年之吉凶之外，就是推算一個人與自己周圍身邊的人如父母、兄弟、上下級、同事、鄰居關係的。由五行、天干地支所決定的人際基本關係是：相生、相剋、相和、相從、相害、相刑，其中，剋、沖、害、刑等惡性的、貶義的關係竟占了一多半。

當算命師一句「子剋母」的話進入了一位婦女的耳中，這句話就會在她心裡扎根，從此便會成為此母子後半生不和的禍根：在沒有算卦之前，兒子即使與自己的母親頂撞、甚至大吵大鬧，都會被視為母子間的正常現象而不放在心上，但自從有了算命師的話後，兒子與母親的關係一下子就變得異常敏感，兒子與母親一點點的摩擦就具有了宿命、宗教的意義，便會引起此婦女劇烈的感情波動甚至極端行為來，這必然會導致雙方關係的迅速惡化，甚至發生悲劇，而這又正好使得算命師的話得以應驗。

同樣，當一位風水仙說某一家庭的種種不幸是由鄰家的風水相剋所致，此家人便會陡生對鄰居的刻骨仇恨。

---

1 《周易・易傳》。

這仇恨會使得雙方因一點芝麻小事而大打出手，你死我活。

出了家門，在工作中同樣如此。中國占卜術（包括面相、爻卦、風水、批八字、拆字、扶乩等）的信徒眾多，其中不僅僅只是農民和家庭婦女，裡面還包括許多官員幹部和知識分子。當然，這些有些知識的幹部們也會「辯證地」看待算命師們的話，但那些話是具有魔力的，它仍會讓你心生狐疑，使你不自覺地將良性的合作關係變成惡性的謀算，將良性的競爭變成魚死網破的惡性對殺。

中國的占卜術和中國中醫是同源同理的，它和中醫一樣，說它一點作用沒有，這不符合客觀事實，但說它是真理吧，它做的卻又都是騙人的買賣——這不是普通的騙術，而是魔鬼的騙術，是巫術。

中國人是一個勇於內鬥的民族。中國人在內鬥中表現出來的勇敢、投入、智慧，與中國人在對外戰爭中表現出來的懦弱、麻木、愚蠢反差很大，判若兩人。局外人對此很難理解，因為他們不知道，內鬥就是中國人的宗教戰爭。

有了道教這個內鬥的發動機，也就有了儒教的「安內」諸術。

儒教的「安內」思想，儒生們在鹽鐵會議上說得很明白：

桑弘羊說：「如果剩下那些逃到很遠地方去的匈奴不消滅，就會使他們重新得到喘息的機會，兵馬得到休整，還會欺負西域。西域離匈奴很近，受到他們的離間，人心渙散，內部瓦解，這必然會造成大禍。」

儒生說：「國家土地廣闊，如果不實行德政就有危險，兵力強大，如果欺凌敵國自己就會滅亡。猛虎和犀牛鬥得相持不下，螻蛄和螞蟻就會乘機得到好處。兩敵相鬥，百姓就會乘機作亂。因此，聖明的君主，看到利益時要想到害處，看到遠處時也要照顧近處。現在為朝廷著想，最好的辦法不如停戰體兵，用厚禮去講和，親自施行仁德。」[1]

法家針對的是外敵，而儒生防範的是自己百姓。百姓在儒生的眼中不過只是螻蛄和螞蟻而已。

桑弘羊說：「所以賢明的皇上開闢疆域，不是為了私利，打仗也不是出於一時的憤怒，目的是為了救難除害，為百姓長遠打算。」

儒生說：「秦國打敗南方強大的越人，擊退北方強大的胡人，用盡國家的人力物力去與四夷作戰，人民疲憊不堪而君主也不體恤，國內已面臨崩潰而君主還不知道。因此，一個人倡導反叛而天下的人郡響應，軍隊被陳勝打敗，土地被諸侯奪去，秦的後人還有什麼利益可以享受呢？」[2]

桑弘羊說：「周天子講究禮義，以德政治理國家，然而使國家削弱，以至不能存在下去……秦統一天下後……人們沒有不來歸附的。這並不是人們信服秦朝的什麼德政，而是害怕它的武力。所以力量強，別人就會來朝拜，力量弱，就得去朝拜別人。」

儒生說：「周朝用德政治理國家，雖然衰落了，但周的後代還處於諸侯之列，至今沒有斷絕。秦朝用暴力治理國家，不但亡了國，連子孫部死光了，還怎麼談得上去朝拜別人呢？」[3]

1 《鹽鐵論・擊之》。
2 《鹽鐵論・結和》。
3 《鹽鐵論・誅秦》。

桑弘羊考慮的是國家公事，儒生們考慮的是皇家私事，難怪皇帝們愛聽。尤其是儒生們口口聲聲所說的秦朝皇室的子孫斷絕，無疑更是給皇帝們敲了個警鐘，在中國這個無神論的國度裡，斷子絕孫，香火斷絕，就意味著下地獄，至少也會成為一個孤魂野鬼，你說可怕不可怕？難怪鹽鐵會議之後，桑弘羊就被殺了頭。

有了儒教的教化，於是「安內虛外」「攘外必先安內」「外寇為癬疥之患，內賊為心腹之患」甚至「寧於友邦，不於家奴」等等便成了中國歷代尊奉儒教政府的一貫政策。

基督徒的後裔在世必強盛

與太極圖的內向、封閉相對立的，是十字架的外向、擴張。

歐洲的日耳曼人本是野蠻、愚昧、笨手笨腳的，他們渾身多毛，由於生活區域的緯度高，缺乏陽光照射，他們的頭髮、眼睛、皮膚的顏色很淺，就像中國的白化病人。四世紀，他們受到了匈奴人（被漢人擊敗後，遷徙到歐洲）逼迫，進入羅馬帝國尋求庇護。這些日耳曼人及匈奴人最終瓦解了羅馬帝國。這一群愚昧的日耳曼人很有福氣，因為他們從羅馬人那裡得到了一個比珠寶更為珍貴的寶貝：基督教。

單純的日耳曼人很虔誠，他們在建立自己王國的同時，將基督教定為自己的國教，將自己做為上帝的子民、耶穌拯救的對象。本來在亞洲出生的黑頭髮黑眼睛的耶穌也被他們描繪成了金髮碧眼的形象。

從此，事情開始悄悄地發生著變化。

從十一世紀開始，歐洲人種種被動挨打的局面開始戲劇性的顛倒過來，經過五百年基督教的營養滋補，歐洲人由弱變強，由分散變團結，歐洲各國的基督徒在教皇的領導下，向東方的穆斯林發起了進攻。從十一世紀末到十三世紀，歐洲基督徒發動了八次東征。東征是在「十字架反對新月」（即基督教反對伊斯蘭教）的口號下進行的，故史稱「十字軍東征」。各十字軍在西班牙、義大利、西西里擊退了穆斯林，占領了拜占庭帝國；在德意志，條頓騎士指揮的十字軍向奧得河東岸進軍，反對異教徒普魯士人，並建立要塞，安置移民，將基督教傳播到普魯士和波羅的海諸國。

基督教是積極進取，以天下為己任的擴張性宗教，他浸透了普濟主義（認為所有的人最終都將得救的神學教義）、改變異端信仰的熱情和好戰精神。「從一開始起，基督教就強調四海一家，宣稱自己是世界宗教；從使徒時代到現在，積極傳教一直是基督教會的主要特點。而且，為了使異端和不信教的人皈依基督教，基督教會總是毫不猶豫地使用武力。基督教的好戰源自猶太游牧民所崇拜的復仇和懲罰之神。基督教作家常用戰爭作比喻，將人間世界看作上帝與撒旦交戰的戰場。因之，絲毫不奇怪：基督教首領在執行**『到世界各地區，將福音傳播給每一個人』（馬可福音16：15）**的命令時，時常採用種種有力的辦法。」[1]

十五世紀歐洲的海外擴張是陸地擴張的延續，是基督教擴張精神更令世人矚目的歷史實踐。在基督教對伊斯蘭教的聖戰中，位於歐洲西南角伊比利亞半島上的葡萄牙人和西班牙人處於與穆斯林的戰鬥最前沿，他們與穆斯林的戰鬥最激烈最持久。正是由於長期與異教的鬥爭，使得伊比利亞基督徒的鬥爭性、進攻性明顯高於歐洲其他地區的信徒，這就是葡萄牙人、西班牙人成為海外擴張先鋒的原因。

從十五世紀末起，歐洲人一路向東方擴張，一五一七年，歐洲人開始陸續來到中國，一八四〇年，雙方因為鴉片貿易問題爆發戰爭，結果一小撮歐洲人將中國這個龐大的古老帝國打得跪地求饒。歷史總是不免讓人感慨：曾經被中國人手下敗將匈奴人欺負的歐洲人，經過基督之水的滋潤，變得聰明且健壯，一千多年後，將中國人結

1 斯塔夫里阿諾斯，《全球通史》。

結實實地揍了一頓。

開放的十字架賦予基督徒的這種好戰性，是陽剛的，同是也是受基督教義所管轄的，人道的，文明的。這一點是基督徒征服者和曾經的蒙古征服者本質的不同。當蒙古人的武力不再了，它的帝國就瓦解了。而基督徒不僅有武力，更有基督教的博愛、寬恕、人道和知識。這使得基督教世界至今仍是「日不落帝國」。

基督徒的這種「己所欲，施於人」的擴張性，遭到了「己所不欲，勿施於人」的中國人的反感和頑強抵制。

清政府就很反感：你們歐洲人認為與世界上任何民族經商是上帝允許的，我們中國人認為閉關自守是天經地義的。歐洲人打敗了清政府，並沒有趁勢占領中國，而僅僅是要求通商。這讓清政府很想不通，英國人為何有如此強的經商欲望？想來想去，終於明白了：原來歐洲人的物產短缺，並且身體不好，如果離開了中國的茶葉、麝香、丁香、肉桂等香料，他們就會生病。

中國百姓對基督教傳教士們拯救異教徒的熱情，更不能理解：洋教士們辦西式醫院免費為中國人治病，是為了個啥呢？洋人做手術，要求無菌操作，患者家屬不得進入手術室，這讓中國人頓生狐疑，忍不住，扒窗縫一看，不得了了：原來他們一堆洋人正在對中國人開膛破肚、掏心摘肺哩。一位生了病在街頭奄奄一息的乞丐，被一位傳教士扶回住所，耐心地用藥物治療，並提供住所和食物讓其安心養病，神志清醒後的乞丐，百思不得其解，他和我非親非故，為什麼要救我，還這樣伺候我？後來他聽說洋人們專拿中國人的內臟煉銀子，並且這個洋人看到了他頭顱中有顆寶石，等把他養肥了再宰，於是，他就趕快偷跑了……。

「己所不欲，勿施於人」是中國龍文化的最後一道防線，也是中國人自我封閉的心理長城。在封閉、混沌的太極圖的周圍，還有一圈八卦護衛著，這就是中國都很熟悉的太極八卦圖。八卦是中國人的心理長城，是秦始皇所修築長城的基因，這道心理長城，魯迅先生分明是感受到了：「我覺得周圍有長城圍繞。這長城的構築材料，是舊有的古磚和補添的新磚。這兩種東西聯為一氣造成了城壁，將人們包圍。何時才不給長城添新磚呢？這偉大而可詛咒的長城！」[1]

你們要讚美耶和華！
敬畏耶和華，
甚喜愛祂命令的，
這人便為有福。
他的後裔在世必強盛，
正直人的後代必要蒙福。
他家中有貨物，有錢財。
他的公義存到永遠。
（詩112：1）

阿門。

十、儒教是道德殺手

儒教是一種無神論宗教，是一種「反話」宗教，因為他所標榜的，與它最終所導致的結果正好相反：它標榜

1 魯迅，《華蓋集．長城》。

忠，結果中國人最不忠；它標榜孝，結果中國人最不孝；它標榜仁，結果中國最殘忍；它標榜誠信，結果中國人最狡詐；它標榜「天下為公」，結果中國人最沒公德心；它標榜「存天理，滅人欲」，結果中國人最淫亂。

頻繁的改朝換代是中國人不忠誠的證明

忠誠，表面上是對主人的唯命是從，本質上是對效忠宣誓、靈魂契約的恪守。宣誓對無神論者是無用的，於是忠誠就變成了功利算計，就成了奴性。

忠誠是自尊的、勇敢的、無私的；奴性是自卑的、膽怯的、自私的。忠誠的主體是人的靈魂，忠誠的對象是理想、是人格，他是超功利的。而奴性相反，它的主體是人的肉體，它的對象是權力、利益，既不是某種理想，也不是某個人，而是烏紗帽。奴性是見了烏紗帽就下跪，管他是漢人、鮮卑人、契丹人、蒙古人、女真人、還是日本人；管他是人、是狗、還是豬，只要他頭上戴個帽、腰裡別著槍，只管下跪磕頭就是了。

歐洲的許多皇室至今仍受人民的愛戴，日本從古到今只有一個皇室。而中國，把「忠」字天天掛在嘴上，實際上卻是改朝換代頻繁，宮廷政變、農民起義不斷。以至於有西方人這樣評價道：「在所有以達到某種程度的文明的民族中，中國人是缺乏革命性，卻又最富有反叛性的。」[1]

中國頻繁的改朝換代，是中國人不忠誠的結果，也是中國人不忠誠的寫照和證明。

父母愛子女，動物也會。子女孝順父母，人類才有，因為人類有靈魂，有道德。無神論者，孝成了功利算計。

[1] 斯塔夫里阿諾斯，《全球通史》。

日本人曾經調查了美國一千零五十二名高中生，中國大陸一千兩百二十名高中生。在回答「你最尊敬的人是誰？」這一問題時，美國學生的答案是：第一是父親，第二是球星，第三是母親。而在中國學生的答案中，父親（包括母親）竟連前十名都排不上，多麼巨大的反差！中國父母不僅在孩子心目中沒有地位，並且許多中國的青少年將自己自卑、怯懦、依賴、懶惰等不良性格以及恐怖、焦慮、偏執的心理障礙，歸咎於父母的教育方式，歸咎於父親的「專制」「霸道」、「無能」「嬌寵」「過於保護」等等因素。[1]

中國的子女們對自己父母的俯首帖耳、畢恭畢敬，裡面究竟有幾點「孝心」在裡面，是很值得懷疑的，他們更多地是在惦記著父母的財產。葬禮後的家庭內部紛爭往往成了中國社會生活中的一個組成部分。

一八七一年，一位外國基督徒耶茨（Yates）博士在《祖先崇拜》的論文中說：「『孝』這個詞，極易產生誤導作用，我們必須防止為他所蒙蔽。在我們所瞭解的所有民族中，中國人的子孫是最不孝順的，他們對父母不順從，固執地我行我素，從能夠瞭解自己的意圖、願望即剛啟蒙的那個時候起，便是如此。」

這對「以孝治國」「孝為百德之首」的中國人是何等的諷刺?!

憤怒只是被活埋

「人之初，性本善。」《三字經》中的第一句話，清楚地表達了儒教的人性觀。人性本善論，使得儒教不敢正視惡。對惡的洪流，不知疏通，只是掩蓋堵塞，最終導致決堤崩潰，惡的洪水肆意橫流。這不僅表現在週期性社會動亂的血腥殺戮上，也表現在中國的酷刑上。

---

[1] 《讀者》，二〇〇二年十二月，《中國父親排第幾》。

中國的酷刑是最能展示中國人想像力的東西了。中國人發明的酷刑花樣名目繁多，其中常見的有以下幾種：

插針：（插竹籤）是將針或竹籤插入人的指甲縫中。

刖刑：是將膝蓋以下的腿砍掉，或曰是把膝蓋骨削掉。

劓刑：即割掉鼻子。

宮刑：割去男性生殖器。

幽閉（幽禁）：專用於與男人通姦的婦女。是用木椿子朝女人陰道裡敲打，破壞其子宮，然後再「抽去其筋」將子宮內的筋剝掉，使其喪失生殖功能。

棍刑：用棍子從人口中插進去，穿破胃腸，直到犯人死去。

鋸割：用鋸子鋸斷人的脖頸。

灌鉛（錫）：將熔化的鉛或錫灌入人的胃腸之中，將人燙死。

腰斬：用鍘刀將人攔腰斬斷。

鑊烹：將人放進鑊中蒸或煮，至死。

肢解：俗稱「大卸八塊」，即將人肢解成八塊。

抽腸：用撓鉤從人的肛門插入腹內，將腸子拉出體外，致人死亡。

騎木馬：用於行淫的婦女。刑具是一個車子，上面矗立一個尖頭的木樁，行刑時將婦人的陰道置於尖木之上，遊行示眾。隨著車子的顛簸，尖木鑽破婦人的內臟，使人致死。

車裂（五馬分屍）：將人的頭與四肢套上繩子，由五匹馬拉著向五個不同的方向急奔，將人撕為五塊。

剝皮：這是朱元璋最常使用的刑法。在人活著的時候，由背部脊椎下刀，把背部皮膚分成兩半，慢慢用到分開皮膚與肌肉，像蝴蝶展翅一樣將全身的皮剝下來。

刷洗：發明者是朱元璋。將人裸體放在鐵床上，用滾開的水往他身上澆幾遍，然後用鐵刷子一下一下刷去他身上的皮肉，直到露出白骨。

凌遲：俗稱「殺千刀」。用刀子將人身上的肉一片一片割取，直到犯人死亡。其中所割刀數是有嚴格規定的，通常都在一千刀以上，如果劊子手未能完成，犯人就斷了氣，那劊子手也要受此刑。

點天燈：將人的頭蓋骨揭去一塊，將燃燒的燈芯插入人的腦漿中，使人疼痛致死。

……夠了，筆者已經不寒而慄了。但這些還僅僅只是中國酷刑之「常規」，尚且不包括人民群眾的發明創造和即興發揮。

在一本《老照片》的書中，有一幅由洋人拍攝的發生於清朝末年的執行凌遲的照片：照片的主人公是正在受凌遲之刑的犯人，他位於照片的中央偏左，面對鏡頭。犯人是一位面目清秀的青年，被綁在一個木樁子上，生殖器、胸部肌肉、大腿肌肉已被割去。劊子手位於照片的右邊，側對著鏡頭。劊子手是位衣帽整齊衣著光鮮的中年人，他正在持刀割犯人左上臂的肌肉。照片的背景是擁擠的旁觀者，他們的表情和娶親的旁觀者並無區別。我震驚了，震驚於鮮血淋漓的場面，更震驚於受刑者的安詳、施刑者的從容、旁觀者的麻木。這是筆者有生以來看到的最為恐怖的畫面，而製造恐怖的竟是自己的同胞。

這幅照片給我造成的強烈情感卻讓人難以名狀：是寒冷？是憂傷？還是——人間的詞彙已不足以來形容這種特殊的情感了。我已經隱約看到了魔鬼那猙獰的面孔，已經感覺到了魔鬼逼近的陰森寒氣。

這些酷刑並不遙遠，他們只是幾十年前才大體上退出了中國的歷史舞臺，而這還要完全歸功於歐美基督徒。中國形形色色的酷刑絕非只是來自於皇帝一人和幾個官僚的異想天開和心理變態，它屬社會集體創作。它是中國人集體的智慧結晶和心理需要——什麼心理？是仇恨！同胞內部的仇恨！這種仇恨如此劇烈，以至於讓人將不忍用於動物身上的殘忍竟用於自己人類身上、自己同胞身上，以至於讓人性完全扭曲變形，變得猙獰恐怖。這種劇烈的仇恨從何而來？它來自於人性偽善的道德壓抑。

所有的中國人，包括皇帝本人都要受到建立在人性本善根基之上的儒教倫理禮制的束縛和壓抑。人性本善，一有不善，即是禽獸。於是中國人都將人性中的惡小心翼翼地掩蓋起來，放在心靈深處一個不易被別人發現的陰暗的角落裡，假裝好人。別人傷害了自己，也總是打落牙往肚裡吞，表面上還要裝出本性善良的模樣來。如心不甘，也不敢赤裸裸地提出自己的抗議，而是要費盡心機，委婉地繞上七八個彎，甚至找個中間人才能表達一下不滿。實在不行，只能打官司。打官司是中國人最下策的選擇，因為這條路在中國是艱難的，即使你打贏了官司，討回了所謂的公道，當你回到家時，才發現你早已經傾家蕩產，妻離子散了。

講理、打官司，都是儒教所厭惡排斥的東西，儒教的存在使得講理、打官司在中國變得困難重重、成本昂貴。在一次次教訓面前，面對別人對自己的傷害，中國人不得不選擇一個最為實際的、最廉價的、也是最被儒教道德所鼓勵的態度：「忍」。「和為貴，忍為上」，在儒教設計的這個以「和」「忍」為規則的「遊戲」中，中國人的競賽最終變成了忍耐性的競爭，人們在一團和氣的平靜中沉默地對峙著，誰缺乏忍耐心，首先失了和氣，罵了娘，那他就成為了這個儒教遊戲中的失敗者。當一個人終於忍受不住，違反了儒教的教條，僵局就被打破了，大家壓抑了幾年甚至幾十年的怨氣、仇恨一下子找到了一個可供發洩的地方，這時，非酷刑非殘忍就不能發洩大家內心深處的怨恨。

儒教就是一個「仇恨」壓縮機，它將人性中本來的正常存在的惡的發洩途徑全部封堵住，把它們一點一點地累積起來，最終將它們孕育成殘忍惡魔，猛地放出來吞噬人類，吞噬道德。

儒教所營造的「和氣」是一種偽裝的和氣，儒教所營造的「平靜」是監獄中的平靜，儒教所營造的「沉默」是一種犯人的沉默。

酷刑已經和清王朝一起被埋葬了，但中國人的殘忍被埋葬了嗎？

韓戰期間，中國「志願軍」有兩萬餘人成為美軍的俘虜，這兩萬餘中國俘虜在美軍的戰俘營中分為兩個陣營，一派（戰後有一．四萬人去了臺灣）是不願再回到共產黨大陸，願意前往臺灣追隨國民黨的親蔣派，他們多是在解放戰爭中投降共軍的原國民黨軍隊的士兵，以及一些被共產黨強迫參加韓戰而對共產黨有仇怨的人。另一派（戰後有六千六百七十三人返回了大陸）是要求回大陸的親共派。美軍利用親蔣派來管制親共派。親蔣派有美國人做靠山，於是對親共的中國戰俘進行了殘酷的打擊報復。跪石渣、敲關節、針刺指甲、灌辣椒水、烙肉、倒懸、串指、火油灌口、沸水煮人、活埋、剜心等祖傳的國粹在戰俘營中再度發揚光大。其中有個叫李╳安的，他不僅繼承了「優秀」傳統，並且會活學活用，因地制宜，發明創造：他將刮鬍刀片綁在牙刷柄上，誰堅持回大陸，他就割誰身上的肉，並將割下的第一塊肉往煤油上一燒，放進自己的嘴裡咀嚼。被割肉的中國戰俘有三百多人；他還將消防水龍頭插進幾個戰俘的肛門，將涼水灌進他們的肚子，將他們活活漲死；還有名戰俘被他挖去肛門，疼痛而死；有兩個返回大陸態度堅決的被他活活的挖出心臟，李╳安用刀挑著心臟四處恐嚇炫耀，最後他和幾個同夥將這兩個心臟剁成肉餡包成餃子，吃了！[1]

一九八九年春夏之交的學生民主運動中，一名共軍士兵被憤怒的群眾從天橋上拋下來，然後用繩子套著脖子拉上去，再拋下來，在士兵尚未斷氣之時，又被澆上汽油焚燒，燒死後的屍體又被人刨腹，流出的腸子再用繩子

1 大鷹，《志願軍戰俘紀事》。

繫著。

今天，上網一看，竟有很多中國人呼籲用滿清十大酷刑來對付貪官汙吏……。

儒教將「仁」掛在嘴上，結果呢？中國人最殘忍。

只有耶穌能將中國人從欺詐的泥淖中拯救

儒教三綱五常中的「五常」是「仁義禮智信」，其中的「信」，就是誠信的信。

子曰：「弟子入則孝，出則弟，謹而信，（處世謹慎而誠實守信）泛愛眾，而秦人；行有餘力，則以學文」。[1]

子夏曰：「與朋友交，言而有信。雖曰未學，吾必謂之學矣」。[2]

子曰：「君子不重則不威，學則不固；主忠信，（仁義忠信誠實為主）無友不如己者，過則勿憚改」。[3]

子曰：「人而無信，不知其可也……。」（一個人不講信用，不知道他將如何立身處世。）[4]

1 《論語．學而》。
2 《論語．學而》。
3 《論語．學而》。
4 《論語．為政》。

儒教崇信，言之鑿鑿。結果呢？

歐洲思想啟蒙運動時期，著名思想家孟德斯鳩就不客氣地指出：在拉希代孟（古代地名，引用原文），偷盜是准許的，在中國，欺騙是准許的。

（在中國）一切用暴力獲得的東西都是禁止的，一切用術數或狡詐取得的東西都是許可的。中國人的生活完全以禮為指南，但他們確實地球上最會騙人的民族。這特別表現在他們從事貿易的時候。雖然貿易會很自然地激起人們信實的感情，但他卻從未激起中國人的信實。向他們買東西的人要自己帶秤，每個商人有三種秤，一種是買進用的重秤，一種是賣出用的輕秤，一種是準確的秤，這是和那些對他有戒備的人們交易時用的。[1]

黑格爾為中國人的欺詐找了原因：

中國人沒有榮譽感，自卑，所以導致道德敗壞，欺詐成風。[2]

英國思想家羅素對中國是友好的，但私下在給情人的信中他卻說：

1 《論法的精神》。
2 《二千年世界看中國》。

中國非常壓抑，他正在朽敗腐爛，就像晚期的羅馬帝國一樣。中國人沒心腸、懶惰、不誠實。[1]

一位英國教授吉德（Kidd，一七九九—一八四三）曾說：

倘若選擇一種可做為中國人特性的美德，使它不僅在實踐中會遭到排拒，而且從理論上講，與現實的虛偽處世態度形成了最鮮明的對照，那麼選擇「信用」就是再恰當不過了，中國人的公私道德往往與真正的誠摯守信如此截然對立，以至於任何敵對一方都完全可以選取中國人的言行不一，口是心非做為嘲諷他們的生動材料。

虛偽、欺騙、不守信用、趨炎附勢才是中國人最為突出、鮮明的特徵。[2]

在中國生活了近五十年的美國傳教士明恩溥（一八四五—一九三二）則說：

中國人缺乏信用最典型的一方面便是體現在他們對待孩子的行為上。他們不時告誡自己的孩子，不要講求信用，不過，無論是大人還是孩子，都沒有意識到這一事實。

一位中國教師，被雇請抄寫和注釋中國的格言，在寫下古人一句絕妙的格言後，便為之進行注釋道：即使在別人粗魯地向你求助時，也絕不應拒絕，相反，應在表面上答應下來，雖然內心毫無相助之義，先

1 《羅素與中國》。
2 《中國人的特性》。

拖到明天，再拖到後天，他解釋說，這樣，你就心安了。據我們所知，這一方法，正是有債款要還的中國人在別人討債時通常所採用的，沒有人會奢求他在一提出償還要求時，便能收回自己的債款，因此沒能收回時，他也絕不失望。不過，欠債人一般會最肯定的告訴他，下一次一定還給他，要不就下下次，下下下次再還給他。

假分量、假尺碼、假錢鈔、假貨物、這些在中國都是在所難免的。甚至在掛有醒目的大招牌「貨真價實」「言不二價」的遠近有名的大字號，也是說一套，做一套，明一套，暗一套，裡面的東西與他所標榜的，根本就不是一回事。

中國社會，只要有信任便會有足夠錢財拿出來開發利用豐富的資源，發展他的實業。中國地大物博，資源豐富，這方面有得天獨厚的優越條件，可惜一直未加以利用，因為整個社會都缺乏一種相互信任、誠實、守信的作風，人們都將自己積斂起來的財富妥善、祕密地藏了起來。這樣就導致了社會資金的分流與不集中。試想，在如此虛偽、欺詐的社會氛圍之下，誰又肯將自己辛辛苦苦掙來的一點錢拿出來給公家使用呢？對當前的中國，擁有什麼，缺少什麼，必須要有充分的瞭解。她完全有足夠的知識、學問來滿足它的各種需要，在每一方面，也都不缺少人才，但是，彼此間缺乏建立在真摯基礎上的相互信任，使所有的這一切均不足以復興帝國。

何以如此？儒教不是教人誠信的嗎？還是來讓我們來看看儒教是怎樣教人的誠信的吧。

子貢問道：「怎麼樣才可以算士呢？」孔丘說：「對自己的行為有羞恥心，出使外國不辱君命，就可以算士了。」子貢說：「請問那次一等的呢？」孔丘說：「宗族裡稱讚他孝順，鄉親們稱讚他敬愛兄長。」子貢說：「請問那再次一等的呢？」孔丘說：「說話一定守信用，行為一定有結果，這是倔強固執的小人那！不過也可以算是那次一等的了。」（原文：言必信，行必果，硜硜然小人哉！抑亦可以為次矣。）（硜硜：認真固執的樣子。）[1]

子曰：「君子貞而不諒。」（君子堅守正道而不拘泥於信用）[2]

孟子曰：「大人者，言不必信，行不必果，唯義所在。」（高尚的人，說出的話沒必要守信，所辦的事沒必要有結果，只要符合道義就行了）[3]

孟子曰：「君子不亮（同諒），惡乎執！」（君子不守信用，認真固執是不好的）[4]

原來孔孟的誠信是針對百姓、小人說的，君子、大人是沒必要遵守的，誰遵守，誰就成了「硜硜」的小人了，就不是君子了。這種針對百姓、小人的誠信，是奴才的誠信。的確，如果百姓、小人們不誠信，不老實，統治起來不就太困難了嗎？

子曰：「上好禮，則民莫敢不敬；上好義，則民莫敢不服；上好信，則民莫敢不用情。」[5]

1 《論語・子路》。
2 《論語・衛靈公》。
3 《孟子・離婁下》。
4 《孟子・告子下》。
5 《論語・子路》。

子夏曰：「君子信而後勞其民，未信，則已為厲己也；……」[1]（君子應先確立信譽，然後再去勞役人民，不然的話，人民就會認為君子在傷害欺騙自己。）

原來孔丘師徒中的「信」是在愚民啊。

君子，是褒義的，是指道德高尚的人；小人是貶義的，是指道德敗壞的人。人是向善的，都願意當君子而不願當小人，人們堅持不懈學習的最終結果就是個個都成了「言不必信，行不必果」的君子。表面上儒教在教人誠信，實際上他是個道道地地的欺詐教唆犯。儒教的欺騙性由此可窺一斑。

孔丘和孟軻說君子可以不守信用，是有個冠冕堂皇的條件的，那就是君子行事要符合道義。他們所說的「道義」是個什麼東西呢？

是以聖人後其身而身先，外其身而身存，非以其無私邪？故能成其私。[2]

將欲歙之，必固張之；將欲弱之，必固強之；將於廢之，比固興之；將欲奪之，必固與之。是謂微明，柔弱勝剛強。魚不可脫於淵，國之利器不可示於人。[3]

（要想收斂它，必先擴張它；要想削弱它，必先加強它；要想廢除它，必先振興它；要想奪取它，必先給予它。這叫做先暗後明，柔弱勝剛強。要做成功，就要像魚不離開深淵，國家利器不能示人一樣，真

1 《論語・子張》。
2 《老子・七章》。
3 《老子・三十六章》。

正的意圖不能讓對方知道。）

原來如此。原來張之、強之、興之、與之的最終目的是為了歙之、弱之、廢之、奪之！原來聖人的無私是為了成其私！好陰險的「道」啊！

由於道教《道德經》的薰陶教化，中國人將狡猾和聰明、誠實與愚蠢混淆一談。就像毛澤東對德國軍事專家李德的評價：「他很勇敢，卻不善使詐，他不懂的隱藏自己的長，故意示弱用短，表面看來是拙劣手筆，但實是高明的策略。他不懂的什麼叫『聲東擊西』，也不懂得『若欲奪之，必先予之』的道理，他沒有讀《三國演義》，連虛晃一槍，敗下陣來，賣個破綻，讓敵撞將過來的拖刀計、回馬槍都不懂……」。狡詐在中國人的眼裡，不是個道德問題，而只是個智商問題。

《道德經》表面上是在宣揚道德，其實它是地道的教唆犯。

還是讓我們來傾聽上帝的教誨吧：

不可隨夥布散謠言，
不可與惡人連手妄作見證；
不可隨眾行惡，
不可在爭訟的事上隨眾偏行，
作見證屈枉正直；

也不可在爭訟的事上偏護窮人。（出23：1）

你們不可偷盜，
不可欺騙，
也不可彼此說謊。
不可指著我的名起假誓，褻瀆你神的名。（利19：11）

你們實行審判，不可行不義。
在尺、秤、升、斗上也是如此。
要用公道的天平、公道砝碼、公道升斗、公道秤。（利19：35）

你囊中不可有一大一小兩樣的砝碼；
你家中不可有一大一小兩樣升斗。
應當對準公平的砝碼、公平的升斗。（申25：13）

使瞎子走錯路的，必受詛咒！（申27：16）

他掘了坑，又挖深了，

竟掉在自己所挖的阱裡。（詩7：15）

你的舌頭，邪惡詭詐，
好像剃頭刀，快利傷人。（詩52：2）

詭詐的舌頭啊，
你愛說一切毀滅的話。（詩52：4）

耶和華啊，
求你救我脫離說謊的嘴唇和詭詐的舌頭。（詩120：2）

耶和華所恨惡的有六樣，
連祂心所憎惡的共有七樣，
就是高傲的眼，
撒謊的舌，
流無辜人血的手，
圖謀惡計的心，
飛跑行惡的腳，

吐謊言的假見證，
並弟兄中布散紛爭的人。（箴6：16）

詭詐的天平為耶和華所憎惡；
公平的砝碼為祂所喜悅。（箴11：1）

說出真話的，顯明公義；
作假見證的，顯出詭詐。（箴12：17）

口吐真言，永遠堅立；
舌說謊話，只存片時。（箴12：19）

說謊的嘴，為耶和華所憎惡；
行事誠實的，為祂所喜悅。（箴12：22）

作真見證的，救人性命；
吐出謊言的，施行詭詐。（箴14：25）

公道的天平和秤都屬耶和華，
囊中一切砝碼都為祂所定。（箴16：11）

作假見證的，必不免受罰；
吐出謊言的，終不能逃脫。（箴19：5）

買物的說：「不好，不好」，
及至買去，他便自誇。（箴20：14）

以虛謊而得的食物，人覺甘甜，
但後來他的口必充滿塵沙。（箴20：17）

用詭詐之舌求財的，
就是自己取死，
所得之財，
乃是吹來吹去的浮雲。（箴21：6）

誠實人必多得福，

想要急速發財的，
不免受罰。（箴28：20）

你們的話，是，就說是；不是，就說不是；
若再多說，就是出於那惡者。（馬太5：37）

耶和華啊，
你是公義的，
你的判語也是正直的。
你所命定的法度是憑公義和至誠。（詩119：137）

因為耶和華本為善，
祂的慈愛存到永遠，
祂的信實直到萬代。（詩99：5）

祂是磐石，
祂的作為完全，
祂所行的無不公平，

是誠實無偽的神，
又公義、又正直。（申32：4）

歐美國家的誠信所以堅固，那是因為他們的誠信不是建立在什麼「長遠利益」「理性邏輯」的基礎上，而是建立在十字架上的，是建立在耶穌基督的寶血上的，是建立在無數殉道者的鮮血上的。

能將中國人從相互欺詐泥坑中拯救出來的，只有救世主——耶穌！

博愛最大的敵人是仁愛

儒教的價值核心是「仁」，「仁者人也，親親為大」，[1]「仁」就是對自己親人的愛。儒教的「仁」，是一種血緣之愛，是一種動物之愛，儒教所鼓吹的「仁」，動物身上也具備，甚至比人更強烈。儒教將人淪為動物，儒生們卻口口聲聲斥責這個為禽獸，那個為禽獸，這不是惡人先告狀的無賴伎倆嗎？

這種血緣之愛，是局限在自己親人的圈子內的。「仁」的社會實踐結果就是使家庭成為了一個緊湊、封閉、堅硬的社會基本單位。孫中山先生將中國社會比喻為一盤散沙，這一盤散沙中的一粒粒沙子，就是一個個家庭。「仁」這種小愛，被封閉與家庭內部，一出家門，它就溫度驟降，甚至蕩然無存。「各人自掃門前雪，莫管他人瓦上霜」就是這種中國家庭之間的冷漠關係的生動寫照。

這種血緣仁愛也有輻射，但是被封閉於一個由個別親戚、同學、熟人組成的小圈子內。在這個小圈子裡，道

---

1 《中庸》。

德還是有的，人與人是羊與羊，出了這個圈子，就出了道德的勢力範圍，進入了道德真空區，人與人也就變成了狼與狼，坑蒙拐騙，弱肉強食。食人與被食，那只是個能力問題，完全不關道德的事。

相對於陌生人間的公德，這種維繫小圈子內的道德是一種私德。這種私德，小且封閉，「數量」極多，分佈在中國社會的任何角落。它的廣泛性和牢固性使得公德在中國根本無立足之地。缺乏公德曾經是自鴉片戰爭以來救亡圖存的中國的仁人志士們所痛心疾首的，今天，它仍是中國人現代化建設中所遇到的一個大敵。

公德最大的敵人不是無德，而是私德！博愛的最大敵人不是無愛，而是仁愛！

在沒有公德的社會氛圍中長大的中國人，有著很多劣習，且根深蒂固，即使出了國，也會將這些惡習帶出了國門：大聲喧譁、隨地吐痰、亂扔紙屑、哄搶、插隊、逃票、偷吃廣場的鴿子……丟盡了臉！

儒教宣揚「天下為公」，中國人卻最沒有公德！

上帝就照著自己的形象造人，乃是照著祂的形象造男造女。（創1：27）

耶和華上帝用地上的塵土造人，將生氣吹在他鼻孔裡，他就成了有靈的活人，名叫亞當。（創2：7）

耶穌對他說：「你要盡心、盡行、盡意、愛主你的神。這是誡命中的第一，且是最大的。其次也相仿，就是愛人如己。這兩條誡命是律法和先知一切道理的總綱。」（馬太22：37）

那是，耶穌對眾人和門徒講論，說：「……但你們不要受拉比（夫子）的稱呼，因為只有一位是你們的夫子，你們都是弟兄；也不要稱地上的人為父，因為只有一位是你們的父，就是在天上的父；……」（馬太23：9）

耶穌還對眾人說話的時候，不料，他母親和他弟兄站在外邊，要與他說話。有人告訴他說：「看那，你母親和你弟兄站在外邊，要與你說話。」他卻回答說：「誰是我的母親？誰是我的弟兄？」就伸手指著門徒說：「看那，我的母親，我的弟兄。凡遵行我天父旨意的人，就是我的弟兄、姐妹和母親了。」（馬太12：46）

耶和華對人的愛是跨越血緣、家族、民族、階級的，是博愛。正是上帝的博愛，使得基督徒們不論有無血緣關係，是否相識，都能以愛相待；正是上帝的博愛，使得基督徒們達成共識，公共事業就是所有人的事業，就是上帝的事業；正是上帝的博愛，鑄就了基督徒們的公德。

人類破壞了禁忌卻又追求禁忌

性意識是人類惡的根源，持人性本善觀的孔丘、孟軻之流是根本不敢正視「性」的，世上所有的人性善論都是不敢正視「性」的。他們所以得出人性本善的結論本身就是無視性意識存在的。

不正視性，不談論性，對性諱莫如深的儒教是不是對性就曖昧、放任自由呢？不是，雖然孔丘不談性，但性對儒教的等級禮治、靜止世界觀的衝擊，他分明有強烈感受：「已矣乎！吾未見好德如好色者也」。[1]孔丘並不是單單感慨一下就完事了，對待性這個洪水猛獸，他和他的門徒們採取了防堵、截、褁、蓋等高壓措施。

儒教的禁欲是別具一格的，和世界其他宗教的禁欲不同，儒教的禁欲不是從人的內在靈魂入手，而是從人的外在行為入手的，它的禁欲措施就是設立「男女之大防」，將男女進行隔離，防止男女的身體發生接觸。

男女授受不親。

（男女接遞東西，肌膚不得接觸）[2]

男女不能混雜坐在一起，一副不能掛在同一個衣架上，毛巾、梳子不能混用，不能親手接遞東西。嫂

1《論語・魏靈公》。
2《孟子・離婁上》。

子、小叔不能互相交談，不能讓母輩洗滌下裳。

男女之間沒有媒人提親，不能知道對方的名字；女方家沒有接受男方家的聘禮，彼此不能交往親近。[1]

男人不問家內的事，女人不問家外的事；不是祭祀，不是喪葬的時候，男女之間不能相互傳接器用；必須傳接時，女人要用竹筐等器具來接；沒有竹筐器具時，就都坐下來放在地上，然後再拿取。[2]

……

佛教比儒教深刻得多，對「性」思考得很透，態度也極端，它是徹底杜絕性行為、生殖行為的。「愛為穢海，眾惡歸焉」這條教義充分反映了佛教對性的看法。隨著佛教東來，「萬惡淫為首」便成了儒生們的對性的態度，這就更加深了儒教對性的壓制，其體現就是宋朝的理學的興起：「餓死事小，失節事大」「存天理滅人欲」。

無神論儒教讓人們敬鬼神而遠之，人們死後靈魂的唯一寄託就是自己子孫的香火。祖先崇拜的關鍵就是使子孫延綿不絕，以確保香火不斷。為了使祖先崇拜不朽，多生孩子（男孩子）便成了儒教的頭等大事，於是，儒教規定了一夫多妻制。

一夫多妻制，使得遭到儒教壓制的性慾有了充分的發洩途徑。相對於基督教的一夫一妻，這種一夫多妻制是制度性的淫亂。

1 《禮記‧曲禮》。
2 《禮記‧內側》。

有了淫亂的制度，就會有淫亂的技術，於是房中術就應運而生了。房中術是道教的專利，又稱為採陰補陽術、御女術。手段是極其齷齪下流不堪入目的，什麼採陰補陽、攀弓踏弩、摩臍過氣、燒茅打鼎、進紅鉛（服用女人月經）、煉秋石（將男人的尿熬成藥）服婦乳、食淫液、服婦尿液……等等，都是些什麼爛玩意兒?!道教是中國人的靈魂，看看道教的房中術，就可以知道中國人的靈魂有多骯髒。

打開中國歷史書籍，滿紙仁義道德的字裡行間不僅充滿了吃人的血腥味，並且還會有一股腥臊淫味撲鼻而來。中國的歷史，是貧窮的歷史，是戰亂的歷史，是淫亂的歷史。

有了淫制和淫術，中國的男人是否就能滿足呢？非也，人的性慾比動物貪婪得多，邪惡得多。「妻不如妾，妾不如妓，妓不如偷，偷不如偷不著」。——原來，「禁忌」才是人的終極追求！

人類始祖亞當夏娃，違背了上帝的禁令，偷吃了禁果，具有了性意識，變得貪婪虛榮，被上帝逐出了伊甸園。他們的子孫，卻終極一生，千辛萬苦，飛蛾撲火，追尋著失去的「禁忌」……。人，好可憐。

人偷吃了禁果，犯下了原罪，但上帝並沒有將人類拋棄，他派先知摩西，宣讀自己的誡命，派自己的獨生子耶穌和人類重新立約。通過不停的懺悔、祈禱、贖罪，人類邪惡的性，被疏導納入正途，並最終昇華為人類社會的文明——人類走向天國的漫長的、唯一的道路。

讓我們一起來接受上帝的誡命：

不可殺人。

不可姦淫。

不可偷盜。（出20：13—15）

你心中不要戀慕她的美色，
也不要被她的眼皮勾引。
因為妓女能使人只剩一塊餅，
淫婦獵取人寶貴的生命。（箴6：25—26）

親近鄰居之妻的，也是如此，
凡挨近她的，不免受罰。（箴6：29）

淫婦用許多巧言誘他隨從，
用諂媚的嘴逼他同行。
少年人立刻跟隨他，
好像牛往宰殺之地，
又像愚昧人帶鎖鏈去受刑罰，
直等箭穿他的肝，
如同雀鳥急入網羅，
卻不知自喪己命。（箴7：21—23）

你的心不可偏向淫婦的道，
不要入她的迷途。
因為被她傷害撲到的不少，
被她殺戮的而且甚多。
她的家是在陰間之路，
下到死亡之宮。（箴7：25—27）

妓女是深坑，
外女是窄阱。
她埋伏好像強盜，
她使人中多有奸詐的。（箴23：27—28）

耶穌教訓道：「你們聽見有話說：『不可姦淫』。只是我告訴你們：凡看見婦女就動淫念的，這人心裡已經與她犯姦淫了。若是你的右眼叫你跌倒，就剜出來丟掉，寧可失去百體中的一體，不叫全身丟在地獄裡；若是右手叫你跌倒，就砍下來丟掉，寧可失去百體中的一體，不叫全身下入地獄。」（馬太5：28—29）

有法利賽人來試探耶穌說：「人無論什麼緣故都可以休妻嗎？」耶穌回答說：「那起初造人的，是造男造女，並且說：『因此，人要離開父母，與妻子連合，二人成為一體』。這經你們沒有念過嗎？既然如此，夫妻不再是兩個人，乃是一體的了。所以，上帝配合的，人不可分開。」……「我告訴你們：凡休妻領取的，若不是為淫亂的緣故，就是犯姦淫了；有人娶那被休的婦人，就是犯姦淫了。」（馬太19：4—9）

他們的思念變為虛妄，無知的心就昏暗了。自稱聰明，反成了愚拙；……所以，上帝任憑他們逞著心裡的情欲行汙穢的事，以致彼此玷汙自己的身體。他們將上帝的真實變為虛謊，去敬拜受造之物，不敬那造物的主。主乃是可稱頌的，直到永遠。阿門！因此，上帝任憑他們放縱可羞恥的情欲。他們的女人把順行的用處變為逆行的用處；男人也是如此，彼此貪戀，男和男行可羞恥的事，就在自己身上受這妄為當得的報應。（羅馬書1：21—27）

所以，不要容罪在你們必死的身上作主，使你們順從身子的私欲。也不要將你們的肢體獻給罪做不義的器具；到要像從死裡復活的人，將自己獻給上帝，並將肢體做義的器具獻給上帝。（羅馬書6：12—13）

行事為人要端正，好像行在白晝；不可荒宴醉酒，不可好色淫蕩，不可爭竟妒忌。總要披戴主耶穌基督，不要為肉體安排，去放縱私欲。（羅馬書13：13—14）

文士和法利賽人帶著一個行淫時被拿住的婦人來，叫她站在當中，就對耶穌說：「父子，這婦人是正行淫時被拿的。摩西在律法上吩咐我們，把這樣的婦人用石頭打死。你說該把她怎麼樣呢？」……耶穌就直起腰來，對他們說：「你們中間誰是沒有罪的，誰就可以先拿石頭打她」。於是又彎著腰在地上畫字。他們聽見這話，就從老到少一個一個的都走了，只剩下耶穌一人，還有那婦人仍站在當中。耶穌就直起腰來，對她說：「夫人，那些人在哪裡呢?沒有人定你的罪嗎？」她說：「主啊，沒有。」

耶穌說：「我也不定你的罪，去吧!從此不要再犯罪了」。（約翰8：3—11）

我們原曉得律法司屬乎靈的，但我是屬乎肉體的，是已經賣給罪了。因為我所做的，我自己不明白。我所願意的，我並不作；我所恨惡的，我到去做。……我覺得有格律，就是我願意為善的時候，便有惡與我同在。因為按著我裡面的意思，我是喜歡上帝的律；但我覺得肢體中另有個律和我心中的律交戰，把我擄去叫我服從那肢體中犯罪的律。我真是苦啊！誰能救我脫離這取死的身體呢？感謝上帝！靠著我們的主耶穌基督就能脫離了。（聖保羅語）（羅馬書7：14—25）

論到你們信上所提的是，我說男不近女倒好。但要免淫亂的事，男子當各有自己的妻子，女子也當各有自己的丈夫。丈夫當用合宜之份待妻子，妻子待丈夫也要如此。妻子沒有權柄主張自己的身子，乃在丈夫；丈夫也沒有權柄主張自己的身子，乃在妻子。夫妻不可彼此虧負，除非兩廂情願，暫時分房，為要專心禱告方可；以後仍要同房，免得撒旦趁著你們情不自禁引誘你們。……我對這沒有嫁娶的和寡婦說，若他們常像我就好。倘若自己禁不住，就可以嫁娶。與其欲火攻心，倒不如嫁娶為妙。至於那已經嫁娶的，我吩咐他們，其實不是我吩咐，乃是主吩咐說：「妻子不可離開丈夫，若是離開了，不可再嫁，或是仍同丈夫和好。丈夫也不可離棄妻子。」（聖保羅語）（哥前7：1—11）

選擇了神治，就是人；選擇了人治，就是頭牲口

二〇〇〇年五月十四日，中央電視臺的《實話實說》節目向觀眾介紹了一位美國青年，名叫丁大衛。五年前，丁大衛一人來到中國，在一所普通的郊區小學教學，他的為人和教學方式深的學校師生們的喜愛，因此，他當上了該校的校長。後來，他又被蘭州西北民族學院聘為大學教師，月薪一千兩百元。當大衛得知自己的工資比別人高時，就主動要求校方將自己的工資降到九百元，學校一再堅持，大衛也堅持不讓，說：怎麼也不能超過一千元。最後，校方給他每月九百五十元。

主持人崔永元問：「大衛，你每月工資夠用嗎？」

大衛說：「夠了，我每月的錢除了買些飯票，就用來買些郵票，給家裡打打電話，三四百元就夠了！」現場觀眾總有不少人「哇」的一聲發出驚歎。是的，大衛如果來自中國的窮山溝，觀眾們是不會浪費這一聲驚歎的，大衛來自於高消費的美國，中國人便理解不了了。

現場，主持人讓丁大衛向大家展示了他個人在中國五年內積累的所有家當：一只不大的帆布袋。在主持人的要求下，大衛紅著臉，將自己的家底一一出示給大家：一頂大衛家鄉足球隊的隊帽；一本相冊，裡面是他的親人、朋友、及他教過的小學生的照片；一個用精製像框鑲好的全家合影；兩套換洗衣服；一雙未洗的普通的運動鞋；幾個飯盒、漱口杯、牙刷、刮鬍刀生活必需品；還有一面五星紅旗。

崔永元問他為什麼將五星紅旗帶在身邊，大衛說：看到這面國旗，我就會告誡自己，你現在是一位中國教師，你要多為中國教書育人。

崔永元這時想到了一位中國人的好人偶像，於是對大衛說：「我覺得你挺像我們中國的一個人——雷鋒！」。面對中國人最高規格的讚揚，大衛沒有表現出中國人那種面對誇獎條件反射式的謙虛，而是以歐美人特有認真想了想說：「還真有點像」，「轟」現場觀眾們善意地笑了，為他的率真、可愛。——「不過，雷鋒也很平常，他只是一個憑良心做事的人，這樣的人不應該只有一個，每個人都應該做得到的！」大衛認真地補充、解釋道。——這時，沒有人笑了，崔永元的臉上也露出了小學生的童真表情。

是的，雷鋒很平常，他一生所作的那點善事一把手數得過來：幫工人運磚、給老人讓座、幫列車員掃地、給旅客倒水、幫大嫂買車票、雨中送大嫂回家等，這和為了贖罪得救而終生行善基督徒們的善行相比，只是雞毛蒜皮，更不要比那些為主殉到的聖徒們了。

雷鋒是虛假的，也是罕見的，而基督徒卻是真實的，普遍的；雷鋒是特殊時代的特殊產物，而基督徒卻是千年如斯。

這是怎麼回事？在一個宣揚人性本善的國度裡，偏偏沒有善人？而在宣揚人生而有罪，人人都欠上帝一筆血債的國度裡，善人卻普遍存在？

同胞們，可想得明白？

你們還感覺不到在我們這個世界中，除了肉眼可見的世俗肉體的世界之上，尚存在著一個與之對立的、相悖的，靈的世界的存在？

肉體世界是假、醜、惡的，靈的世界是真、善、美的。人因為有靈，所以真善美就成了人的永恆追求。假神、邪神出來，說自己就是真善美，使人們偏離正道，將人們引入歧途之中。最可怕的是魔鬼撒旦，它乾脆否定靈的存在，掐斷人與上帝的唯一紐帶，讓人們徹底放棄對彼岸的最求，將本來源自於靈的道德，偷梁換柱，鑲嵌在本來是與靈對立的肉身功利之上，於是一切都顛倒了。

儒教講人性本善，結果中國人最不善；儒教講忠，結果中國人最不忠；儒教講孝，結果中國人最不孝；儒教講仁，結果中國人最殘忍；儒叫講誠信，結果中國人最狡詐；儒教講禮讓，結果中國人最愛哄搶；儒教講滅人欲，結果中國人最淫亂；儒教講民為貴，結果中國的人民最低賤……。

對羊傷害最大的，不是張牙舞爪的狼，而是披著羊皮的狼；真正戕害道德的不是流氓無賴，而是披著道德外衣的偽道德家。

儒教就是一隻披著羊皮的狼。

人是由靈和肉組成的，其中靈是人的實質，只有肉沒有靈，那就是動物，而不是人。完全否定神、否定靈的存在，就不再是什麼「人本主義」，而是「獸本主義」「豬本主義」。

豬是什麼東西？豬與其說是一種動物，不如說是一種植物，或者說是一種會走動的肉。牠生的骯髒，死的窩囊，牠生存的全部意義就在於被人屠宰，除此之外毫無價值。牠是被屠宰時唯一不值得人憐憫的家畜。

向豬學習，就會喪失神性，具備豬性。

人一旦具有豬性，會有何表現？

第一，就是髒。乾淨是被中國文化所敵視的，古時，乾淨是奸佞、巧偽的表現，現代，乾淨是「小資產階級思想」的表現。屈原愛乾淨，滄浪之水汙濁，連自己的腳都不肯洗，「寧赴湘流，葬於江魚之腹中」也不肯「以身之察察」，「受物之汶汶」，也不肯「以皓皓之白」「蒙世之塵埃」。所以，他被淘汰了。相反，髒，卻是「曳尾於泥中」的敦樸、率真，是「滄浪之水濁兮，可以濯吾足」的心胸豁達、「與世推移」。[1]「捫虱而談」是被中國人視為很酷很帥很灑脫很豪放的肢體動作。

第二，就是不會排隊。

第三，就是口無禁忌，什麼都吃。

第四，就是除了吃、性交、下崽兒（註：方言，指動物生產孩子），還是吃、性交、下崽兒，除此之外別無精神追求。

當然，中國人也是人，也是上帝所造，也是有靈的。中國人的靈，除了表現在尚具有原始的天生的道德感之外，更多地是表現就是迷信。說是迷信，其實是迷而不信。在中國最大的傳統節日春節之前有一個節日叫「祭

1 屈原，《漁父》。

灶」，人們在那一天有吃芝麻糖的傳統，其原因就是這一天是中國人家家供奉的灶王爺上天向玉皇大帝彙報工作的日子，吃芝麻糖就是為了黏住灶王爺的嘴，不讓他多說自己的壞話。——中國人連自己所祭拜的神靈都敢胡弄，何況是世間的凡人?!

中國人缺什麼？中國人什麼都不缺，就是缺乏虔誠。

法制，是道德的衍生物，法制不可能脫離道德母體而單獨存在，因此，法制的實質就是神治。他的反面是人治，人治不需要道德，它只需要服從。民主的基礎是公民的道德，道德來自靈魂。因此，民主的實質就是神主。他的反面是專制、人治，它不需要什麼品德，它的基礎是恐怖。自由，則是神的意志最大限度的發揮，是神的意志的最充分的體現。同時他又是專制、人治的最大忌諱。

在人世間，除了神治，就是人治，除此之外，別無選擇。選擇了神治，那你就是一個人；選擇了人治，那你就是頭牲口。

第三章 儒教的根源

一、宗法制度

儒教的直接根源就是周朝的宗法制度。

孔丘是儒教的創始人，他對周朝的文物制度推崇備至，一往情深。「吾學周禮，今用之，吾從周」[1]「周鑒於二代，鬱鬱乎文哉！吾從周」[2]。他教授學生的教材，《詩》、《書》、《禮》、《易》就是西周人的著作。儒家思想就是孔丘於春秋「亂世」欲扶宗法制度大廈將傾所作努力的最終成果，雖然他沒能復辟周朝的制度，但是不自覺中，他卻將外在的宗法制度昇華成了內在的道德要求。周人將血統擴展成了政統，而孔丘則又將血統、政統推演成了道統。

周人的宗法制度又是怎樣產生的呢？

周人本是一個小部族，位於歧山之下的周原（今陝西歧山縣），故得名曰周。西元前一〇四六年，周武王用

1 《中庸》。
2 《論語・八佾》。

武力滅掉商王朝後，馬上面臨著一個更為棘手的問題，即昔日西隅的小邦周，怎樣統治新占領的人口眾多的東方廣大地區。武王為此「自夜不寐」，但他還是沒能解決問題。第二年，他就生病死了。武王死後，他的兒子太子姬誦即位，為周成王。成王年幼，周公攝行政事。於是治理天下的重任便落在了周公的肩上。

周公，姓姬名旦，周文王之子，周武王之弟，因采邑在周原，故稱周公。

「昔周公弔二叔之不咸，故封建親戚，以蕃屏周。」[1]（弔：傷，叔：末世，咸：同）

商人極盡敬神事鬼之能事，但那些鬼神不僅沒能保佑他們昌盛，反而使他們牧野慘敗，丟掉了江山。所以姬旦認為，商人正是近鬼神而遠人事才導致了慘敗於小邦周的悲劇，所以他便廣封親戚，以屏障周室。親為同姓本族，戚為異姓姻親。姬旦攝政期間封國七十一，姬行就占五十三，此所謂「親親建國」。周之同姓子弟其甥舅功臣被封往各地立國建邑，成為諸侯，諸侯再封土於大夫，大夫再賜田於士，受封者多為領主之本族同姓。

但是怎樣才能使受封的親戚們在日後的漫長歲月中保持血緣親情、宗族團結，保證封建的努力不會付諸東流呢？為此，在封建親戚的同時，深謀遠慮的姬旦便制定了與之相配套的，旨在鞏固封建成果的宗法制度。

宗法制度的內容有三：

第一，是嫡長子繼承制。一人死後，他的地位財產由他的兒子繼承，他的兄弟、親戚和血緣以外的人均無權過問。為防止兒子們爭奪而發生內亂，又將兒子們分為嫡子和庶子，正妻所生為嫡子，旁妻所生為庶子，其中，只有嫡系長子才有繼承權，所謂「立子以貴不以長」「立嫡以長不以賢」。這就是嫡長子繼承制。

第二，是分封制。繼承了父親地位和財富的嫡長子，不能將家產獨吞，而必須將家產按血緣的遠近分封給自

---

[1] 《左傳・僖公二十四年》。

己的弟兄們，並承認諸弟兄在封地的統治權和宗主地位。在政治上，這叫「授土授民」，在宗法上叫做「別子為主」，二者合一便是宗法分封制度。

第三，是嚴格的宗廟祭祀制度。宗法之「宗」，「宀」為屋頂，「示」為祖先神位，「宗」之原始意為「尊祖廟也」。[1]祭祀由嫡長子即宗子主持。祭祀時所用的器具、擺設、祭者的服飾、儀仗以及祭祀的程序等都依主祭者的身分、祭祀名目的不同而各有詳細、嚴格的規定。這些規定就是祭禮，他是周禮中最重要的部分。「夫祭有十倫焉：見鬼神之道焉，見君臣之義焉，見父子之倫焉，見貴賤之等焉，見親疏之殺焉，見爵賞之施焉，見夫婦之別焉，見政事之均焉，見長有秩序焉，見上下之際焉。」[2]宗法祭祀制度是用來別親疏，序長幼，尊祖敬宗，維繫宗族團結的。

宗法制度使得統治者根據血緣親疏區分了尊卑貴賤，劃分了天子、諸侯、大夫、士等社會等級，將家族內部之「親親」推演為國家社會之「尊尊」。在這種制度下，天子為最高祭祀，君主即是宗主，君權也是宗權，各級君臣關係，也是大宗、小宗與族人的關係，即所謂：「有父子而後有君臣」「父子親然後君臣有正」「天子作民父母，以為天下王」[3]，「民奉其君，愛之如父母」[4]。宗法制度是中國社會「家天下」「家長制」的開端。

血緣是氏族社會的原則。按照關於國家的一些經典概念，國家起源於氏族社會的徹底解體，國家的產生有一個先決條件：地域原則取代血緣原則。但是周人偏偏用血緣原則建立了國家，並且成功地將國家政權維持了近八

1 許慎《說文解字》。
2 《禮記・祭統》。
3 《尚書・洪範》。
4 《左傳》。

百年之久。不僅如此，宗法制度精神及其所奠定的社會結構定式成為了中國的傳統保存了下來，一直延續至今。單單用「成功」一詞是不足以形容周人的神奇的。

那麼宗法制度，是野處西北的周人的發明創造呢？還是像儒經中所說「周因於殷禮」[1]是因襲借鑒商代文明的結果呢？

讓我們看一看周朝的上一個王朝，商朝。

根據美國學者張光直的研究，商代政權為一個子姓的王族所掌握，王族內部按十天干分為甲、乙、丙、丁、戊、己、庚、辛、壬、癸十個干群。王位的繼承，雖不遵循機械的法則，但是它必須遵守兩個原則：第一，王位不能由同一干群的子弟繼承，也就是說王位不能保留在同一干群內；第二，當王位由同組的另一干群的人來繼承時，繼承人必須是上任國王的同輩、兄弟輩，當王位由另一組的人繼承時，繼承人必須是上任國王的下一輩、子輩。這種王位繼承制度所產生出的任何新國王都不會是舊國王的兒子、兄弟，新王一旦選出，他就會被按繼承順序記錄在占卜記錄上，而他的血統卻被忽略不記。

商代的這種兩組十干群間的輪流繼承制度，和周朝的以嫡長子繼承制為特徵的宗法制度有著明顯的、本質的不同。

王國維曾說：周人制度之大異於商者，一曰立子立嫡之制，由是而生宗法及喪服之制，並由是而有封建子弟制，君天子臣諸侯之制；二曰廟數之制；三曰同姓不婚之制。[2]

周朝宗法制度的精神實質是血緣，宗教實質是祖先崇拜。祖先是周人崇拜的最高對象。但商人崇拜的最高對

1 《論語・為政》。

2 王國維《殷周制度論》。

象始終是超越血緣、主宰宇宙、統領眾神的「帝」「上帝」。

殷人尊神，率民以事神，先鬼而後禮……周人尊禮尚施，事鬼敬神而遠之，近人而忠焉。[1]

可見，不論是形式還是實質，周朝的制度與商代的制度都是相差徑庭、截然不同的，周人的宗法制度不可能是承襲商人的。

從考古上看，商代的大型宮殿，城池，青銅器，文字，兩輪大車，棺槨等文明標誌，在中國土地上的出現是突然的，而不是逐步演化的，也就是說，商代的文明是外來的，而非土生土長的。商代以前，中國尚未進入文明社會。（國際學術公認文明的標準：青銅器、城市、文字、階級分化等因素同時具備兩種或兩種以上）

那麼，中國文明史的開創者，商人，又是從何而來的呢？

國際學術界對商人的起源，公認的看法：商人是一小群蒙古種人，興起於中國西北大草原，他們通過間接的途徑掌握了中東人冶鑄青銅器和製造戰車的技能，然後利用這些技術帶來的軍事優勢，侵入中國華北……。

商人侵入華北、中原，不僅帶來了文字和先進的技術，並且還帶來了獨特的宗教：「上帝」崇拜。

牧野之戰，周滅商。但是商人不只是一夥簡單的武器先進的軍人集團，他們還有著先進的文化和自己的宗教信仰。當周人在軍事上取得勝利後，他們馬上面對著一個比軍事更為棘手的問題，即怎樣統治這些人數眾多且文化優越感很強的商人，怎樣處理自己和商人心中根深蒂固的最高神「上帝」的關係。正是為了這個宗教文化問題，使得征服者周武王「自夜不寐」。

周人面對的挑戰是艱巨的、前無古人的。

1 《禮記・表記》。

第一步，周武王在殺掉殷紂王後，沒有聽從尚父姜子牙的主張，把商人全部殺光，以絕後患，而是聽從了昭公奭的建議，僅殺了進行反抗的商人，對其餘保持沉默的大多數進行了分化、安撫。第二步，周人本可以將「上帝」與商人子姓祖先的關係切斷，而已自己的姬姓族先以繼之。但是，周人並沒有這樣做，武王權力的繼承者周公姬旦，採取了一個出人意料、頗具難度的選擇：否定「上帝」，否定神靈。

當然，周人否定「上帝」，是很有策略的。

首先，周人承認「上帝」，利用「上帝」的權威來鎮服戰敗的商人。

> 上帝耆之，憎其式廓。
> 乃眷西顧，此維與宅。
> （上帝助成文王，增擴他的邊疆。
> 上帝眷顧西方岐地，賜給周人定居。）[1]

> 周雖舊邦，其命維新。
> 有周不顯，帝命不時。
> 文王陟降，在帝左右。
> （周雖然是古老之邦，它卻受命建立新朝：

1 《詩經・大雅・皇矣》。

周人功業無比顯榮，那完全是「上帝」之命。文王升降，常在「上帝」身旁。）[1]

穆穆文王，於，緝熙敬止！
假哉天命。有商孫子。
商之孫子，其麗不億；
上帝既命，侯於周服。
（文王莊穆而又美善，啊，心地光明，敬慎自謙！偉大嚴峻啊！上天之命。商代子孫都要巡奉。商代滅亡，遺留子孫，數以億計，綿綿無盡。上帝既已降命於人。只有聽命，對周稱臣。）[2]

殷之未喪師，克配上帝。
宜鑒於殷，駿命不易！
（殷朝未失民心之時，尚能合乎上帝之理。

1 《詩經・大雅・文王》。
2 《詩經・大雅・文王》。

借鑒殷朝，儆戒自己，尊行大命，真不容易！）[1]

然後，周人用抽象模糊的「天」來代替具體的具有人格特徵的「上帝」。

侯服於周，天命靡常。

（對周稱臣，不要違抗。天命森嚴，變化無常。）[2]

天監在下，有命既集。

（上天命察在下文王，天命相就，助他福康。）[3]

天保定爾，亦孔之固。

（上天保佑，賜您安寧，洪運如磐，非常堅固）[4]

昊天不平，我王不寧。

（蒼天對人不公平，我王難得安寧）[5]

1 《詩經・大雅・文王》。
2 《詩經・大雅・文王》。
3 《詩經・大雅・大明》。
4 《詩經・小雅・天保》。
5 《詩經・小雅・節南山》。

天難忱斯，不易維王。
（天命無常，難測難信，為王為君，不可輕慢玩忽）[1]

上天之載，無聲無臭。
儀刑文王，萬邦作孚。
（上天之事，難度難測。即無聲音，有無氣味。只要效法祖宗文王，就能使天下萬邦信服！）[2]

最後，周人用「修德」代替了對神的崇拜。

「天命靡常」不僅是讓商代遺民接受周人統治的現實，並且也是對周人自己的一種儆戒：「宜鑒於殷，駿命不易」。怎樣能是「靡常」的天命不在轉移永遠照耀周人的社稷呢？靠敬拜上天和祈禱是沒用的，商人就是個例子，他們奉神事鬼無所不用其極，但最終還是被上天給無情的拋棄了。「皇矣上帝！臨下有赫。臨觀四方，求民之莫」[3]，仁慈的「上帝」明察秋毫，原本就是保佑人民安居樂業的，「民之所欲，天必從之。」[4]。所以，真正可怕的，不是昊天、「上帝」，而是芸芸眾生。怎樣才能使得芸芸眾生永遠順服呢？「皇天無親，唯德是

1 《詩經・大雅・大明》。
2 《詩經・大雅・文王》。
3 《詩經・大雅・皇矣》。
4 《左傳・昭公元年》。

輔」[1]。皇天是公平的，它只幫助那些有德之人。

既然不需要敬拜神靈，不需要靈魂的懺悔，那麼，人又靠什麼去修德呢？於是，姬旦便發明了規定人外在行為的「禮」。有了詳盡繁瑣的「禮」，人們只要遵守照辦就行了。「禮」完成的好與不好，一個人不需要向神負責，只需向人，向他周圍的人，向看得見他行為的人負責。——「德」「禮」是中國人道德虛偽之肇端，也是中國社會「德治」「仁政」之肇端。

姬旦用「德」和「禮」徹底割斷了人和神聯繫的紐帶。

人一旦與神失去了聯繫，人與人之間的關係，就只剩下一個了，那就是血緣。

於是，姬旦便發明了宗法制度。

宗法制度所建構的以家長制為特徵的專制社會結構定式是超穩定的，它一直延續到今天都沒有實質上的改變。周人是中國傳統專制社會制度名副其實的開創者。因此，周朝的開國元勳們，那些幫助武王打敗商人的文臣武將們，也一個個登上了中國的「封神榜」。在天上，他們簇擁著獨裁者玉皇大帝，繼續拱衛著中國人的精神世界。

牧野之戰，其實是決定中國命運的一次戰爭，周武王伐殷紂王，周人擊敗商人，是中國歷史上最劇烈的社會變革，稱得上是場革命——無神論革了有神論的命。

切斷人與神的紐帶，革神靈的命，這是自文藝復興以來世界上多少哲學家、思想家、唯物論者們想做而沒能做成的事，即使他們手握「科學」這把鋒利的武器也不行。然而，這事卻讓三千年前穴居野處於中國西北的一個野蠻小族給做成了！

---

1 《周書》。

三千年前的周人究竟是靠什麼神奇的力量來完成這一曠世「工程」的呢？周人的力量來自於祖先崇拜。

二、祖先崇拜

「祖」古字做「且」。經考證，這是男性生殖器和男性生殖器崇拜的象徵。這種認識，後來被許多出土的古人崇拜物：泥製、陶製、石製、玉製的男性生殖器所證實。

這些「祖」的分佈範圍很廣，遍及中國的中西部及南方。存在的歷史時期也很長，貫穿了商前到仰韶文化時期。跨區域、跨歷史文化時期的「祖」的存在，證明男性祖先崇拜是中國商前新石器氏族社會中的傳統主流宗教。這一脈相承的祖先崇拜在商代時受到了商人超血緣的「上帝」崇拜的嚴重打擊，但在六百年後，秉承傳統祖先崇拜的周族在掌握了商人的文字及先進技術後，又漸漸崛起，並滅掉了商朝，使得祖先崇拜又死灰重然，再度成為「國教」。

宗法制度正是祖先崇拜這一傳統宗教的繼承和發展，宗法制度是傳統祖先崇拜與商人的國家理念、制度相結合的產物，簡單的說，宗法制度就是祖先崇拜的國家化。

周公姬旦曾對周武王的兒子周成王說：「我不可不鑒於有夏，亦不可不鑒於殷。」[1]說「周鑒於二代」也不錯，周鑒於殷的是外在的先進技術，周鑒於「夏」的是內在的傳統宗教。（商朝遷都於殷後改成殷朝，殷，今河南安陽）

1 《尚書・召誥》。

這正是周人一直鼓吹「夏」的真正原因。

（夏）桀有昏德，鼎遷於商，載祀六百。商紂暴虐，鼎遷於周。[1]

鼎，象徵著江山社稷的合法統治權。周人在商前人為地加上一個「夏」，就將商納入了自己的道統之中，從而將商變成了一個承前啟後者。周奪商鼎，並不是篡權，而只是夏鼎的繼承。這樣，周人不僅從和自己有血緣關係的「夏人」那裡合情合理、名正言順的繼承了合法統治權，並且還將商人開創文明的功績一下子給剝奪了，使後人再沒有任何理由去懷念商人曾頂禮膜拜的「上帝」了。

春秋戰國時期，墨、儒兩大顯學之間的爭鬥，其實是商人思想與周人思想、是有神論與無神論之間鬥爭的一個延續。但是，墨家思想、有神論，也只是靈光一現，很快就被中國人徹底遺忘了。

中國人是一個只注重人與人之間橫向關係而忽視縱向的個人品質能力的民族。在中國人的人際關係中，最重要的第一是血緣關係，第二是裙帶關係，而這兩種關係其實是「生殖器關係」。表面上，中國人什麼也不信，其實他們是「生殖器」的忠實信徒。事實上，中國的生殖器崇拜、祖先崇拜，從遠古到今天，一直延續未斷。

三、龍

龍，是中國人崇拜的偶像，也是專制皇權的象徵。做為中國人崇拜的偶像，祂具有那些特徵呢？

龍的第一個特徵，就是龍做為一個通天神獸，祂是天和人的中介。「盈天地之間者，惟萬物」[2]。

---

1 《左傳・宣公三年》。

2 《易・序》。

龍下可潛於淵，上可升於天，中可見於野。天、地、人三界任其蹁躚飛舞，不受絲毫約束。不僅如此，祂尚可將人帶上天庭，使人成為神仙。長沙出土的戰國帛畫《人物乘龍圖》、《人物龍鳳圖》及北朝時期的許多壁畫中都描繪了人乘龍升天的景象，用生動的圖畫直接表達了龍之天人中介的神通。一些古代文獻中，也以文字表達了這個主體，如《史記・封禪書》記載：「黃帝採首山銅，鑄鼎於荊山下，鼎既成，有龍垂鬍髯下迎黃帝。黃帝上騎，群臣後宮從上者七十餘人，龍乃上去……」。

龍，其實是中國文化「天人合一」的形象化，動物化。

龍的第二特徵，就是混合性、包容性。

龍的外觀是多種動物的混合，簡單地說，祂是由鹿的角，鱷的頭、四肢，蛇的軀幹，魚的鱗、鰭，獅的鬣，鷹的爪，蝦的眼等部位組合而成，這些　件隨時代、地域的不同，又有所增減和變化。

龍不僅擁有眾多的組件，祂還用有眾多的「變種」：即那些形態秉性各異的龍子，所謂「龍生九子各不同」，九子，是泛指，是多子的意思。眾多的龍子中常見於史書的有：蒲牢、贔屭、睚眥、狴犴、岩吻、嘲風、霸下、椒圖、饕餮等等。

眾多的組件和眾多的變種，旨在說明一個問題：龍具有眾多的功能，龍是萬能的。

孔子曰：「龍大矣。龍形遷，假名於帝，見神聖之德也。高尚其乎星辰日月而不眺，能陽也；下淪寤深淵之淵而不沫，能陰也。上則風雨奉之，下則有天神護之。遊乎深仄，則魚蛟先後之，水流之物莫不隨從。陵處，則雷神養之，風雨辟鄉，鳥守弗。」

子曰：「龍德廣大，無所不包。」[1]

龍，其實是中國文化「多元一體，兼容並包」特徵的形象化、動物化。

龍的三個特徵，也是最重要的一個特徵，就是多變形。

在帛書《易傳二三子》中，孔丘一連三次講了「龍大矣」，其中兩次都是在講龍的變化無窮：

> 龍大矣。龍既能雲變，有能蛇變，有能魚變，飛鳥昆蟲，唯所欲化，而不失本形，神能之至也。知者不能察其變，辯者不能察其義，至巧不能贏其文，……龍大易。

帛書《易傳・易之義》中進一步講龍有「七十變」：

> 龍七十變而不能去其文，則文其信於，而達神明之德也……。

漢代的《說文解字》將龍概括為：

> 能幽能明，能細能巨，能短能長，能潛能飛。

---

1 帛書，《易經・二三子》。

三國的曹操對龍的理解是：

龍能大能小，能開能隱：大則興雲吐霧，小則隱介藏形；升則飛騰宇宙之間，隱則潛伏於波濤之內。[1]

龍，其實是《周易》精髓：「見幾而作」「隨機引變」特徵的形象化、動物化。龍的「天人合一」「多元一體，兼容並包」「見幾而作」「隨機應變」等特徵，正是《周易》之特徵。龍和《周易》的本質是相同的。因此，中國文人儒士談龍必談《易》，談《易》必談龍。《易》開宗明義的一卦——乾，就是注釋龍的廣大變易的：

乾：元、亨、利、貞。

初九：潛龍，勿用。

九二：見龍在田，利見大人。

九三：君子終日乾乾，夕惕若，厲無咎。

九四：或躍在淵，無咎。

九五：飛龍在天，利見大人。

---

1 《三國演義》。

上九：亢龍有悔。

用九：見群龍無首，吉。

彖曰：大哉乾元，萬物資始，乃統天。雲行雨施品物流形。大明終始，六位時成，時乘六龍以御天……。[1]

易學實為龍學，《易經》實為龍經。龍是《易》的形象概括，《易》是龍的文字注釋。難怪周人這個穴居的野蠻之邦竟能戰勝高自己幾等的文明，人口多自己幾倍的商人，並且還割斷了人與神連結的紐帶。賜給周人這個超凡能力的，不是別的，正是龍。

《周易》是中國文化的淵源，中國文化就是龍文化。

中國龍文化在春秋戰國之際分化為儒、法、道、名、陰陽幾家，法取《易》之乾卦：「天行健，君子以自強不息。」，儒取《易》之坤卦：「地勢坤，君子以厚德載物。」，道則取《易》之精髓，於乾坤天地之間，「變動不居，周流六虛，上下無常」。[2]

到了中國專制社會結構定型之漢代，三家在新的高度上重新結合：法為筋骨爪牙，儒為皮肉，道為神經，共同構築了中國專制文化的有機體——龍。

那麼，龍又是從何而來？龍的本質又是什麼呢？

關於龍的本質，最為人們所普遍接受的觀點，是聞一多的綜合圖騰說。圖騰（totem）一詞，本是北美印第

1 《易・乾》。

2 《周易・繫辭》。

安阿爾琴部落的方言，後來被西方學者做為一個概念，它具有：氏族圖標、氏族祖先、氏族保護神、氏族親屬等涵義。

聞一多在《伏羲考》中說：

> 龍究竟是個什麼東西呢？我們的答案是：祂是一種圖騰，並且是只存在於圖騰中而不存在於生物界中的一種虛擬的生物，因為祂是有許多不同的圖騰揉和而成的一種綜合體。因部落的兼併而產生的混合的圖騰……。

大概圖騰未合併以前，所謂龍只是一種大蛇。這種蛇的名字便叫做「龍」。後來有一個以這種大蛇為圖騰的團族兼併了吸收了許多別的形形色色圖騰團族，大蛇這才接受了獸類的四腳，馬的頭，鬣的尾，鹿的角，狗的爪，魚的鱗和鬚……於是便成了我們現在所知道的龍了。

他的這個觀點很唯物，但是經不起細推敲。圖騰，做為氏族的圖標也好，祖先也好，保護神也好，祂是和原始氏族聯繫在一起的，當一個氏族部落進入文明社會之後，他的圖騰也就會被人拋棄遺忘了。但是中國龍與之正相反，龍形態的出現是在商周——中國文明社會開端時期，龍形態的發展、完備、豐滿則貫穿了中國整個文明史，祂不僅沒有被人們逐漸拋棄遺忘，相反，隨著文明的進步，祂也在不斷的發展壯大之中，直到今天，祂仍然保持著生機勃勃。圖騰，一個原始部落的動物圖像怎麼能和中國龍相提並論？並且，根據出土文物來看，龍在商代時，其形象只是一個頭戴王冠的蛇；到戰國時期，龍才「長」出了角和四肢，其角還是牛角或羊角；到了漢代，龍身的蟒紋才變成了魚甲紋；南北朝時，龍角才變為鹿角，龍頸才長出了獅鬣，……龍形的綜合是在文明時期逐步完成的，這期間，中國歷史上哪裡有什麼以鹿、以魚、以獅、以狗為圖騰的氏族部落，讓龍的部族去兼併？

不是圖騰，那麼，龍又是什麼呢？

第一步，從外表形象考察。從龍的演變圖中，我們可以看到，新石器時期的龍，或是人面蛇身，或乾脆就是蛇。商代，蛇頭上多了王冠，因此，蛇的頭部開始變大，這是甲骨文龍字的形象；青銅器上的龍，蛇頭上的王冠已經動物化，變成了角。商代的龍就是頭戴王冠，或頭上長角的蛇。西周時，龍初具了四肢。漢代時，龍具有了走獸的四肢及爪牙，龍的形態才基本完備。南北朝時期，龍又長了獅鬣。宋代時，龍形成熟定型，成為中國龍的標準範式。

龍是由蛇一步一步演變而成的。

這是從時間的順序來看的，如果從空間的角度來看，在新石器時期，龍在不同的區域呈現出不同的姿態，如所謂的鱷形龍、魚形龍、馬形龍、豬形龍、狗形龍等等，祂們之所以被稱之為龍，是因為祂們擁有一個共同的特徵：即蛇的軀體，如果不具備蛇的軀體，祂們就很難被稱之為龍。

在龍的千變萬化之中，蛇是其不變之宗。

第二步就要從文化的層次來考察，龍究竟為何物。

據中國的古代傳說，伏羲是創造中國文化的人文始祖。

> 包犧氏（伏羲）作始有筮。[1]

---

1 《古史考》。

上古伏羲時，龍馬負圖出於河，……伏羲則之，以畫八卦。[1]

伏羲畫八卦，別八節，而化天下。[2]

伏羲坐於方壇之上，聽八風之氣，乃畫八卦。[3]

伏者，別也，變也。羲者，獻也，法也。伏羲始別八卦，以變化天下，天下法則，咸伏貢獻，故曰伏羲也。[4]

這位畫八卦的中國龍文化始祖，是什麼樣子呢？

伏羲龍身，女媧蛇軀。[5]

帝女游於華胥之淵，感蛇而孕，十三年生庖犧。[6]

庖犧氏，女媧氏，神農氏，夏后氏，蛇身人面，牛首虎鼻。[7]

伏羲人頭蛇身。[8]

1 《古今圖書集成・職方典》。
2 《北堂書鈔》引《屍子》。
3 《天平御覽》卷九。
4 《風俗通義・三皇》。
5 《選中郎》。
6 《路史・後記一》。
7 《列子・黃帝》。
8 《中央記》卷二二。

> 太皓庖犧氏，鳳姓，……蛇身人首，有聖德。……有龍瑞，以龍紀官，號曰龍師。[1]

在大量出土的漢代墓畫像石上，龍身的伏羲與蛇軀的女媧皆為人首蛇身，且多作交尾狀。可見，在營構、創作龍的古人心目中，龍就是蛇，蛇就是龍。

綜上所述，龍就是蛇，是一個裝模作樣，故弄玄虛，張牙舞爪，血腥恐怖的——蛇。

《聖經・啟示錄》中如是說：

大龍就是那古蛇，名叫魔鬼，又叫撒旦，是迷惑普天下的。

中國龍就是魔鬼，中國龍文化就是魔鬼文化。

祖先崇拜的源頭是男性生殖器崇拜，男性生殖器的圖騰就是蛇，大蛇就是龍。龍就是血緣。

十字架與龍的對立，不是別的，正是靈與肉的對立。

《聖經》的預言書《啟示錄》中這樣說：

在天上就有了爭戰。米迦勒同他的使者與龍爭戰，龍也同祂的使者爭戰，並沒有得勝，天上再沒有祂們的地方。

《啟示錄・千禧年》又說：

我看見一位天使從天降下，手裡拿著無底坑的鑰匙和一條大鏈子。他捉住那龍，就是那古蛇，又叫魔鬼，也叫撒旦，把祂捆綁一千年，扔在無底坑裡，將無底坑關閉，用印封上，使祂不得再迷惑列國。等那一千年完了，

1 《史記・補三皇本紀》。

以後必須暫時釋放祂。

最後，《啟示錄・撒旦最後的失敗》中說：

那一千年完了，撒旦必從監牢裡被釋放，出來要迷惑地上的列國，就是歌革和瑪各，叫他們聚集爭戰。他們的人數多如海沙。他們上來遍滿了全地，圍住聖徒的營與蒙愛的城，就有火從天降下，燒滅了他們。那迷惑他們的魔鬼被扔在硫磺的火湖裡，就是獸和假先知所在的地方。他們必晝夜受痛苦，直到永永遠遠。

阿門。

新．座標31　PF0253

新銳文創
INDEPENDENT & UNIQUE

被欺騙的中國人

作　　者　　方　舟
責任編輯　　杜國維
圖文排版　　楊家齊
封面設計　　劉肇昇

出版策劃　　新銳文創
發 行 人　　宋政坤
法律顧問　　毛國樑　律師
製作發行　　秀威資訊科技股份有限公司
114 台北市內湖區瑞光路76巷65號1樓
電話：+886-2-2796-3638　傳真：+886-2-2796-1377
服務信箱：service@showwe.com.tw
http://www.showwe.com.tw
郵政劃撥　　19563868　戶名：秀威資訊科技股份有限公司
展售門市　　國家書店【松江門市】
104 台北市中山區松江路209號1樓
電話：+886-2-2518-0207　傳真：+886-2-2518-0778
網路訂購　　秀威網路書店：https://store.showwe.tw
國家網路書店：https://www.govbooks.com.tw

出版日期　　2020年10月　BOD一版
定　　價　　480元

Printed in Taiwan

國家圖書館出版品預行編目

被欺騙的中國人 / 方舟著. -- 一版. -- 臺北市 :
新銳文創, 2020.10
面 ;　公分. -- (新.座標 ; 31)
BOD版
ISBN 978-986-5540-18-0(平裝)

1. 中國大陸研究 2. 民主政治 3. 儒教

574.1　　109012785

讀者回函卡

感謝您購買本書，為提升服務品質，請填妥以下資料，將讀者回函卡直接寄回或傳真本公司，收到您的寶貴意見後，我們會收藏記錄及檢討，謝謝！如您需要了解本公司最新出版書目、購書優惠或企劃活動，歡迎您上網查詢或下載相關資料：http:// www.showwe.com.tw

您購買的書名：______________________________

出生日期：________年________月________日

學歷：□高中（含）以下　□大專　□研究所（含）以上

職業：□製造業　□金融業　□資訊業　□軍警　□傳播業　□自由業
　　　□服務業　□公務員　□教職　□學生　□家管　□其它_____

購書地點：□網路書店　□實體書店　□書展　□郵購　□贈閱　□其他

您從何得知本書的消息？

□網路書店　□實體書店　□網路搜尋　□電子報　□書訊　□雜誌
□傳播媒體　□親友推薦　□網站推薦　□部落格　□其他__________

您對本書的評價：（請填代號　1.非常滿意　2.滿意　3.尚可　4.再改進）

封面設計____　版面編排____　內容____　文／譯筆____　價格____

讀完書後您覺得：

□很有收穫　□有收穫　□收穫不多　□沒收穫

對我們的建議：______________________________

____

____

____

請貼
郵票

11466
台北市內湖區瑞光路 76 巷 65 號 1 樓
秀威資訊科技股份有限公司 收
BOD 數位出版事業部

....

（請沿線對折寄回，謝謝！）

姓　　名：＿＿＿＿＿＿＿＿　年齡：＿＿＿＿　性別：□女　□男

郵遞區號：□□□□□

地　　址：＿＿＿＿＿＿＿＿＿＿＿＿＿＿＿＿＿＿＿＿

聯絡電話：(日) ＿＿＿＿＿＿＿＿＿＿ (夜) ＿＿＿＿＿＿＿＿＿＿

E-mail：＿＿＿＿＿＿＿＿＿＿＿＿＿＿＿＿＿＿＿＿